谨以此书纪念我的挚友——章骞先生

民国将官录

胡 博

四海一心

国民革命军海军将官录

1925—1949

胡 博 编著

山东画报出版社

图书在版编目（CIP）数据

四海一心：国民革命军海军将官录（1925-1949）／ 胡博著.
—济南：山东画报出版社，2017.6
ISBN 978-7-5474-2241-0

Ⅰ.①四… Ⅱ.①胡… Ⅲ.①海军-军事史-中国-清后期
Ⅳ.①E295.2

中国版本图书馆CIP数据核字（2017）第011741号

责任编辑 秦　超
装帧设计 王　钧
主管部门 山东出版传媒股份有限公司
出版发行 山东画报出版社
　　社　　址 济南市经九路胜利大街39号　邮编 250001
　　电　　话 总编室（0531）82098470
　　　　　　 市场部（0531）82098479　82098476（传真）
　　网　　址 http://www.hbcbs.com.cn
　　电子信箱 hbcb@sdpress.com.cn
印　　刷 山东新华印务有限责任公司
规　　格 170毫米×240毫米
　　　　　　 20.5印张　163幅图　250千字
版　　次 2017年6月第1版
印　　次 2017年6月第1次印刷
印　　数 1—5000
定　　价 48.00元

如有印装质量问题，请与出版社总编室联系调换。

海军部大门

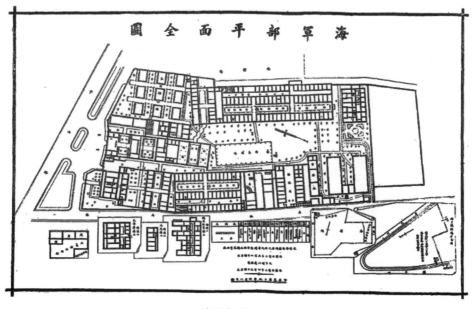

海军部平面图

海军部办公室

海军部礼堂

海军部驻京各机关舰队人员合影留念

海军部长次长就职典礼合影

杨树庄

陈绍宽

陈季良

陈训泳

李世甲

陈恩焘

唐德炘

罗序和

贾勤

林献炘

吕德元

杨庆贞

李鼎新

林建章

任光宇

谢葆璋

杨宣诚

沈鸿烈

田士捷

海军军官学习战术毕业合影

马尾海军学校二十一年夏季
航海班毕业合影

通济练习舰航海练生舰课
毕业合影

海军部长旗

海军次长旗

海军上将旗

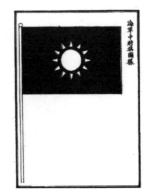

海军中将旗

海军少将旗

海军代将旗

海军队长旗

序

我和胡博先生已经认识了十多年，当时他才二十出头。由于我在国外多年，也经常搜集一些关于抗战的历史资料，我自认为对于这一方面还是具有若干优势的，但当我和胡先生一交流，便发现自己有多么不足。胡先生对于民国时期的整个军史可谓了如指掌，比如一支部队的沿革，一个将领的职务赏罚，一个战役的作战序列，几乎无一不知。你对他进行任何询问，查询什么部队什么将校，他几乎都能不假思索地给你满意答案。更令人惊奇的是，他收集了大量珍贵的民国军事人物照片，这一切都给我留下了太深的印象。

经过十数年的磨练，胡先生的著作开始付梓出版，他也成为一名颇有名望的民国军史专家。更可贵的是，他并未对此洋洋自得，反而进一步拓展自己的研究领域，更为系统、更为细致地对这一领域进行了梳理。

这一次，他告诉我山东画报出版社已经和他签约，准备出版《四海一心——国民革命军海军将官录》一书。对此，我感到了非常的惊喜。因为，这一题材的出版物，迄今为止还从未面世。对于民国海军，虽然目前已经有诸多学者进行研究，但作品依然还为数不多，而且多数是对于战史以及舰艇的介绍。这次的《四海一心——国民革命军海军将官录》出版，必将弥补民国海军人物专著缺乏的遗憾。

这本《四海一心——国民革命军海军将官录》收入的将领多达一百六十余位，但是正如其名，起始点并非辛亥革命，而是黄埔建军。而终止点则是国民党政府撤至台湾。本书除了海军将领之外，对于一些被曾经被委任过海军主管职务的陆军将领，诸如陈诚、桂永清等人也都予以收入。同时，在这一时期的汪伪政权中担任海军将领的也不遗漏。可以说，胡先生将 1925 年至 1949 年间的海军及海军相关的军事将领"一网打尽"了。在叙述这些将领的方式上，本书采用了年谱简编的形式，避免一切评论，保持最大程度的客观性。

我相信，这本将领录充分展示出胡博先生在此领域中的功力和编辑特征。不但史料扎实，而且选择的照片也都经过严格甄选，其中部分照片十分罕见。这对于民国军事的研究者以及爱好者而言，都必将是一部案头必备的工具书。笔者同时也期待着他下一部作品的及早诞生。

章骞

2015 年 1 月 16 日于双塔楼

编写说明

1. 本书收录范围为 1925 年 7 月至 1949 年 10 月期间任职于国民革命军海军的、任官少将或任职少将以上者，总计 164 人。对于官至上校但没有成为将军的人物，另做附表介绍。

2. 本书涉及人员的编纂方式以年谱简编呈现。主要介绍内容为姓名、生卒、籍贯、字号、军事学历、历任职务、历任官位及所获勋章。

3. 本书涉及人员的生年认定，以当事人回忆或后代回忆为首要取舍依据。如没有当事人或后代回忆，以民国时期的官方档案记载为依据。如无官方记载，以同学录或其它相当材料为依据。如无同学录记载，以现行第三方传记或工具书为参考依据。

4. 本书涉及人员的职务及任期时间，坚持"叙而不论"的原则，内容以档案记载为原始依据，部分无法查得的以当事人回忆、同僚回忆或官方编写的相关著作为参考依据互相比对得出。由于民国时期各类记载杂乱不一，许多说法都有并存的可能，所以在编写这部分相关内容时，坚持"宁缺毋滥"。

5. 本书涉及人员的官位（详见说明 6）和勋章授任时间，以民国时期可查的相关档案为准，如勋奖登记表、申报表、政府公报、国防部命令等。其中勋章的获颁时间以当时政府正式命令的发出时间为准。外国勋章的收录以第二次世界大战时期主要参战国为主，其译名尽量采用官方文件的说法，对于部分译法众多的勋章采用现今译法（如国民政府时期曾对美国的"Legion of Merit"勋章翻译为"嘉猷勋章"或"功绩勋章"，本书采用勋章相关研究领域内已取得共识的译名，即"军团荣誉勋章"，所用等级也照此办理）。

6. 本书涉及人员的军衔说明。民国时期军队反映军人等级的制度有两套，分别称为官位制度和职阶（级）制度。如某人的职阶是"少将司令"，其官位受铨叙任官年限制约，很可能是"海军上校"或"海军中校"。某人的职阶是"上校舰长"，其官位仅为"海军中校"或"海军少校"。由于两套制度都采用了欧美等国的军衔名称，导致不明情况者将两套制度混为一谈，并衍生出"临时军衔"这一说法，读者在阅读本书时可以予以注意。

目　录

鲍一民（1906—1953）

生于1906年（清光绪三十二年）。山东福山（现属烟台）人，原名鲍长义，以字行。葫芦岛航警学校第一届航海班毕业。

1923年4月	考入葫芦岛航警学校第一届航海班学习。
1926年9月	航警学校毕业后历任"海圻"巡洋舰见习、中尉航海副、葫芦岛海军学校中尉教官。
1930年	升任"海琛"巡洋舰（舰长刘田莆）上尉航海副。
1932年4月	调升东北海军总司令部（代总司令沈鸿烈）少校参谋。
1933年6月	所部改编为海军第3舰队（司令谢刚哲），仍任少校参谋。
1935年12月	升任中校参谋。
1938年2月	调升江防要塞守备司令部（司令谢纲哲）第2守备总队上校总队长。
10月1日	调任海军总司令部（总司令陈绍宽）上校候补员。
1940年7月21日	出任海军部（兼部长任援道）少将参事（汪伪）。
1941年7月17日	获颁军官级王冠勋章（意）。
10月14日	调任海军威海卫基地司令部少将司令。
1942年10月16日	所部改称威海卫要港司令部，仍任少将司令。
1943年3月29日	获颁三级同光勋章。
4月29日	获颁勋二等瑞宝章（日）。
10月10日	叙任海军少将。
1944年1月1日	获颁勋三等柱国章（伪满）。
1月17日	获颁勋三等旭日章（日）。
2月7日	升任威海卫要港司令部中将司令。

1945 年 8 月	接受重庆国民政府改编为青岛海军司令部，改任中将司令。
9 月	被逮捕。
1948 年 1 月	因"汉奸罪"被判处五年有期徒刑。
12 月	提前获释后派任海军总司令部（总司令桂永清）少将高级参谋。
1952 年 1 月	因"阴谋叛乱罪"被再次逮捕。
12 月 20 日	判处死刑。
1953 年 1 月 20 日	在台湾台北被执行枪决。

蔡浩章（1892—? ）

生于 1892 年（清光绪十八年）。江苏吴县（现属苏州）人。江南水师学堂第六届管轮班毕业。

1904 年 12 月	考入江南水师学堂第六届管轮班学习。
1911 年 11 月	水师学堂毕业后在海军服务。
1912 年 5 月	调任"永翔"炮舰（舰长薛启华）少尉候补员。
1913 年 5 月 20 日	授海军轮机少尉。
1915 年 9 月 23 日	晋授海军轮机中尉。
10 月	升任"永翔"炮舰（舰长陈鹏翔）中尉轮机官。
1917 年 7 月	随部参加护法运动。
1919 年 7 月 12 日	获颁六等文虎章。
1922 年 4 月	升任"永翔"炮舰（舰长赵梯昆）上尉轮机长。
1924 年 3 月	出任渤海舰队（司令温树德）少校副官长。
1927 年 6 月	升任海军署（署长温树德）中校科员。
1928 年 12 月	离职。
1933 年 4 月	出任电雷学校（校长欧阳格）中校事务主任兼轮机教官。
1938 年 6 月	调任海军总司令部（总司令陈绍宽）中校候补员。
1940 年 5 月 25 日	出任军事委员会上校参谋（汪伪）。
7 月 1 日	调任海军部（兼部长任援道）上校技正。
1942 年 6 月 6 日	调升军事委员会办公厅（主任杨揆一）少将高级参谋。

10月13日	调任参赞武官公署（武官长郝鹏举）少将参赞武官。
1943年3月29日	获颁四级同光勋章。
4月29日	获颁寻二等旭日章（日）。
9月6日	调任海军部（兼部长任援道）军务司少将司长。
10月10日	叙任海军少将。
1944年4月27日	兼任陆海空军法规编审委员会（兼主委张恒）委员。
1945年9月	离职。
	后事不详。

蔡世澡（1888—1962）

生于1888年（清光绪十四年）。福建闽侯（出生地现属福州）人，字君保。黄埔水师学堂第十届驾驶班毕业。

1902年12月	考入黄埔水师学堂第十届驾驶班学习。
1907年11月	水师学堂毕业后在北洋海军服务。
1912年7月	升任"应瑞"巡洋舰（舰长毛仲芳）中尉鱼雷官。
1913年4月20日	授海军中尉。
1914年5月25日	晋授海军上尉，获颁六等文虎章。
12月	调任"建安"炮舰（舰长李景曦）上尉航海副。
1916年7月	调任"海筹"巡洋舰（舰长林颂庄）上尉枪炮长。
1917年5月	调升海军部（总长程璧光）军衡司（司长蒋拯）少校科员。
1919年1月4日	获颁八等嘉禾章。
9月7日	晋授海军少校。
1927年8月	升任军事部（部长何丰林）海军署（署长温树德）军械司（司长姚葵常）中校科员。
1928年7月3日	出任国民革命军海军总司令部（总司令杨树庄）军衡处（处长葛保炎）中校科员。
12月	调任海军署（署长陈绍宽）军衡司（司长李孟斌）中校科员。

1929 年 4 月	改任海军部（部长杨树庄）军衡司（司长杨庆贞）恤赏科（科长王传炯）中校科员。
1934 年 7 月 14 日	海军部（部长陈绍宽）军衡司（司长陈杜衡）升任恤赏科上校科长。
1936 年 11 月 12 日	获颁五等云麾勋章。
1938 年 1 月 1 日	调任海军总司令部（总司令陈绍宽）军衡处（处长林国赓）铨叙科上校科长。
1941 年 9 月 1 日	升任军衡处少将处长。
1944 年 6 月 27 日	晋颁四等云麾勋章。
1945 年 10 月 10 日	获颁忠勤勋章。
1946 年 2 月 21 日	调任军政部（部长陈诚）海军处（兼处长陈诚）少将参事。
3 月 12 日	改任军政部海军署（兼署长陈诚）少将参事。
5 月 5 日	获颁胜利勋章。
1947 年 2 月 18 日	叙任海军少将，并退为备役。
1949 年 9 月 15 日	出任人民解放军华东军区（兼司令员陈毅）海军研究委员会（主委曾以鼎）委员。
1950 年 4 月 14 日	所部改组为人民解放军海军司令部（司令员肖劲光）研究委员会（主任曾以鼎），改任研究员。
1962 年	在福建福州病逝。

曹南田（1903—? ）

　　生于 1903 年（清光绪二十九年）。山东荣成人，原名曹树芝，字兰亭。烟台海军学校第十五届驾驶班毕业。

1918 年 9 月	考入烟台海军学校第十五届驾驶班学习。
1924 年 8 月	海校毕业后在海军服务。
1929 年 3 月	调升"飞鹏"炮艇上尉艇长。
1933 年 7 月 12 日	调升"永翔"炮舰少校舰长。
1937 年 3 月	调升"镇海"水上飞机母舰中校舰长。
7 月 18 日	兼任舰炮总队（总队长张楚材）第 1 总队副。
12 月 30 日	因牵涉"张楚材通敌案"离职避居。

1940 年 7 月 27 日	出任"海兴"炮舰上校舰长（汪伪）。
1942 年 9 月 18 日	调升海军部（部长任援道）军枢司少将司长。
1943 年 9 月 29 日	获颁三级同光勋章。
1944 年 7 月 10 日	调任南京要港司令部（司令许建廷）少将参谋长。
10 月 1 日	获颁勋三位景云章（伪满）。
1945 年 2 月 13 日	调任参赞武官公署少将参赞武官。
9 月	离职。
	后事不详。

陈策（1894—1949）

生于 1894 年 4 月 13 日（清光绪二十年三月初八日）。广东琼山人，原名陈明唐，字筹硕。陈籍长兄。黄埔海军学校第十五届驾驶班毕业。官号：470006。

1911 年	考入黄埔海军学校第十五届驾驶班学习。
1916 年 1 月	因策划讨袁失败避居香港。
9 月	返校学习。
12 月	海校毕业后派任"肇和"巡洋舰（舰长林永谟）见习。
1917 年 9 月 19 日	出任广州军政府元帅府参议。
1920 年 7 月 15 日	调任防贼海陆军上校司令。
1921 年 5 月 6 日	调任广东航政局局长。
12 月 14 日	调任抚河船务管理局局长。
1922 年 4 月 26 日	调升粤海舰队临时指挥部（指挥官温树德）少将副指挥官。
4 月 28 日	升任江海防司令部少将司令兼广东海防司令、长洲要塞司令。
12 月 7 日	免去海防司令兼职。
1923 年 3 月 14 日	降任广东海防司令部少将司令兼长洲要塞司令。
1924 年 1 月 16 日	因部属兵变被免去海防司令职。
4 月 28 日	离职赋闲。

1925 年 9 月	出任广州国民政府军事委员会海军局（局长斯米诺夫）顾问。
1927 年 4 月 18 日	调任国民革命军海军总司令部（总司令杨树庄）驻南京办事处（处长韩玉衡）少将副处长。
1928 年 1 月 4 日	调任广东海军司令部少将司令。
1929 年 3 月 27 日	兼海军编遣办事处（主委杨树庄）副主任委员。
4 月 23 日	所部改编为海军第 4 舰队，仍任司令。
7 月 2 日	兼任广东治河委员会（督办汤廷光）委员。
1930 年 1 月 1 日	获颁三等宝鼎勋章。
6 月 2 日	兼任黄埔海军学校校长。
1931 年 1 月 1 日	晋颁二等宝鼎勋章。
1932 年 5 月 11 日	调任第 1 集团军（总司令陈济棠）顾问。
5 月 29 日	策动原第 4 舰队部分官兵另组广东海防司令部，自任少将司令。
7 月 12 日	反陈济棠失败被迫辞职后前往欧美考察海军。
1933 年 7 月 14 日	出任国民政府军事委员会海军军令处少将处长。
1936 年 7 月 20 日	调任虎门要塞少将司令。
11 月 12 日	获颁三等云麾勋章、国民革命军誓师十周年纪勋章。
1938 年 6 月 16 日	调升军事参议院（院长陈调元）中将参议。
1939 年 8 月 1 日	兼任国民政府驻港军事代表。
1942 年 1 月	免去兼职。
5 月 19 日	叙任海军中将。
1944 年 8 月 12 日	获颁爵级十字勋章（英）。
1945 年 3 月	兼任广州军事特派员。
9 月 1 日	兼任广州市市长。
11 月 12 日	获颁胜利勋章。
1946 年 6 月 26 日	辞去兼职。
1947 年 7 月 19 日	获颁银质棕榈叶勋饰自由勋章（美）。
11 月 21 日	停役。
11 月	当选国大代表。

| 1949 年 3 月 2 日 | 派任广州绥靖公署（主任余汉谋）中将副主任。 |
| 8 月 31 日 | 在广东广州病逝。 |

陈诚（1898—1965）

生于 1898 年 1 月 4 日（清光绪二十三年腊月十二日）。浙江青田人，字辞修。保定陆军军官学校第八期炮兵科毕业。官号：27。

1918 年 8 月	考入保定陆军军官学校第八期炮兵科学习。
1922 年 7 月	军校毕业后派任浙江陆军第 2 师（师长张载阳）第 3 旅（旅长盛开第）第 6 团（团长伍崇仁）第 1 营第 3 连准尉见习官。
10 月	升任少尉排长。
1923 年 3 月	出任广东陆军第 1 师（师长李济深）第 2 旅（旅长陈济棠）第 3 团（团长邓演达）中尉副官。
4 月	升任上尉连长。
1924 年 9 月	调任黄埔军校（教育长王柏龄）上尉特别官佐。
1925 年 1 月	调任军校炮兵营（营长蔡忠笏）第 1 连上尉连长。
10 月	升任军校炮兵第 2 营少校营长。
1926 年 1 月	调升军校炮兵大队中校大队长。
6 月	调升第 1 补充师（师长严重）第 3 团上校团长。
11 月	所部改称第 21 师（师长严重）第 63 团，仍任上校团长。
1927 年 2 月	升任第 21 师少将副师长兼第 63 团团长。
4 月 11 日	代理第 21 师（辖三团）师长。
6 月 21 日	实任第 21 师中将师长。
10 月 7 日	调任军事委员会军政厅中将副厅长。
1928 年 4 月 7 日	兼任军事教育处处长。
5 月 28 日	调任国民革命军总司令部警卫司令部中将司令。
7 月 25 日	调任第 11 师（师长曹万顺）中将副师长。
1929 年 5 月 27 日	升任第 11 师（辖三旅）中将师长。

1930 年 1 月 1 日	获颁三等宝鼎勋章。
8 月 15 日	升任第 18 军（辖第 11 师）上将军长兼第 11 师师长。
1931 年 1 月 1 日	晋颁二等宝鼎勋章。
2 月 10 日	调兼第 14 师（辖两旅）师长。
9 月 18 日	调兼第 52 师（辖两旅）师长。
12 月 25 日	辞去兼职。
1933 年 6 月	兼任（庐山）赣粤闽湘鄂剿匪北路军军官训练团团长。
1934 年 2 月	升任第 3 路军上将总指挥兼第 18 军军长。
8 月	兼任（庐山）剿匪军官训练团副团长。
1935 年 3 月 1 日	兼任军事委员会委员长武昌行营（主任张学良）陆军整理处处长。
4 月 4 日	叙任陆军中将。
8 月 4 日	兼任峨眉山军官训练团教育长。
9 月 7 日	辞去军长兼职。
10 月 10 日	调任军事委员会委员长宜昌行辕上将参谋长。
11 月	当选国民党中央执行委员。
1936 年 1 月 1 日	获颁二等云麾勋章。
1 月 28 日	所部改组为军事委员会委员长行辕，仍任上将参谋长。
5 月 25 日	调任晋陕绥宁四省边区剿匪总指挥部上将总指挥。
7 月 9 日	获颁国民革命军誓师十周年纪勋章。
8 月 10 日	兼任中央军校广州分校主任。
9 月 26 日	加上将衔。
11 月 12 日	晋颁一等云麾勋章。
12 月 2 日	调任军政部（部长何应钦）上将常务次长。
1937 年 4 月 26 日	兼任豫苏皖三省军事整理委员会（兼主委刘峙）委员。
10 月 4 日	兼任第 15 集团军（辖第 18 军、第 39 军、第 54 军）上将总司令。
11 月 25 日	调兼第 7 战区司令长官部（司令长官刘湘）副司令长官。
1938 年 1 月 15 日	调任武汉卫戍总司令部上将总司令兼任军事委员会委员。
1 月 27 日	兼任军事委员会政治部部长。

3 月	兼任航空委员会委员。
6 月 15 日	兼任湖北省政府主席。
6 月 18 日	卫戍总部改组为第 9 战区司令长官部,任上将司令长官。
6 月 30 日	兼任湖北全省保安司令。
1939 年 2 月 15 日	兼任军事委员会游击干部训练班副主任。
3 月 21 日	兼任军事委员会战地党政委员会委员。
5 月 2 日	晋任陆军二级上将。
10 月 2 日	调兼第 6 战区司令长官、西北游击干部训练班副主任。
1940 年 8 月 26 日	辞去政治部部长职。
1943 年 2 月 12 日	兼任中国远征军上将司令长官。
10 月 9 日	获颁青天白日勋章。
1944 年 1 月 1 日	获颁一等景星勋章。
1 月 5 日	辞去第 6 战区司令长官职。
7 月 6 日	调任第 1 战区上将司令长官兼冀察战区总司令。
7 月 20 日	辞去远征军司令长官兼职。
11 月 20 日	调任军政部上将部长兼第 1 战区司令长官。
12 月 5 日	获颁指挥官级军团荣誉勋章(美)。
1945 年 1 月 12 日	辞去战区司令长官兼职。
2 月 14 日	获颁指挥官级荣誉军团勋章(法)、军功十字勋章(法)。
7 月 6 日	获颁金质棕榈叶勋饰自由勋章(美)。
9 月	兼任青年军复员管理处处长。
10 月 10 日	获颁胜利勋章。
12 月 31 日	兼任海军处处长。同月兼任中央军事机构改组委员会主任委员。
1946 年 1 月 11 日	获颁忠勤勋章。
5 月 31 日	调任参谋总部上将总长兼海军总司令。
11 月	兼任国防科学委员会(兼主委白崇禧)委员。
1947 年 2 月 21 日	晋任陆军一级上将。
3 月 14 日	获颁大同勋章。
4 月	兼任中央军官训练团副团长。

8 月 29 日	兼任东北行辕主任。
1948 年 1 月 1 日	晋颁一等宝鼎勋章。
5 月 13 日	因病辞职。
1949 年 1 月 5 日	出任台湾省政府主席。
1 月 19 日	派任台湾警备总司令部上将总司令。
7 月 23 日	调任东南军政长官公署上将长官。
12 月	辞去省政府主席职。
1950 年 3 月 10 日	调任"行政院"院长。
1952 年 10 月	当选国民党中央委员。
12 月 29 日	停役。
1954 年 3 月	当选台湾地区副领导人。
11 月	兼任"光复大陆设计研究委员会"副主任委员。
1955 年 2 月	兼任革命实践研究院主任。
7 月	兼任石门水库建设筹备委员会主任委员。
1957 年 10 月 23 日	当选国民党副总裁。
1958 年 7 月	兼任"行政院"院长。
1963 年 12 月 15 日	辞去院长兼职。
1965 年 3 月 5 日	在台湾台北病逝。

陈杜衡（1868—？）

生于 1868 年 1 月 17 日（清同治六年十二月二十三日）。河北青县人，字芳斋。天津北洋水师学堂第一届驾驶班、英国格林威治王家海军学院毕业。

1880 年 12 月	考入天津北洋水师学堂第一届驾驶班学习。
1884 年 11 月	水师学堂毕业。
1886 年 4 月	奉派英国留学。
11 月	入格林威治王家海军学院学习。
1887 年 7 月	毕业后入英国地中海舰队见习。

1889 年 3 月	出任"平远"巡洋舰（管带林高辉）枪炮大副，授千总。
1891 年 8 月 26 日	调升"威远"练舰（管带林颖启）署理督练大副兼署北洋水师精练前营守备。
1895 年 1 月 1 日	实任督练大副。
1904 年 10 月	调任烟台水师学堂（督办谢葆璋）正教习。
1911 年 7 月	升任学监（教务长）。
1912 年 3 月 4 日	所部改称烟台海军学校（代监督江中清），改任中校学监。
1913 年 1 月 17 日	授海军中校。
1914 年 7 月 5 日	晋授海军上校，获颁四等文虎章。
1916 年 1 月 1 日	晋颁三等文虎章。
2 月 10 日	调任海军部（总长刘冠雄）军学司（司长谢葆璋）上校帮理司务科长。
1919 年 10 月 14 日	获颁五等嘉禾章。
1920 年 10 月 7 日	兼任天津大沽海军管轮学校校长。
1922 年 1 月 20 日	调任海军部（总长李鼎新）上校视察兼天津大沽海军管轮学校校长。
12 月	免去校长兼职。
1923 年 4 月 24 日	兼任交通部南洋大学校长。
12 月 27 日	晋授海军少将。
1924 年 11 月 28 日	免去校长兼职。
1927 年 8 月 6 日	调任安国军政府军事部（部长何丰林）海军署（署长温树德）少将参事。
1928 年 10 月	离职赋闲。
1929 年 8 月 2 日	出任国民政府海军部（部长杨树庄）少将候补员。
1934 年 2 月 3 日	调任海军部（部长陈绍宽）军衡司（辖八科）少将代理司长。
1935 年 7 月 17 日	回任海军部少将候补员。
1938 年 1 月	改任海军总司令部（总司令陈绍宽）少将候补员。后事不详。

陈恩焘（1860—1954）

生于1860年12月12日（清咸丰十年冬月初一日）。福建闽侯（出生地现属福州）人，字泽钦，号幼庸。马尾船政后学堂第五届驾驶班毕业。

1874年	考入马尾船政后学堂第五届驾驶班学习。
1879年	船政后学堂后派任"扬武"兵船（管带张成）服务。
1882年	调升"超武"兵船（管带叶富）二副。
1883年	调任"威远"兵船（管带吕翰）驾驶二副。
1885年3月	奉派留学英国，学习测绘、海图、巡海练船兼驾驶铁甲兵船。
12月	派往英国东非舰队见习。
1888年4月	因病回国。
12月	派任北洋水师（提督丁汝昌）总管全军军械，授游击衔。
1895年7月	奉派德国接收"飞鹰"巡洋舰。
10月	派任"飞霆"猎舰管带。
1896年8月	奉派英国监造军舰。
1898年起	历任驻英公使馆参赞、考察"政治大臣"参赞官。
1902年8月	出任调任山东大学堂总办。
1904年	所属改称山东高等学堂，仍任总办。
1905年起	历任北洋译学馆监督、海防营防处会办、北洋洋务局会办。
1910年10月	免职，授预备役海军协都统。
1911年2月	出任闽江口要塞管带。
11月7日	参加福州起义。
12月	出任福建都督府（都督孙道仁）外交司司长。
1913年1月4日	调任财政部厦门海关监督。
1914年6月20日	兼任海军部（总长刘冠雄）驻厦门特派员。
6月28日	授海军少将。
1916年9月15日	专任海军部驻厦门特派员。

1917 年 8 月 2 日	获颁帝国官佐勋章（英）。
1918 年 1 月 7 日	获颁四等文虎章。
9 月 14 日	获颁三等宝光嘉禾章。
10 月 26 日	调任海军部（总长刘冠雄）军务司（辖五科）中将司长。
1919 年 10 月 14 日	晋颁三等文虎章。
1921 年 1 月 7 日	晋颁二等文虎章。
4 月 23 日	获颁二等嘉禾章。
10 月 1 日	兼任海道测量局局长。
1922 年 5 月	辞去局长兼职。
6 月 11 日	获颁指挥官级荣誉军团勋章（法）。
1923 年 7 月 2 日	晋颁二等宝光嘉禾章。
9 月 15 日	晋颁帝国指挥官级十字勋章（英）。
1926 年 7 月 10 日	辞职赋闲。
1927 年 8 月 6 日	出任军事部(部长何丰林)海军署(署长温树德)军学司(辖七科）中将司长。
1928 年 7 月 3 日	出任国民政府军政部（部长冯玉祥）海军署（署长陈绍宽）中将参议。
1929 年 4 月	改任海军部（部长杨树庄）中将参议。
8 月 2 日	调任海军部中将候补员。
1938 年 1 月	调任海军总司令部（总司令陈绍宽）中将候补员。
1947 年 11 月 22 日	叙任海军中将，并予除役。
1954 年 11 月 7 日	在北京病逝。

陈宏泰（1888—1976）

生于 1888 年 9 月 16 日（清光绪十四年八月十一日）。福建闽侯（出生地现属福州）人，字兰孙。黄埔水师学堂第十届驾驶班毕业。

| 1902 年 12 月 | 考入黄埔水师学堂第十届驾驶班学习。 |

1907 年 11 月	学堂毕业后派任"通济"舰（管带葛宝炎）见习，后历任巡洋舰队候补员、教练官。
1912 年 12 月	升任"江鲲"炮舰（舰长杨庆贞）中尉航海长。
1913 年 4 月 20 日	授海军中尉。
12 月	升任上尉副舰长。
1914 年 5 月 25 日	获颁五等文虎章。
1915 年 4 月	奉派美国留学，学习飞机潜艇技术。
11 月 20 日	晋授海军上尉。
1916 年 10 月	回国后派任福州海军学校上尉教官。
1920 年 2 月 21 日	晋颁四等文虎章。
1923 年 2 月	再次奉派美国留学，学习潜艇技术。
1924 年 7 月 12 日	回国。
8 月 12 日	派任"海容"巡洋舰（舰长陈季良）少校副舰长。
1925 年 8 月 3 日	调任海军第 1 舰队（司令陈季良）少校参谋。
8 月 28 日	晋授海军少校。
1926 年 7 月 13 日	调升"江贞"炮舰中校舰长。
1927 年 3 月 14 日	率部响应北伐，仍任"江贞"炮舰中校舰长。
1928 年 10 月 25 日	调任"永健"炮舰中校舰长。
1931 年 4 月 29 日	获颁六等宝鼎勋章。
7 月 20 日	调升"逸仙"巡洋舰上校舰长。
1934 年 2 月 5 日	调任"海筹"巡洋舰上校舰长。
1937 年 3 月 27 日	调任"宁海"巡洋舰上校舰长。
1938 年 1 月 1 日	调升海军总司令部（总司令陈绍宽）舰械处少将处长兼海军作战训练研究室（兼主委陈训泳）研究员。
1939 年 2 月 28 日	调任洞庭湖警备司令部（司令傅钟芳）少将副司令。
1941 年 9 月 1 日	调任海军布雷第 1 总队少将总队长。
1943 年 9 月 12 日	回任海军总司令部舰械处少将处长。
1945 年 8 月 21 日	兼代海军第 1 舰队司令。
9 月 16 日	兼任海军接收南京区专员。
10 月 10 日	获颁忠勤勋章。

12 月 28 日	调任海军第 1 舰队少将司令。
1946 年 5 月 5 日	获颁胜利勋章。
7 月 9 日	获颁军官级军团荣誉勋章（美）。
8 月 12 日	因病辞职后寓居福州。
1947 年 10 月 11 日	获颁铜质棕榈叶勋饰自由勋章（美）。
1955 年 1 月	当选福建省政协（主席曾镜冰）委员。
1956 年 12 月	当选福州市民革（主委许显时）委员。
1976 年 3 月 10 日	在福建福州病逝。

陈季良（1883—1945）

生于 1883 年 10 月 13 日（清光绪九年九月十三日）。福建闽侯（出生地现属福州）人，原名陈世英，以字行。南京江南水师学堂第四届驾驶班毕业。

1898 年 4 月	考入南京江南水师学堂第四届驾驶班学习。
1905 年 3 月	水师学堂毕业后派往"海容"巡洋舰（管带李鼎新）服务。
1907 年 5 月	调升"建安"鱼雷快艇（管带杜锡珪）大副。
1909 年 7 月	调任"海容"巡洋舰（管带李鼎新）枪炮大副。
1911 年 2 月	调升"湖鹗"鱼雷艇管带。
12 月	离职。
1912 年 3 月	出任"湖鹗"鱼雷艇少校艇长。
1913 年 1 月 31 日	授海军少校。
8 月 8 日	晋授海军中校。
1914 年 10 月 16 日	获颁四等文虎章。
10 月 25 日	调升"江亨"炮舰中校舰长。
12 月 31 日	获颁六等嘉禾章。
1916 年 10 月 9 日	晋颁三等文虎章。
1919 年 1 月 4 日	晋颁四等嘉禾章。
10 月 14 日	晋颁二等文虎章。

12 月 21 日	获颁四级圣乔治勋章（白俄）。
1921 年 1 月 12 日	晋颁二等嘉禾章。
1 月 20 日	因"庙街事件"被免职赋闲（因此改名陈季良）。
11 月 11 日	出任海军长江游击队队长。
1922 年 2 月 1 日	调任"楚观"炮舰中校舰长。
6 月 29 日	调升"海容"巡洋舰上校舰长。
1923 年 1 月 30 日	晋授海军上校。
2 月 7 日	获颁三等宝光嘉禾章。
10 月 9 日	晋颁二等宝光嘉禾章。
11 月 29 日	授五狮军刀。
1924 年 5 月 5 日	晋授海军少将。
1925 年 2 月 6 日	升任海军第 1 舰队少将司令兼闽厦海军警备司令。
1927 年 3 月 14 日	率部响应北伐，所部改称国民革命军海军第 1 舰队，仍任少将司令。
10 月 19 日	兼任军事委员会委员。
1928 年 4 月 14 日	兼任海军国民党特别党部（兼主委杨树庄）委员。
12 月	代理海军总司令。
1929 年 2 月 27 日	兼任海军编遣办事处（主委杨树庄）委员、代理主任委员。
4 月 12 日	调任海军部（部长杨树庄）中将常务次长兼第 1 舰队司令。
1930 年 1 月 1 日	获颁三等宝鼎勋章。
4 月 15 日	兼任海军陆战队总指挥。
1931 年 1 月 1 日	晋颁二等宝鼎勋章。
1 月 6 日	调任海军部中将政务次长兼第 1 舰队司令、海军陆战队总指挥。
1932 年 10 月	辞去海军陆战队总指挥兼职。
1935 年 9 月 6 日	叙任海军中将。
1936 年 1 月 1 日	获颁三等云麾勋章。
7 月 9 日	获颁国民革命军誓师十周年纪勋章。
1937 年 1 月 1 日	晋颁二等云麾勋章。
1943 年 6 月 16 日	兼任海军总司令部（总司令陈绍宽）参谋长。

1945 年 4 月 14 日	在四川万县病逝。
5 月 25 日	追晋海军上将。

陈济棠（1890—1954）

生于 1890 年 2 月 12 日（清光绪十六年正月二十三日）。广东防城（现属广西）人，字伯南。广东陆军速成学校第三期步兵科毕业。官号：6。

1912 年 9 月	考入广东陆军速成学校第三期步兵科学习。
1913 年 8 月	速成学校毕业后赋闲。
1914 年	出任琼崖绥靖处（督办陈荣誉廷）中尉差遣。
9 月	调任广东陆军第 2 师（代师长吴飞）第 6 团（团长苏汝森）机关枪连中尉排长。
12 月	离职赋闲。
1916 年 4 月	策动海军"宝璧"炮舰起义失败后避居香港。
1917 年起	历任广东陆军第 2 军（军长林虎）少校团附、少校副官、上尉连长。
1920 年 5 月	调任护国第 2 军游击第 43 营（营长陈铭枢）上尉营副官。
1921 年 2 月	所部改编为广东陆军第 1 师（师长邓铿）第 2 旅（旅长胡秉为）第 4 团（团长陈铭枢），升任第 1 营少校营长。
1922 年 10 月	升任广东陆军第 1 师（师长梁鸿楷）第 2 旅（旅长陈修爵）第 4 团上校团长。
1923 年 4 月	升任第 1 师（师长李济深）第 2 旅（辖两团）少将旅长。
1925 年 8 月 26 日	所部扩编为国民革命军第 11 师（辖三团），升任中将师长。
1926 年 8 月 10 日	兼任广东高雷钦廉警备区司令。
1928 年 3 月 19 日	升任第 4 军（辖第 11 师、第 12 师、第 25 师）上将军长。
12 月 31 日	兼任广东省政府（兼主席李济深）委员。
1929 年 3 月 16 日	所部缩编为广东编遣区第 1 师（辖三旅），改任上将师长。
3 月 26 日	兼任广东各部队编遣特派员。

5月6日	升任第8路军上将总指挥兼广东编遣区第1师师长。
9月3日	调兼中央编遣区、第1编遣区办事处主任委员。
1930年1月1日	获颁二等宝鼎勋章。
1931年1月1日	晋颁一等宝鼎勋章。
5月27日	在广州参与召开非常会议另立国民政府。
6月2日	出任第1集团军（辖第1军、第2军、第3军）上将总司令兼军事委员会常务委员、国民党中央执行委员。
6月19日	兼任第1集团军军事政治学校校长。
1932年1月	取消独立。
3月8月	被南京国民政府任命为军事委员会委员。
330日	出任广州绥靖公署上将主任兼第1集团军总司令。
4月2日	兼任第8路军总指挥。
4月19日	兼任赣粤闽边区剿匪总司令部（兼总司令何应钦）副司令。
1933年5月1日	调兼赣粤闽湘鄂剿匪军南路总司令。
7月12日	兼任第1集团军粤海舰队司令。
8月12日	获颁二级红十字会勋章（德）。
1935年2月22日	辞去舰队司令兼职。
4月2日	叙任陆军一级上将。
4月18日	再次兼任第1集团军粤海舰队司令。
6月10日	粤海舰队与江防舰队并编为第1集团军江防舰队，改兼江防舰队司令。
8月25日	辞去舰队司令兼职。
1936年1月1日	获颁一等云麾勋章。
6月12日	另立国民革命救国政府，任军事委员会上将主席兼西南抗日救国联军（辖第1集团军、第4集团军）总司令、第1集团军（辖第1军、第2军、第3军、第4军、第5军）总司令。
7月9日	获颁国民革命军誓师十周年纪勋章。
7月13日	被南京国民政府免去本兼各职。
18日	因所部被分化瓦，弃职避居香港。

8 月 30 日	出国游历欧洲。
1937 年 9 月	回国。
1939 年 11 月 12 日	出任国防委员会委员，当选国民党中央执行委员。
1940 年 3 月 15 日	兼任国民政府农林部部长。
1941 年 12 月 27 日	辞去农林部长兼职。
1944 年 1 月 1 日	获颁二等景星勋章。
1945 年 12 月	兼任两广及台湾宣慰使。
1946 年 1 月 11 日	获颁忠勤勋章。
1947 年 5 月 10 日	出任国民政府战略顾问委员会（主委何应钦）上将委员。
1948 年 3 月	所部改称总统府战略顾问委员会（主委何应钦），仍任上将委员。
1949 年 2 月 3 日	兼任海南特别行政区行政长官。
3 月 11 日	兼任海南特区警备司令。
1950 年 4 月 25 日	随军撤往台湾后赋闲。
12 月	调任"行政院"设计委员会委员兼内政组召集人。
1952 年 11 月	当选国民党中央评议委员兼纪律委员会委员。
12 月 29	日停役。
1954 年 2 月	当选"国民大会"主席团主席。
11 月 3 日	在台湾台北病逝。著有《陈济棠自传稿》。

陈杰（1894—1951）

生于 1894 年（清光绪二十年）。广东丰顺人，字剑侯。黄埔海军学校第十六届驾驶班毕业。

1914 年	考入黄埔海军学校第十六届驾驶班学习。
1919 年 8 月	海校毕业后在广东水鱼雷局服务，后在"海圻"巡洋舰、"永丰"炮舰服务。
1927 年 4 月 14 日	调任"湖隼"鱼雷艇上尉艇长。
1930 年 5 月 13 日	调升"顺胜"炮艇少校艇长。
1931 年 4 月 23 日	调海军第 4 舰队（司令陈策）中校参谋。
1932 年 5 月	出任广东海方司令部（司令陈策）中校参谋。

7 月	因随陈策反陈（济棠）失败避居香港。
1940 年 7 月 27 日	出任南京要港司令部（司令许建廷）少将参谋长（汪伪）。
1942 年 9 月 18 日	调任军事委员会总务厅（厅长周永业）少将厅附。
1944 年 2 月 25 日	调任军事委员会高级参谋室少将高级参谋。
7 月 15 日	调任参赞武官公署少将参赞武官。
1945 年 8 月	接受重庆国民政府改编后出任海军驻汕头办事处上校主任。
10 月	离职后返乡闲居。
1951 年 6 月	在广东丰顺病逝。

陈景芗（1887—1969）

生于 1887 年 2 月 11 日（清光绪十三年正月十九日）。福建长乐人，字芬谷。黄埔水师学堂第十一届驾驶班毕业。

1904 年 5 月	考入黄埔水师学堂第十一届驾驶班学习。
1909 年 4 月	水师学堂毕业后派任黄埔水师学堂驾驶协教习。
1911 年 2 月	调升广东水师公所（管带孙承泗）帮带。
1912 年 9 月	所部改称广东海军练营（营长孙承泗），改任中尉副长。
1915 年 2 月 8 日	授海军中尉。
1917 年 1 月 1 日	调升"江浙"炮舰上尉舰长。
1919 年 1 月 4 日	获颁六等文虎章。
1 月 20 日	署任海军总司令公署（总司令蓝建枢）上尉副官。
5 月 15 日	晋授海军上尉。
1922 年 9 月 23 日	实任海军总司令公署（总司令杜锡珪）上尉副官。
1926 年 8 月 21 日	晋授海军少校。
1927 年 3 月 14 日	随部响应北伐，升任国民革命军海军总司令部（总司令杨树庄）中校副官长。
1928 年 6 月	调任海军警卫营（营长林之茂）中校副营长。

12 月 5 日	调任军政部海军署（署长陈绍宽）总务处（处长李世甲）管理科中校科长。
1929 年 4 月 12 日	所部改组为海军部（部长杨树庄）总务司（司长李世甲）交际科，改任中校科员、代理科长。
1930 年 7 月 7 日	调升海军部总务司管理科上校科长。
1938 年 1 月 1 日	调任海军总司令部（总司令陈绍宽）军需处（处长罗序和）储备科上校科长。
1943 年 1 月 1 日	调任海军总司令部军需处(处长张承愈)会计科上校科长。
1945 年 8 月 21 日	调升海军总司令部总务处（辖两科）少将处长。
12 月 26 日	被免职赋闲。
1946 年 10 月 10 日	获颁胜利勋章。
1948 年 8 月 1 日	派任海军总司令部（总司令桂永清）第 4 署代理署长。
1949 年 8 月 1 日	调任海军总司令部军需处少将处长。
8 月 8 日	辞职返乡闲居。
9 月 15 日	出任华东军区（兼司令员陈毅）海军研究委员会（主任曾以鼎）委员。
1950 年 4 月 14 日	所部改组为人民解放军海军司令部（司令员肖劲光）研究委员会，改任研究员。
1963 年 9 月 12 日	免职返乡闲居。
1964 年 4 月	当选福建省政协（主席范式人）委员。
1969 年	在福建福州病逝。

陈庆云（1898—1981）

生于 1898 年 3 月 6 日（清光绪二十四年二月十四日）。广东中山，字天游。美国亚伯特航空学校毕业。

1916 年	前往美国留学，入亚伯特航空学校学习。
1917 年	毕业回国后出任广州军政府大元帅府参军处少校副官。

8 月	调任航空局（局长朱卓文）第 1 飞机队少校队长。
1918 年 4 月	调任援闽粤军飞机队少校队长。
1919 年 8 月 7 日	获颁五等文虎章。
1922 年 2 月	改任北伐军飞机队（队长张惠长）少校副队长。
1923 年 2 月 18 日	调升广东海军司令部（司令麦胜广）中校参谋长。
3 月 14 日	改任广东海防司令部（司令陈策）中校参谋长。
1924 年 9 月 9 日	调往筹办广东军事飞行学校。
11 月	改任广东军事飞行学校上校总教官。
1927 年 7 月	升任上校教育长。
1928 年 3 月	调任军事委员会航空处（处长张惠长）上校副处长。
1929 年 1 月	调升虎门要塞司令部少将司令。
5 月 14 日	兼任广东海军司令部（司令陈策）副司令。
1930 年 1 月 1 日	获颁三等宝鼎勋章。
1931 年 4 月 29 日	调任广东省省会公安局局长。
12 月	当选国民党中央候补执行委员。
1932 年 5 月	辞职赋闲。
1933 年 7 月	出任军政部（部长何应钦）航空署（署长徐培根）少将副署长。
1934 年 5 月 1 日	所部改组为航空委员会（兼委员长蒋中正），改任办公厅空军上校上级主任兼第 2 处（教育处）处长、航空教导总队总队长。
1935 年 9 月 4 日	叙任空军上校。
1936 年 2 月 25 日	调任中央航空学校空军上校上级校长。
5 月 1 日	兼任航空委员会委员。
8 月 6 日	调任驻粤空军空军上校上级指挥官。
11 月 12 日	获颁四等云麾勋章。
1937 年 3 月 30 日	回任中央航空学校空军上校上级校长。
1938 年 4 月 1 日	改任空军军官学校空军上校上级教育长。
5 月 1 日	调任航空委员会空军募款委员会主任委员。
1939 年 1 月	调任航空委员会参事室空军上校上级首席参事。

1940 年 5 月 25 日	晋任空军少将。
1942 年 4 月 13 日	调任航空委员会委员。
10 月	离职。
1943 年 10 月 11 日	获颁二等空军复兴荣誉勋章。
1945 年 9 月	当选国民党中央执行委员、海外部部长。
1947 年 3 月 14 日	获颁河图勋章。
11 月	当选国民大会代表。
1948 年 5 月 5 日	获颁二等景星勋章。
1949 年	移居台湾后曾任中国航空建设协会常务委员兼总干事。
1966 年	退休后移居美国。
1981 年 12 月 14 日	在美国纽约病逝。

陈绍宽（1889—1969）

生于 1889 年 10 月 7 日（清光绪十五年九月十三日）。福建闽侯（出生地现属福州）人，字厚甫。南京江南水师学堂第六届驾驶班毕业。

1901 年 12 月	考入南京江南水师学堂第六届驾驶班学习。
1908 年 11 月	水师学堂毕业后派任"通济"练习舰（管带林建章）见习。
1909 年 11 月	调升"联鲸"炮舰（管带许建廷）中尉驾驶二副。
1911 年 2 月	调升"镜清"练习舰（管带宋文翙）上尉驾驶大副。
1912 年 2 月	"镜清"练习舰改为"镜清"炮舰（舰长宋文翙），改任上尉航海长。
6 月 1 日	调任"江亨"炮舰（舰长郁邦彦）上尉副长。
1913 年 1 月	调任"湖鹏"鱼雷艇上尉艇长。
2 月 27 日	授海军上尉。
4 月	调升"联鲸"炮舰上尉舰长。
7 月	调任"应瑞"巡洋舰（舰长杨敬修）上尉航海副。
11 月 18 日	调升海军总司令处（总司令李鼎新）少校副官。

1914 年 5 月 25 日	晋授海军少校。
1915 年 4 月	奉派美国考察海军。
1916 年 1 月 2 日	获颁三等文虎章。
10 月	回国。
12 月 9 日	获颁四等嘉禾章。
12 月 24 日	奉派欧洲观察战事,并先后在英国、法国、意大利考察飞机、潜艇。
1918 年 1 月 7 日	晋颁三等嘉禾章。
8 月 8 日	晋授海军中校。
8 月 22 日	派任海军驻英公使馆中校海军正武官兼驻英海军留学生监督处监督。
9 月 11 日	获颁优异服务十字勋章(英)。
1919 年 2 月	选为出席巴黎和会的中国海军代表。
9 月	奉调回国。
10 月 25 日	代理"通济"练习舰上校舰长。
1920 年 1 月 1 日	获颁五等宝光嘉禾章。
12 月	代理海军总司令公署(总司令蓝建枢)上校参谋长。
1923 年 1 月 30 日	晋授海军上校。
6 月 2 日	调升"应瑞"巡洋舰少将舰长。
10 月 9 日	晋颁二等文虎章。
11 月 29 日	获颁五狮军刀。
1924 年 5 月 5 日	晋授海军少将。
12 月 8 日	调任海军总司令公署(总司令杨树庄)少将参谋长。
1925 年 2 月 11 日	回任"应瑞"巡洋舰少将舰长。
1926 年 7 月 10 日	调升海军第 2 舰队中将司令。
1927 年 3 月 14 日	率领所部响应北伐,仍任海军第 2 舰队中将司令。
10 月 19 日	兼任军事委员会委员。
1928 年 4 月	当选海军国民党特别党部(兼主委杨树庄)委员。
12 月 5 日	升任军政部海军署中将署长兼第 2 舰队司令。
1929 年 2 月 27 日	兼任编遣委员会海军编遣办事处(主委杨树庄)委员。

4月12日	调任海军部(部长杨树庄)中将政务次长兼第2舰队司令。
1930年1月1日	获颁二等宝鼎勋章。
12月31日	兼任江南造船所所长。
1931年1月1日	晋颁一等宝鼎勋章。
12月30日	升任海军部上将部长兼第2舰队司令。
1932年1月18日	辞去舰队司令兼职。
1934年11月	辞去所长兼职,改兼海军大学校长。
1935年7月12日	获颁指挥官级荣誉军团勋章(法)。
9月6日	叙任海军一级上将。
1936年1月1日	获颁二等云麾勋章。
7月9日	获颁国民革命军誓师十周年纪勋章。
12月12日	兼任军事委员会常务委员。
1937年3月26日	获颁二等采玉勋章。
7月	辞去校长兼职。
1938年1月1日	改任海军总司令部上将总司令。
1月15日	兼任军事委员会委员。
1943年10月10日	获颁青天白日勋章。
1945年9月9日	在南京参加对日受降仪式。
10月10日	获颁胜利勋章。
12月26日	辞职后闲居福州。
1946年1月11日	获颁忠勤勋章。
11月15日	获颁帝国指挥官级勋章(英)。
1947年5月10日	派任国民政府战略顾问委员会(主委何应钦)上将委员。
7月19日	获颁金质棕榈叶勋饰自由勋章(美)。
1948年3月	所部改组为总统府战略顾问委员会(主委何应钦),仍任上将委员。
1950年1月16日	被民国政府撤职。
1月27日	出任华东军政委员会(主席饶漱石)委员。
5月20日	被民国政府以"叛国罪"通缉。
9月18日	出任福建省人民政府(主席张鼎丞)副主席。

1951 年 11 月 15 日	华东军政委员会改组为华东行政委员会（主席饶漱石），兼任委员。
11 月	当选全国政协（兼主席毛泽东）委员。
1954 年 9 月	兼任国防委员会（兼主席毛泽东）委员。
1955 年 2 月	改任福建省人民政府（省长叶飞）副省长。
3 月	当选中央民革（主席李济深）副主席。
1956 年 4 月	当选福建省政协（主席曾镜冰）副主席。
1967 年 5 月	被免去副省长职务。
1969 年 7 月 30 日	在福建福州病逝。

陈训泳（1889—1943）

生于 1889 年 11 月 17 日（清光绪十五年十月二十五日）。福建闽侯（出生地现属福州）人，字道培。马尾船政后学堂第十六届驾驶班毕业。

1899 年 12 月	考入马尾船政后学堂第十六届驾驶班学习。
1904 年 11 月	船政后学堂毕业后派任"飞鹰"猎舰（管带黄钟瑛）枪炮二副。
1906 年	调升"海筹"巡洋舰（管带何品璋）驾驶大副。
1912 年 1 月	改任"海筹"巡洋舰（舰长林颂庄）少校副舰长。
12 月	兼代"同安"驱逐舰舰长。
1913 年 1 月 31 日	授海军少校。同月免去兼代职。
5 月 7 日	调升"通济"练舰中校舰长。
1914 年 5 月 28 日	晋授海军中校，获颁二等文虎章。
9 月 28 日	获颁七等嘉禾章。
10 月 25 日	调任"楚同"炮舰中校舰长。
1921 年 11 月 7 日	晋授海军上校。
12 月 3 日	晋颁四等嘉禾章。
1922 年 9 月 14 日	获颁勋三等瑞宝章（日）。

1923 年 2 月 7 日	晋颁三等嘉禾章。
5 月 5 日	调任"应瑞"巡洋舰上校舰长。
6 月 3 日	调任"永健"炮舰上校舰长。
8 月 15 日	调任"普安"运舰上校舰长。
1925 年 7 月 15 日	晋授海军少将。
1926 年 7 月 10 日	调升"海筹"巡洋舰少将舰长。
1927 年 3 月 14 日	率部响应北伐,仍任"海筹"巡洋舰少将舰长。
7 月 27 日	升任海军练习舰队少将司令。
8 月 6 日	兼任军事委员会委员。
1928 年 4 月	兼任海军国民党特别党部(兼主委杨树庄)委员。
1930 年 1 月 1 日	获颁四等宝鼎勋章。
1931 年 1 月 1 日	晋颁三等宝鼎勋章。
1932 年 8 月 12 日	兼代马尾要港司令。
12 月	免去要港司令兼代职。
1934 年 2 月 3 日	升任海军部(部长陈绍宽)中将常务次长。
1935 年 6 月 12 日	晋颁勋二等瑞宝章(日)。
9 月 6 日	叙任海军中将。
1936 年 4 月 11 日	获颁勋二等旭日章(日)。
7 月 9 日	获颁国民革命军誓师十周年纪勋章。
11 月 12 日	获颁三等云麾勋章。
1938 年 1 月 1 日	调任海军总司令部(总司令陈绍宽)中将参谋长兼海军作战教训研究室主任委员。
1943 年 6 月 15 日	在重庆病逝。
9 月 10 日	追晋海军上将。

陈毓淳（1872—? ）

生于 1872 年（清同治十一年）。福建漳平人,字听涛。天津北洋水师学堂第三届驾驶班毕业。

1886 年 7 月	考入天津北洋水师学堂第三届驾驶班学习。
1890 年 6 月	水师学堂毕业后在海军服务。

1903 年 3 月	升任南洋鱼雷营（管带黄以云）帮带兼南洋水师雷电学堂（兼总办黄以云）提调、总教官。
1905 年	因雷库失火爆炸被撤职。
1907 年 8 月 1 日	派任陆军部海军处科员。
1909 年 7 月 15 日	所部改称筹办海军事务处，仍任科员。
1910 年 12 月 4 日	所部改称海军不（大臣载洵），仍任科员。
1912 年 4 月	出任海军部（总长刘冠雄）军械司（司长吴纫礼）设备科少校科长。
1913 年 1 月 31 日	授海军少校。
11 月 12 日	调升海军总司令处（总司令李鼎新）中校军需长。
1914 年 5 月 25 日	晋授海军中校，获颁四等文虎章。
5 月 26 日	调任海军总司令处（总司令萨镇冰）中校副官长。
1917 年 1 月 31 日	调任海军转运局中校局长。
1918 年 10 月 7 日	调任海军总司令公署（总司令蓝建枢）上校副官长。
1919 年 1 月 4 日	获颁五等嘉禾章。
5 月 15 日	晋授海军上校。
1920 年 4 月	兼任大沽海军管轮学校（校长吴毓麟）管轮班教官。
1921 年 8 月 12 日	兼海军租船处监督。
1923 年 3 月 27 日	晋授海军少将。
1924 年 4 月 4 日	免去租船处监督兼职。
1927 年 3 月	辞职赋闲。
1929 年 8 月 2 日	出任国民政府海军部（部长杨树庄）少将候补员。
1938 年 1 月	调任海军总司令部（总司令陈绍宽）少将候补员。后事不详。

陈兆锵（1862—1953）

生于 1862 年 7 月 7 日（清同治元年六月十一日）。福建闽侯（出生地现属福州）人，字敬尔，号铿臣。马尾船政后学堂第二届管轮班毕业。

1878 年	考入马尾船政后学堂第二届管轮班学习。
1883 年	船政后学堂毕业后派任"扬武"兵船（管带张成）管轮见习。
1884 年	调任"超勇"巡洋舰（管带林泰曾）轮机见习。
1886 年	调升"定远"铁甲战列舰（管带刘步蟾）机管。
1890 年	升任二管轮。
1892 年 4 月 26 日	授守备衔。
1894 年 1 月 1 日	升任总管轮，授游击衔。
1896 年	选派赴英考察造船制舰。
1899 年 11 月	署任"海天"巡洋舰（管带刘冠雄）机关总长。
1904 年 4 月	因"海天"舰触礁事件被革职。
1907 年 8 月 1 日	出任陆军部海军处（代正使谭学衡）第 1 司（机要司，司长郑汝成）轮机科科长。
1910 年 12 月	升任海军部（海军大臣载洵）舰政局局长。
1912 年 4 月	奉派接管上海船坞，改名为海军江南造船所，署理所长。
12 月 30 日	授海军轮机少将。
1913 年 2 月 20 日	实任江南造船所中将所长。
8 月 20 日	晋授海军轮机中将。
1914 年 5 月 25 日	获颁二等文虎章。
1915 年 6 月 15 日	获颁帝国指挥官级勋章（英）。
9 月 25 日	调任福州马江船政局中将局长。
1916 年 10 月 9 日	获颁三等嘉禾章。
1917 年 12 月	兼任海军飞潜学校校长。
1918 年 1 月 7 日	获颁四等宝光嘉禾章。
1919 年 10 月 14 日	晋颁二等嘉禾章。
1920 年 1 月 1 日	晋颁三等宝光嘉禾章。
1921 年 10 月 17 日	授勋五位。
1923 年 2 月 7 日	晋颁二等宝光嘉禾章。
4 月 26 日	兼署财政部闽海关监督。
1924 年 2 月 12 日	授将军府将军。
1925 年 1 月 8 日	免去海关监督兼职。

9月12日	调任江南造船所中将所长。
1926年3月13日	调任福州海军学校中将校长，旋辞职返乡。
1929年6月	出任国民政府海军部（部长杨树庄）顾问。
1930年10月	调任海军连柄港灌田局（局长马德骥）董事长。
1938年1月1日	调任海军总司令部（总司令陈绍宽）顾问。
1948年1月9日	叙任海军中将，并予除役。
1953年2月4日	在福建福州病逝。

戴锡侯（1868—1932）

生于1868年（清同治七年）。福建闽侯（出生地现属福州）人。船生出身。

1892年12月9日	出任"来远"巡洋舰（管带邱宝仁）署理舢板三副。
1893年5月13日	实任舢板三副。
1895年4月28日	因所部作战失力被撤职赋闲。
1912年	出任烟台海军练营大队长。
1913年8月10日	授海军上校。
1914年7月	调升"广庚"炮舰上校舰长。
1919年7月24日	获颁四等嘉禾章。
10月14日	获颁五等文虎章。
1920年6月18日	晋颁四等文虎章。
9月15日	获颁帝国官佐级勋章（英）。
1923年2月	调任闽厦海军警备司令部（兼司令杨树庄）军务处上校处长。
1925年6月11日	调任闽厦海军警备司令部（兼司令陈季良）秘书处上校处长。
1926年7月13日	晋授海军少将。
1929年8月2日	出任国民政府海军部（部长杨树庄）少将候补员。
1932年1月5日	被免职赋闲。
11月15日	在福建福州病逝。

董沐曾（1896—2002）

生于1896年6月5日（清光绪二十二年四月二十四日）。
浙江绍兴人，字天荪。烟台海军学校第十届驾驶班毕业。

1913年1月	考入烟台海军学校第十届驾驶班学习。
1916年12月	海校毕业后"通济"练舰（舰长甘联璈）见习。
1920年8月17日	授海军少尉。
1922年6月	调升"定安"运舰（舰长刘永诰）少尉候补副。
10月22日	晋授海军中尉。
1923年12月8日	调升渤海舰队（司令温树德）上尉副官。
1924年5月20日	晋授海军上尉。
1927年5月1日	调任"肇和"巡洋舰（舰长冯涛）上尉副舰长。
8月5日	调升联合舰队海防第1舰队（兼司令沈鸿烈）少校参谋。
1929年1月	改任东北海军司令部（代司令沈鸿烈）少校参谋。
1月15日	获颁勋四等旭日章（日）。
1930年3月3日	调升"海圻"巡洋舰（舰长方念祖）中校副舰长。
1932年3月12日	调任东北海军司令部军衡处中校处长。
1933年6月	所部改编为海军第3舰队（司令谢刚哲）军衡处，仍任中校处长。
1938年7月4日	调任海军总司令部（总司令陈绍宽）中校候补员。
1945年10月	调任军政部（部长陈诚）海军处（兼处长陈诚）总务组（组长高如峰）中校组员。
1946年3月12日	升任军政部海军署（兼署长陈诚）总务处上校处长。
6月	所部改称海军总司令部（兼总司令陈诚）总务处，仍任上校处长。
10月4日	调任海军第2基地代将司令。
1947年7月19日	获颁自由勋章（美）。
1948年3月26日	调升海军第1军区代将司令。

9月22日	叙任海军上校。
1949年8月1日	升任海军第1军区少将司令。
1950年3月25日	调任海军总司令部第1署少将署长。
1952年1月	辞职赋闲。
2002年6月20日	在美国纽约病逝。

杜逢时（1871—? ）

生于1871年（清同治十年）。福建闽侯（出生地现属福州）人，字绥臣。杜锡珪之兄。南京江南水师学堂第一届鱼雷班毕业。

1889年11月	考入南京江南水师学堂第一届鱼雷班学习。
1898年10月	水师学堂毕业后在海军服务。
1909年	调升"登瀛洲"运舰管带。
1912年3月25日	出任参谋部第5局(海军局,局长谢刚哲)第3科少校科长。
1913年6月13日	调升海军总司令处（总司令李鼎新）中校二等参谋。
7月12日	获颁六等文虎章。
7月16日	授海军中校。同月升任上校一等参谋。
8月20日	晋授海军上校。
1914年12月21日	获颁五等嘉禾章。
1916年10月9日	晋颁四等文虎章。
1918年5月2日	晋颁四等嘉禾章。
10月18日	出任海军总司令公署（总司令蓝建枢）上校参谋。
1919年10月14日	晋颁三等文虎章。
1920年1月1日	晋颁三等嘉禾章。
8月7日	获颁勋三等瑞宝章（日）。
1922年2月25日	获颁四等宝光嘉禾章。
1923年2月7日	晋颁二等文虎章。
3月27日	晋授海军少将。
1927年3月	离职赋闲。
1929年8月2日	出任国民政府海军部（部长杨树庄）少将候补员。
1938年1月	调任海军总司令部（总司令陈绍宽）少将候补员。

| 1947年11月22日 | 叙任海军少将，并予除役。 |
| | 后事不详。 |

杜锡珪（1874—1933）

生于1874年11月12日（清同治十三年十月初四日）。福建闽侯（出生地现属福州）人，字慎臣，号石钟。杜逢时之弟。南京江南水师学堂第三届驾驶班毕业。

1895年3月	考入南京江南水师学堂第三届驾驶班学习。
1902年2月	水师学堂毕业后派往英国远东舰队见习。
1903年	派任"海天"巡洋舰（管带刘冠雄）驾驶大副。
1904年	调任"海圻"巡洋舰（管带萨镇冰）驾驶大副。
1906年	调升"辰"字鱼雷艇管带。
1907年	调任"建安"鱼雷快艇管带。
1908年	调任水师练营警卫队管带。
1909年	调升"甘泉"炮舰管带。
1911年	调任"江贞"炮舰管带。
11月13日	调升"海容"巡洋舰代理舰长。
1912年1月1日	实任"海容"巡洋舰舰长。
12月30日	授海军上校。
1913年7月12日	获颁四等文虎章。
1914年5月9日	获颁三等嘉禾章。
5月25日	晋授海军少将，晋颁三等文虎章。
1915年12月25日	调任"肇和"巡洋舰少将舰长。
12月23日	授一等轻车都尉。
1916年3月14日	晋颁二等文虎章。
4月8日	晋颁二等嘉禾章。
1917年4月25日	调任"海容"巡洋舰少将舰长。
7月24日	升任海军第2舰队中将司令兼海军练营营长。

1917 年 10 月 9 日	获颁三等宝光嘉禾章。
1918 年 4 月 13 日	授勋五位。
6 月 27 日	晋颁二等宝光嘉禾章。
1919 年 6 月 11 日	获颁勋二等瑞宝章（日）。
1920 年 1 月 1 日	获颁二等大绶宝光嘉禾章。
5 月 12 日	获颁帝国指挥官级勋章（英）。
1921 年 8 月 30 日	晋授勋四位。
10 月 17 日	晋授海军中将。
1922 年 1 月 30 日	晋颁一等文虎章。
6 月 15 日	升任海军总司令部上将总司令。
10 月 11 日	获颁一等大绶嘉禾章。
1923 年 10 月 9 日	授任瀛威将军。
1924 年 3 月 26 日	晋授海军上将。
1925 年 2 月 6 日	被免职。
12 月 31 日	派任海军部上将总长。
1926 年 6 月 22 日	兼代国务院总理。
10 月 1 日	辞去总理兼职。
1927 年 6 月 21 日	离职后在天津、上海寓居。
1929 年 10 月	奉国民政府所派前往日本欧美各国考察。
1931 年 8 月 1 日	派任马尾海军学校上将校长。
12 月 14 日	调任海军部（部长陈绍宽）高级顾问。
1933 年 12 月 28 日	在上海病逝。

方莹（1889—1965）

生于 1889 年 11 月 15 日（清光绪十五年十月二十三日）。福建闽侯（出生地现属福州）人，字琇若。吴淞商船学校高等班航海驾驶科、南京海军鱼雷枪炮学校第一届毕业。官号：470025。

1911 年 9 月	考入吴淞商船学校高等班航海驾驶科学习。

1915 年 3 月	商船学校毕业后派任"肇和"巡洋舰（舰长黄鸣球）见习。
1916 年 9 月	考入吴淞海军学校学习。
1917 年 9 月	转入南京海军鱼雷枪炮学校第一届学习。
1918 年 8 月	毕业后派任"海筹"巡洋舰（舰长林建章）少尉航海候补员。
1919 年 9 月 7 日	授海军中尉。
1922 年 9 月	调升"建威"驱逐舰（舰长王光熊）中尉枪炮长。
1923 年 8 月	调升"普安"运舰（舰长陈训泳）上尉航海长。
1924 年 1 月	调升"海鸽"炮艇上尉艇长。
7 月 7 日	调任"应瑞"巡洋舰（舰长陈绍宽）上尉航海长。
1927 年 1 月 1 日	升任"应瑞"巡洋舰（舰长萨福畴）少校副舰长。
8 月 4 日	调升"定安"运舰中校代理舰长。
1930 年 5 月 17 日	实任中校舰长。
1931 年 7 月 20 日	调任"楚有"炮舰中校舰长。
1934 年 3 月 3 日	调任"自强"炮舰中校舰长。
1935 年 3 月 13 日	调升"宁海"巡洋舰上校舰长。
12 月 19 日	调任海军引水传习所上校所长。
1937 年 12 月	调任海军部（部长陈绍宽）上校候补员。
1938 年 1 月	调任浔鄂区要塞炮台第 1 台上校台长。
2 月 1 日	兼任海军武汉区炮队队长。
3 月	兼任葛店炮台第 1 总台总台长、葛店布雷队队长。
1939 年 1 月	兼任筹建川江要塞第 1 总台总台长。
3 月 15 日	调兼宜巴区要塞第 1 总台总台长。
10 月 24 日	免去葛店兼职。
1940 年 10 月 21 日	专任川江要塞第 1 总台上校总台长。
1944 年 6 月 27 日	获颁六等云麾勋章。
1945 年 3 月 27 日	升任海军第 1 舰队少将司令。
4 月 12 日	兼代第 2 舰队司令。
8 月 17 日	兼任海军汉口区接收专员。
9 月 16 日	改兼海军汉浔区接收专员。
10 月 10 日	获颁忠勤勋章。

12 月 28 日	调任海军第 2 舰队少将司令。
1946 年 5 月 5 日	获颁胜利勋章。
8 月 21 日	调任上海要港司令部少将司令。
10 月 1 日	所部改称海军第 1 基地,仍任少将司令。
1947 年 7 月 4 日	获颁铜星勋章(美)。
7 月 19 日	获颁自由勋章(美)。
1948 年 1 月 1 日	晋颁四等云麾勋章。
3 月 16 日	被免职后闲居福州。
5 月 17 日	叙任海军少将,并予除役(旋予以注销)。
9 月 22 日	叙任海军少将。
1949 年 8 月 17 日	出任在闽海军人员联谊会总干事。
9 月 15 日	出任人民解放军华东军区(兼司令员陈毅)海军研究委员会(主委曾以鼎)副主任委员。
1950 年 5 月 5 日	调任海军第 6 舰队(司令员饶子健)副司令员。
1951 年 1 月	调任华东军区海军司令部干部轮训班副主任兼司令部航海业务长。
1954 年 5 月	调任人民解放军海军司令部(司令员肖劲光)研究委员会(主委曾以鼎)副主任。
1963 年 10 月	退休后聘任福建省人民委员会参事室参事。
1964 年 9 月	当选福建省政协(主席范式人)委员。
1965 年 2 月 26 日	在福建福州病逝。

甘联璈(1875—1947)

生于 1875 年(清光绪元年)。福建古田人,字绎如。南京江南水师学堂第一届驾驶班毕业。

1889 年 11 月	考入江南水师学堂第一届驾驶班学习。
1898 年 10 月	水师学堂毕业后派任"南琛"练舰(管带林建章)见习,后历任驾驶三副、驾驶二副。
1903 年	调任"张"字鱼雷艇管带。
1905 年	调升"策电"炮舰管带。

1908 年	调任"江贞"炮舰管带。
1910 年 12 月	调升"保民"炮舰管带，授海军副参领。
1911 年 11 月	在镇江率部起义。
1912 年 1 月 1 日	改任"保民"炮舰上校舰长。
12 月 30 日	授海军上校。
1914 年 5 月 25 日	晋授海军少将。
10 月 25 日	调任"通济"练舰少将舰长。
1916 年 1 月 2 日	获颁四等文虎章。
2 月 20 日	调任"海容"巡洋舰少将舰长。
3 月 14 日	晋颁三等文虎章。
4 月 8 日	晋颁二等文虎章。
4 月 19 日	因船难事故导致"新裕"运兵船沉没，死亡官兵 700 余人而被撤职夺官。
1917 年 10 月 26 日	开复海军少将官位。
1918 年 10 月 18 日	获颁三等嘉禾章。
11 月 3 日	派任"靖安"运舰少将舰长。
1919 年 7 月 15 日	升任吉黑江防舰队少将司令兼"靖安"运舰舰长。
8 月 12 日	专任"靖安"运舰少将舰长。
1920 年 1 月 16 日	晋颁二等嘉禾章。
1921 年 6 月 7 日	调任"海筹"巡洋舰少将舰长。
1922 年 6 月 29 日	升任海军第 2 舰队署理少将司令。
11 月 30 日	授勋五位。
1923 年 11 月 17 日	调任海军部（总长李鼎新）军学司少将署理司长。
1926 年 1 月 21 日	实任海军部（总长杜锡珪）军学司少将司长。
1927 年 4 月	离职赋闲。
1929 年 8 月 2 日	出任国民政府海军部（部长陈绍宽）少将候补员。
1938 年 1 月	改任海军总司令部（总司令陈绍宽）少将候补员。
1944 年 9 月 29 日	调任侨务委员会侨务管理处处长。
1947 年 2 月	在南京（现属江苏）病逝。

高如峰（1909—2004）

生于 1909 年 10 月 11 日（清宣统元年八月二十八日）。福建闽侯（出生地现属福州）人，字仰山。烟台海军学校第十八届驾驶班毕业。

1925 年 10 月	考入烟台海军学校第十八届驾驶班学习。
1928 年 9 月	海校毕业后派任"江贞"炮舰少尉航海员。
1929 年 10 月 22 日	奉派英国留学，先后在格林威治王家海军学院、朴茨茅斯海军学院学习。
1933 年 8 月 30 日	回国。
9 月 25 日	派任"宁海"巡洋舰中尉航海副。
1935 年 8 月 2 日	调升马尾海军学校（校长李孟斌）上尉航海教官兼马尾海军练营（营长陈天经）教官。
1936 年 6 月 16 日	调任"宁海"巡洋舰上尉鱼雷官。
1937 年 6 月 12 日	调任"宁海"巡洋舰少校副舰长。
1938 年 1 月	调任海军军官学校少校学监。
1939 年 6 月	带职入中央训练团党政训练班第三期受训。
7 月	结业后仍任原职。
1940 年 9 月 3 日	调任海军川江漂雷队（队长叶可钰）第 2 队少校队长。
1941 年 11 月 3 日	所部改编为海军第 4 布雷总队（总队长严智）第 3 大队，升任中校大队长兼第 5 中队中队长。
1945 年 12 月 21 日	调升海军台澎要港司令部上校司令。
12 月 28 日	兼任海军总司令部参谋处接收员。
1946 年 2 月 2 日	兼任军政部（部长陈诚）海军处（兼处长陈诚）总务组组长。
3 月 12 日	调兼军政部海军署（兼署长陈诚）驻台澎专员公署参谋主任。
6 月	调兼海军总司令部（兼总司令陈诚）驻台澎专员公署专员。

10 月 1 日	专任海军总司令部驻台澎专员公署上校专员。
12 月 19 日	获颁帝国官佐级勋章（英）。
1947 年 3 月 13 日	调任海军总司令部（总司令桂永清）上校副参谋长。
1948 年 3 月 26 日	调升海军第 2 军区司令部代将司令。
11 月 24 日	调任海军第 3 军区司令部代将司令。
1949 年 7 月 15 日	调升驻美国使馆海军少将武官。
1950 年 10 月	调任"驻联合国军事参谋团"少将海军副代表。
1957 年 3 月	调任海军第 1 军区司令部少将司令。
1962 年 1 月 31 日	调任海军军官学校少将校长。
1964 年 1 月 1 日	升任中将校长。
1966 年 10 月 6 日	调任海军总司令部（总司令冯启聪）督察室中将督察长。
1969 年 10 月	退为备役。
2004 年 10 月	在美国病逝。

高宪申（1888—1948）

生于 1888 年 3 月 13 日（清光绪十四年正月三十一日）。福建长乐人，字佑之。黄埔水师学堂第十届驾驶班毕业。官号：470015。

1902 年 12 月	考入黄埔水师学堂第十届驾驶班学习。
1907 年 11 月	学堂毕业后派任"海琛"巡洋舰（管带汤廷光）见习。
1908 年 2 月	升任少尉枪炮大副。
1912 年 2 月 1 日	调升"应瑞"巡洋舰（舰长毛重芳）中尉军需长。
1913 年 3 月 12 日	调任"海琛"巡洋舰（舰长林永谟）中尉枪炮官。
4 月 20 日	授海军中尉。
1914 年 4 月 1 日	调任"江贞"炮舰（舰长周兆瑞）中尉航海副。
5 月 25 日	晋授海军上尉。
1915 年 12 月 15 日	调升"应瑞"巡洋舰（舰长杨敬修）上尉航海正。
1916 年 1 月 2 日	获颁五等文虎章。

1 月 5 日	升任少校副舰长兼航海正。
12 月 5 日	辞去兼职。
1917 年 9 月 11 日	出任护法军政府海军司令部（司令林葆怿）中校副官。
1918 年 5 月 20 日	升任海军司令部（代司令汤廷光）上校参谋。
10 月 7 日	出任海军总司令公署（总司令蓝建枢）副官处（副官长陈毓淳）中校副官。
1919 年 5 月 15 日	晋授海军少校。
10 月 14 日	晋颁四等文虎章。
1921 年 10 月 23 日	被免职。
1922 年 4 月 27 日	出任军政府海军舰队司令部（司令温树德）上校副官长。
1923 年 2 月 7 日	获颁四等嘉禾章。
3 月 20 日	改任驻粤舰队司令部（司令温树德）上校副官长。
6 月 9 日	随部拥护北京政府。
12 月 16 日	晋授海军中校。
1924 年 3 月 22 日	所部改组为渤海舰队（司令温树德），仍任上校副官长。
1926 年 7 月 13 日	调任"永绩"炮舰中校舰长。
1927 年 3 月 14 日	率部参加国民革命军，仍任中校舰长。
1929 年 8 月 17 日	调任"通济"练习舰代理中校舰长。
1930 年 5 月 13 日	实任中校舰长。
1931 年 4 月 29 日	获颁六等宝鼎勋章。
1932 年 1 月 18 日	调升"海容"巡洋舰上校舰长。
9 月 22 日	调任"宁海"巡洋舰上校舰长。
1935 年 3 月 28 日	调任海军引水传习所上校所长。
12 月 19 日	回任"宁海"巡洋舰上校舰长。
1937 年 3 月 27 日	调任"平海"巡洋舰上校舰长。
9 月 22 日	因作战负伤离职修养。
1938 年 1 月 17 日	派任海军厦门要港司令部少将司令。
6 月 1 日	调任海军学校（校长李孟斌）少将训育主任。
1939 年 2 月 27 日	升任海军学校少将校长。
1945 年 10 月 10 日	获颁忠勤勋章。

1946 年 3 月	调任军政部海军署（兼署长陈诚）少将参事。
5 月 5 日	获颁胜利勋章。
6 月 6 日	调任海军总司令部（兼总司令陈诚）少将高级参谋。
1947 年 4 月 25 日	调任海军总司令部（总司令桂永清）第 2 署（情报及海政署，辖三处）少将署长。
1948 年 1 月 1 日	晋颁四等宝鼎勋章。
2 月 14 日	调任海军总司令部法制委员会少将委员。
3 月 7 日	在上海病逝。
7 月 10 日	民国政府予以明令褒扬。

葛保炎（1875—1934）

生于 1875 年（清光绪元年）。福建闽侯人，字香孙。威海水师学堂第一届驾驶班毕业。

1890 年 6 月	考入威海水师学堂第一届驾驶班学习。
1894 年 5 月	水师学堂毕业后在海军服务。
1907 年	升任"通济"练船（管带林建章）正教习。
1910 年 12 月	升任"通济"练船管带，授海军副参领。
1912 年 1 月 1 日	改任"通济"练舰中校舰长。
12 月 22 日	调升海军部（总长刘冠雄）上校视察。
12 月 29 日	调任"肇和"巡洋舰上校舰长。
12 月 30 日	授海军上校。
1913 年 5 月 7 日	回任海军部上校视察。
7 月 17 日	获颁四等文虎章。
1914 年 5 月 25 日	晋授海军少将。
7 月 30 日	兼任"通济"练舰舰长。
9 月 28 日	获颁四等嘉禾章。
12 月 25 日	免去兼职。
1918 年 10 月 18 日	调任海军总司令公署（总司令蓝建枢）少将参谋。
10 月 19 日	晋颁三等文虎章。
1919 年 12 月 11 日	获颁勋三等旭日章（日）。

1920 年 1 月 1 日	晋颁三等嘉禾章。
1922 年 9 月 28 日	调任海军总司令公署（总司令杜锡珪）军械课少将课长。
1926 年 7 月 13 日	离职。
1928 年 8 月 27 日	出任国民革命军海军总司令部（总司令杨树庄）军衡处少将处长。
1929 年 3 月	所部裁撤后赋闲。
7 月 27 日	派任海军部（部长杨树庄）少将参事。
8 月 2 日	调任少将候补员。
1934 年 11 月	在南京（现属江苏）病逝。

桂永清（1901—1954）

生于 1901 年 3 月 7 日（清光绪二十七年正月十七日）。江西贵溪（出生地现属鹰潭）人，字率真。中国国民党陆军军官学校第一期步兵科、德国慕尼黑陆军步兵学校毕业。官号：326。

1924 年 5 月	考入中国国民党陆军军官学校第一期步兵科学习。
11 月	军校毕业后派任教导第 1 团（团长何应钦）中尉排长。
1925 年 3 月	升任上尉连党代表。
8 月	调任第 1 师（师长何应钦）特务连上尉连长。
1926 年 7 月	升任第 1 军（军长何应钦）特务营少校营长。
1927 年 8 月	调升第 20 师（师长王文翰）第 58 团上校团长。
1928 年 3 月 15 日	所部改称国民革命军总司令部警卫第 1 团，仍任上校团长。
7 月 25 日	所部编入第 11 师（师长曹万顺），升任第 31 旅（辖两团）少将旅长。
1929 年 3 月	奉派德国留学，入慕尼黑陆军步兵学校学习。
1932 年 3 月	回国后派任复兴社常务干事兼训练处处长。
9 月	调任中央军校军官训练班少将主任。
1933 年 6 月 29 日	兼任中央军校教导总队（辖两团）总队长。

8 月	兼任中央军校第十期第 2 总队总队长。
1934 年 3 月 22 日	专任教导总队少将总队长。
7 月	兼任复兴社护卫队干部训练班主任。
12 月 21 日	兼代第 78 师（辖三团）师长。
1935 年 4 月 13 日	叙任陆军少将。
9 月 14 日	第 78 师裁撤，所属一部编入教导总队（辖三团），升任中将总队长。
1936 年 10 月 22 日	晋任陆军中将。
1938 年 3 月 15 日	所部改编为第 46 师（辖两旅），改任中将师长。
4 月 13 日	升任第 27 军（辖第 24 师、第 36 师、第 46 师）中将军长。
5 月 8 日	调任军事委员会战时干部训练团中将教育长。
7 月	兼任三青团中央临时干事会干事、工作人员训练班主任。
1940 年 6 月	调任驻德国大使官陆军中将武官。
1941 年 12 月	因中国与德国宣战，转至瑞士从事外交工作。
1943 年 11 月 30 日	调任盟军驻英国军事代表团中将团长。
1945 年 5 月	兼任驻德国联军管制委员会中国代表团团长。
9 月 14 日	获颁军功十字勋章（法）。
10 月 10 日	获颁忠勤勋章。
1946 年 5 月 5 日	获颁胜利勋章。
9 月 14 日	调任海军总司令部（兼总司令陈诚）中将副总司令、代理总司令。
10 月 11 日	获颁指挥官级军团荣誉勋章（美）。
1947 年 3 月 14 日	获颁三等宝鼎勋章。
4 月 1 日	兼任中央海军军官学校（兼校长蒋中正）教育长。
7 月 19 日	获颁银质棕榈叶勋饰自由勋章（美）。
10 月 11 日	获颁帝国指挥官级勋章（英）。
11 月 30 日	辞去海校教育长兼职。
1948 年 1 月 1 日	获颁二等云麾勋章。
8 月 26 日	升任海军总司令部中将总司令。
1949 年 1 月 1 日	晋颁二等宝鼎勋章。

1951 年 5 月 24 日	晋任陆军二级上将。
1952 年 3 月	调任"总统府"参军处上将参军长。
1954 年 6 月	调任"国防部"（部长俞大维）参谋本部上将参谋总长。
8 月 12 日	在台湾台北病逝。
9 月 11 日	追晋陆军一级上将。

郭詠荣（1890—？）

生于 1890 年（清光绪十六年）。福建闽侯人，字竞强。烟台海军学校第八届驾驶班毕业。

1910 年 8 月	考入烟台海军学校第八届驾驶班学习。
1913 年 7 月	海校毕业后在海军服务。
1917 年 7 月 24 日	调任海军总司令公署（代总司令刘冠雄）中尉副官。
1919 年 9 月 7 日	授海军中尉。
1921 年 1 月	调升"江亨"炮舰（舰长毛钟才）上尉航海副。
4 月 23 日	获颁六等文虎章。
1923 年 5 月 17 日	调升东北江防舰队（司令毛钟才）少校副官。
9 月	离职后南下加入广东海军。
10 月	出任广州军政府海军舰队司令部（司令李国堂）驻汕头办事处主任。
1925 年 2 月	兼任海军闽厦警备司令部（司令陈季良）参谋。
1927 年 5 月	调升福建省会警察局局长。
1929 年 7 月 9 日	获颁勋四等瑞宝章（日）。
1932 年 10 月	被免职赋闲。
1941 年 4 月	出任福建省闽厦善后委员会社会局局长（汪伪）。
1942 年 9 月 26 日	调任军事参议院（院长萧叔宣）少将参议。
	后事不详。

韩玉衡（1880—1967）

生于1880年（清光绪六年）。福建闽侯（出生地现属福州）人，字仲英。马尾船政后学堂第十届管轮班毕业。

1903年1月	考入马尾船政后学堂第十届管轮班学习。
1908年8月	船政后学堂毕业后在海军服务。
1912年7月18日	调升"应瑞"巡洋舰（舰长毛仲芳）中尉轮机副。
1913年4月20日	授海军轮机中尉。
1914年5月25日	晋授海军轮机上尉。
1915年4月	奉派美国学习潜艇制造。
1916年10月	回国后派任马尾船政局（局长陈兆锵）造船所工程师。
1919年6月6日	调任"海筹"巡洋舰（舰长林建章）少校轮机长。
9月7日	晋授海军轮机少校。
10月14日	获颁五等文虎章。
1922年2月4日	晋颁四等文虎章。
1923年2月7日	晋颁三等文虎章。
1925年1月30日	晋授海军轮机中校。
7月20日	调升海军第2舰队司令处（司令许建廷）上校轮机长。
1927年4月12日	随部参加国民革命军后调任海军总司令部（总司令杨树庄兼）驻南京办事处上校处长。
1928年12月26日	调任海军署（署长陈绍宽）舰械司（司长林献炘）机械科上校科长。
1929年4月20日	调任海军编遣办事处（主委杨树庄）军务局（局长任光宇）轮机课上校课长。
1930年2月24日	调任海军部（部长杨树庄）舰政司（司长唐德炘）机务科上校科长。
3月1日	兼代厦门造船所所长。
7月12日	升任厦门造船所少将所长。

9 月 17 日	获颁勋三等旭日章（日）。
1933 年 2 月 21 日	调任马尾造船所少将所长。
1941 年 5 月	调任海军总司令部（总司令陈绍宽）少将高级参议。
1945 年 9 月	调任台澎要港（司令李世甲）机械处少将处长。
1947 年 2 月	所部裁撤后赋闲。
8 月 2 日	叙任海军轮机少将，并予除役。
1949 年 9 月 15 日	出任人民解放军华东军区（兼司令员陈毅）海军研究委员会（主委曾以鼎）委员。
11 月	兼任人民解放军华东军区海军司令部（司令员张爱萍）舰艇调查修装委员会（主委曾国晟）委员。
1950 年 5 月	研委会改组为人民解放军海军司令部（司令员肖劲光）研究委员会（主任曾以鼎），改任研究员。
1955 年 4 月	退休后聘任福建省文史研究馆（馆长陈培锟）馆员。
1956 年 4 月	当选福建省政协（主席曾镜冰）委员。
1967 年 6 月	在福建福州病逝。

何传滋（1896—?）

生于 1896 年（清光绪二十一年）。福建闽侯（出生地现属福州）人，字慈余。烟台海军学校第六届驾驶班毕业。

1908 年 7 月	考入烟台海军学校第六届驾驶班学习。
1911 年 6 月	海校毕业后在海军服务。
1912 年 9 月 8 日	调任海军部(总长刘冠雄)军学司(司长施作霖)机学科(科长刘国桢)少尉科员。
12 月	所部改称军学司轮机科（科长刘国桢），仍任少尉科员。
1913 年 5 月 20 日	授海军少尉。
1915 年 8 月	调升"江元"炮舰（舰长邓家骅）中尉航海副。
11 月 20 日	晋授海军中尉。
1918 年 6 月	调升海军部驻海参崴海军代将处(代将林建章)上尉副官。
7 月 22 日	晋授海军上尉。
1922 年 6 月 29 日	调任"海鹄"炮艇上尉艇长。

1923 年 2 月 7 日	获颁四等文虎章。
1924 年 1 月	调任海军总司令公署（总司令杜锡珪）上尉副官。
1925 年 4 月 23 日	晋授海军少校。
5 月 4 日	调升"甘露"测量舰（舰长江宝容）少校副舰长。
1927 年 3 月 14 日	随部响应北伐，仍任"甘露"测量舰少校副舰长。
1929 年 4 月	调任海军部(部长杨树庄)海政司(司长许继祥)警备科(科长杨逾)少校科员。
8 月 30 日	兼代"海凫"鱼雷艇艇长。
1930 年 2 月 5 日	调升海军部总务司（司长李世甲）交际科中校科长。
1932 年 5 月 28 日	兼任马尾海军练营（营长陈天经）营附。
1933 年 6 月	兼代"海筹"巡洋舰（舰长贾勤）副舰长。
1934 年 12 月 20 日	专任交际科中校科长。
1938 年 1 月 1 日	调任海军总司令部（总司令陈绍宽）军需处（处长罗序和）储备科（科长陈景苧）中校科员。
10 月	兼任洞庭湖区炮队（队长罗致通）分队长。
1939 年 4 月	因"洞庭湖区炮队撤退"案被撤职赋闲。
1940 年 7 月 27 日	出任海军部（兼部长任援道）上校副官（汪伪）。
1942 年 4 月 29 日	获颁勋二等瑞宝章（日）。
9 月 18 日	升任上校副官长。
1943 年 1 月 7 日	调升海军南京要港司令部（司令尹祚乾）少将参谋长。
1944 年 4 月 20 日	调任军事参议院（院长萧叔宣）少将参议。
1945 年 9 月	离职。
	后事不详。

何瀚澜（1892—1944）

生于 1892 年（清光绪十八年）。广东南海人。黄埔水师学堂第十二届驾驶班、南京海军军官学校第一届枪炮班毕业。

1905 年 12 月	考入黄埔水师学堂第十二届驾驶班学习。
1910 年 11 月	水师学堂毕业后在海军服务。
1913 年 1 月	考入南京海军军官学校第一届枪炮班学习。

4 月 20 日	授海军中尉。	
12 月	毕业后派任"海圻"巡洋舰（舰长汤廷光）中尉鱼雷长。	
1915 年 10 月	升任上尉航海副。	
11 月 20 日	晋授海军上尉。	
1917 年 7 月	随部南下参加护法运动,仍任"海圻"巡洋舰（舰长汤廷光）上尉航海副。	
1918 年 5 月 20 日	升任"海圻"巡洋舰（舰长林永谟）上尉航海长。	
1919 年 7 月 7 日	获颁五等文虎章。	
1920 年 12 月 10 日	调任"豫章"炮舰（舰长欧阳格）上尉航海长。	
1922 年 4 月 30 日	升任"豫章"炮舰少校舰长。	
5 月 5 日	调任"飞鹰"炮舰少校舰长。	
8 月 10 日	升任"海琛"巡洋舰中校舰长。	
12 月 8 日	出任海军渤海舰队（司令温树德）军需处中校处长,随部北上投奔北洋政府。	
1924 年 5 月 20 日	晋授海军中校。	
11 月	兼任青岛警察厅厅长。	
12 月	辞去厅长兼职。	
1925 年 2 月 11 日	调任"海琛"巡洋舰中校舰长。	
1927 年 3 月 20 日	离职。	
1930 年 3 月	出任海军引水传习所（兼所长吴光宗）中校教官。	
1932 年 5 月 27 日	调任上海航政局中校局长。	
12 月 30 日	因病辞职后寓居上海。	
1936 年 8 月	出任广东省江防司令部（司令冯焯勋）上校参议。	
1940 年 9 月 15 日	获颁勋三等瑞宝章（日）。	
1942 年 4 月 29 日	晋颁勋二等瑞宝章（日）。	
7 月 17 日	获颁勋二位景云章（伪满）。	
1943 年 5 月 25 日	出任海军广州要港中将司令（汪伪）。	
10 月 2 日	获颁三级同光勋章。	
1944 年 9 月 25 日	在广东广州被军统特工刺伤。	
9 月 27 日	伤重身亡。	

10 月 1 日	追颁勋二位柱国章（伪满）。
10 月 17 日	追颁勋二等旭日章（日）。
12 月 22 日	追赠海军上将。

 ### 何品璋（1860—?）

生于 1860 年（清咸丰十年）。福建闽侯（出生地现属福州）人，原名何尔立，字质玉。马尾船政后学堂第四届驾驶班毕业。

1872 年	考入马尾船政后学堂第四届驾驶班学习。
1877 年	船政后学堂毕业后在海军服务。
1889 年 2 月 20 日	升任北洋水师左翼中营都司兼"镇远"战列舰（管带林泰曾）帮带大副。
1895 年 4 月	因所部作战失利被撤职赋闲。
1903 年	出任"海筹"巡洋舰管带。
1910 年 2 月 24 日	调任筹办海军事务处（大臣载洵）一等参谋官。
12 月 4 日	所部改编为海军部（大臣载洵）改任参赞厅一等参谋官。
1911 年 12 月	离职。
1912 年 2 月	出任福州船政局（局长沈希南）参事长。
8 月	调任江南造船所（所长陈兆锵）上校副所长。
12 月 30 日	授海军上校。
1913 年 4 月 1 日	调任海军总司令处（总司令李鼎新）上校军需长。
11 月 12 日	调任海军总司令处上校署理军衡长。
1914 年 5 月 25 日	晋授海军少将。
5 月 26 日	实任海军总司令处（总司令萨镇冰）上校军衡长。
1916 年 2 月 1 日	调任海军部（总长刘冠雄）少将视察。
4 月 17 日	兼署军务司司长。
10 月 9 日	获颁三等嘉禾章。
10 月 10 日	获颁四等文虎章。

1917 年 1 月 18 日	调任海军部（总长程璧光）军务司（辖四科）少将司长。
1917 年 10 月 9 日	晋颁二等嘉禾章。
1918 年 3 月 23 日	兼代海军总司令。
10 月 18 日	调任海军总司令公署（总司令蓝建枢）少将参谋长。
10 月 19 日	晋颁三等文虎章。
1919 年 3 月 15 日	获颁勋二等瑞宝章（日）。
1920 年 1 月 1 日	晋颁二等文虎章。
1921 年 4 月 23 日	获颁三等宝光嘉禾章。
1922 年 7 月 7 日	调任海军部（总长李鼎新）军衡司（辖四科）少将司长。
1923 年 2 月 7 日	获颁二等大绶嘉禾章。
1926 年 11 月 13 日	晋授海军中将，同日退休。
1929 年 6 月	聘任国民政府海军部（部长杨树庄）顾问。
1938 年 1 月 1 日	改任海军总司令部（总司令陈绍宽）顾问。
1941 年	免职。
	后事不详。

何希琨（1902—？）

生于 1902 年（清光绪二十八年）。福建闽侯（出生地现属福州）人，字来熙。烟台海军学校第十七届驾驶班毕业。

1920 年 9 月	考入烟台海军学校第十七届驾驶班学习。
1925 年 8 月	海校毕业后在海军服务。
1929 年 10 月 14 日	获颁帝国官佐级勋章（英）。
1930 年 3 月	调任马尾海军学校（校长夏孙鹏）舰课班（主任曾国晟）中尉教官。
9 月	奉派日本留学，入横须贺海军水雷学校学习。
1932 年 10 月	回国后派任海军部（部长陈绍宽）军务司（司长杨庆贞）军港科（科长郑礼庆）上尉科员。
1934 年 10 月	调任"海筹"巡洋舰（舰长陈宏泰）上尉鱼雷正。
1935 年 7 月	调升马尾海军学校（校长李孟斌）少校教练官。
1938 年 1 月	调任海军总司令部（总司令陈绍宽）少校候补员，后历

	任中校主任、中校组长、上校运输司令。
1945 年 9 月	调升台湾行政长官公署(长官陈仪)少将谘议兼第 3 处(处长王清宇)海军组组长。
11 月	调任基隆港口司令部少将司令。
1946 年 6 月	降任海军总司令部(兼总司令陈诚)第 3 署(署长宋锷)第 3 处(作战处)上校处长。
1947 年 5 月 5 日	调任中央海军军官学校(兼校长蒋中正)教育处上校处长。
12 月 7 日	升任中央海军军官学校(校长魏济民)代将副教育长、代理教育长。
1948 年 12 月 1 日	升任代将教育长。
1949 年 8 月	离职赋闲。
9 月 15 日	出任人民解放军华东军区(兼司令员陈毅)海军研究委员会(主委曾以鼎)委员。
1950 年 5 月	研委会改组为人民解放军海军司令部(司令员肖劲光)研究委员会(主任曾以鼎),仍任委员。 后事不详。

何志兴(1895—?)

生于 1895 年 7 月(清光绪二十一年)。福建长乐人,字洒恨。保定陆军军官学校第三期步兵科毕业。

1914 年 8 月	考入保定陆军军官学校第三期工兵科学习。
1916 年 8 月	军校毕业后长期在福建陆军服务。
1918 年 4 月 5 日	授陆军步兵少尉。
1924 年 7 月	出任厦门海军警备司令部(司令林国赓)少校副官。
1925 年 6 月	所部改编为闽厦海军警备司令部(司令林国赓),仍任少校副官。
1927 年 8 月	调升漳厦海军警备司令部(司令林国赓)第 2 独立营中校营长。
10 月 27 日	晋授陆军步兵中校。
1928 年 4 月	所部改编为海军厦门要港司令部(司令林国赓)陆战队

	护台营，仍任中校营长。
1929年9月1日	所部改称陆战队第1护台营，仍任中校营长。
1933年8月	所部改编为海军陆战队第1补充营，仍任中校营长。
9月30日	调升海军陆战队第1独立旅（旅长杨廷英）上校参谋长。
1936年2月25日	调任海军陆战队第1独立旅（旅长林秉周）第2团上校团长。
1945年3月9日	叙任陆军步兵上校。
6月28日	调升海军陆战队第2独立旅（辖两团）少将旅长。
1946年8月1日	辞职赋闲。
1947年3月5日	晋任陆军少将，并退为备役。
1949年4月22日	出任长乐县县长。
9月	在福州向军管会登记。
	后事不详。

洪懋祥（1909—? ）

生于1909年10月31日（清宣统元年九月十八日）。福建闽侯（出生地现属福州）人，字子熙。中央陆军军官学校第六期交通兵科、陆军大学正则班第十一期毕业。官号：4145。

1926年10月	考入中央陆军军官学校第六期交通兵科学习。
1929年5月	军校毕业后派任陆军交通兵第1团（团长华振麟）少尉排长，后历任中尉排长、上尉连长。
1932年12月	考入陆军大学正则班第十一期深造。
1935年10月30日	叙任陆军通信兵上尉。
12月	陆大毕业后派任陆军通信兵团（团长华振麟）教导第1队少校队长。
1936年6月	调升陆军大学（教育长周亚卫）中校战术教官。
10月9日	晋任陆军通信兵少校。
1937年8月	兼任第15集团军（兼总司令陈诚）参谋处情报课课长。

1938 年 6 月	调升第 9 战区司令长官部（兼司令长官陈诚）参谋处情报科上校科长。
1939 年 2 月	调任长江上游江防军总司令部（总司令郭忏）上校副参谋长。
10 月	调升第 6 战区司令长官部（兼司令长官陈诚）参谋处少将副处长。
1941 年 10 月 31 日	晋任陆军通信兵中校。
1943 年 2 月 10 日	晋任陆军通信兵上校。
10 月 9 日	获颁四等宝鼎勋章。
1944 年 7 月 1 日	调任海军陆战队第 1 独立旅（辖两团）少将旅长。
1945 年 6 月	调任陆军通信兵学校少将教育长。
10 月 10 日	获颁忠勤勋章。
1946 年 11 月 13 日	调任国防部（部长白崇禧）第 4 厅（代厅长杨业孔）少将副厅长。
1948 年 9 月 22 日	晋任陆军少将。
1949 年 4 月	调任国防部（部长何应钦）办公室少将主任。
1960 年	退为备役后移居美国。
	后事不详。

黄文田（1898—1968）

生于 1898 年（清光绪二十四年）。广东潮安（现属潮州）人，字力耕。烟台海军学校第十四届驾驶班毕业。

1914 年	考入黄埔海军学校第十六届驾驶班学习。
1918 年 5 月	并入烟台海军学校第十四届驾驶班学习。
1923 年 4 月	海校毕业后出任"肇和"巡洋舰（舰长江泽树）见习。
7 月	调升"海琛"巡洋舰（舰长何瀚澜）少尉候补员。
12 月	调升建国粤军（总司令许崇智）舰务处（处长招桂章）

中尉处员。

1925 年 7 月	调升"光华"炮舰上尉舰长。
1926 年 7 月	被免职后返乡赋闲。
9 月	出任国民革命军总司令部海军处（处长潘文治）少校副官。
1927 年 4 月	所部改称军事委员会海军处（处长潘文治），改任少校随从参谋。
11 月	所部被第 4 军改组后离职赋闲。
1928 年 1 月	出任海军威远总台少校总台长。
1929 年 2 月	所部裁撤后再次离职赋闲。
6 月	出任"海瑞"运舰（舰长郑体和）上尉航海正。
1930 年 8 月	升任少校副舰长。
1931 年 6 月	升任中校舰长。
1932 年 5 月	因第 4 舰队司令陈策率部兵变受到牵连被撤职赋闲。
1933 年 7 月	出任黄埔海军学校（校长刘永诰）驾驶科中校主任。
1937 年 1 月	调升第 4 路军（总指挥余汉谋）参谋处（处长陈勉吾）上校参谋。
8 月	调升广东省江防司令部代将司令。
12 月	调任广东绥靖公署（主任余汉谋）舰务处代将处长。
1939 年 4 月	所部改组为桂林行营（兼主任白崇禧）江防处（处长徐祖善），改任代将副处长。
1940 年 8 月	所部改编为粤桂江防司令部（司令徐祖善），改任代将副司令。
1941 年 5 月	升任粤桂江防司令部少将司令兼第 7 战区第 7 挺进纵队（司令彭林生）副司令、水上挺进支队支队长。
1945 年 9 月	调任第 7 战区司令长官部（司令长官余汉谋）少将参议。
9 月 30 日	获颁优异服务十字勋章（英）。
1947 年 5 月 16 日	叙任陆军少将，并退为备役后出任汕头港引水业务所引水员。
1957 年 3 月	当选汕头市政协（主席曾定石）委员。
1959 年 2 月	当选广东省政协（主席陶铸）委员。

1968 年 10 月	在广东汕头病逝。

黄绪虞（1892—1960）

生于 1892 年 10 月 24 日（清光绪十八年九月三日）。广东普宁人，原名黄揸，字乐书，号舜琴。日本东京商船学校航海科（留日第二届驾驶班）、日本横须贺海军炮术学校航海科（留日第三期）毕业。

1908 年 4 月	奉派日本留学。
5 月	入商船学校航海科（留日第二届驾驶班）学习。
1910 年 11 月	升入日本海军炮术学校航海科（留日第三期）深造。
1911 年 11 月	毕业回国后派任"海琛"巡洋舰（管带林永谟）驾驶二副。
1912 年 4 月	改任海军部（部长刘冠雄）军需司（司长吕德元）稽核科（科长唐伯勋）上尉科员。
1913 年 2 月 27 日	授海军上尉。
1918 年 8 月 16 日	调升驻日公使馆海军少校副武官。
1919 年 12 月 15 日	获颁勋四等旭日章（日）。
1920 年 12 月 30 日	调任"江平"炮舰少校舰长。
1921 年 1 月 7 日	获颁五等文虎章。
1922 年 9 月 12 日	晋授海军中校。
9 月 23 日	调任海军总司令公署（总司令杜锡珪）副官处（副官长郑衡）中校副官。
1923 年 9 月 18 日	晋颁勋三等旭日章（日）。
1925 年 4 月	离部后投奔东北，出任葫芦岛航警学校（校长凌霄）中校航海教官。
12 月	调任"利捷"炮舰中校舰长。
1927 年 7 月 23 日	晋授海军上校。
1929 年 2 月 27 日	调任海军编遣办事处（兼主委杨树庄）委员。
1930 年 4 月	调任东北边防海军司令部（兼总司令张学良）上校参议。
1932 年 5 月	调任青岛海军学校上校校长。

1933 年 7 月 15 日	调任第 3 舰队（司令谢刚哲）驻北京办事处上校处长。
1934 年 5 月	调升第 3 舰队少将参谋长。
1937 年 11 月	离职后返乡闲居。
1941 年 2 月	出任监察院两广监察使署（监察使刘侯武）主任秘书。
1942 年 9 月	调任广东省饶平县县长。
1943 年 6 月	辞职赋闲。
1946 年 5 月 6 日	派任海军军官大队少将大队长。
7 月 15 日	调任海军总司令部（兼总司令陈诚）第 1 署（辖四科）少将署长。
1947 年 2 月 10 日	调任海军第 3 基地少将司令。
11 月 24 日	被免职赋闲。
1948 年 1 月 1 日	获颁忠勤勋章。
12 月 30 日	退为备役。
1949 年 4 月	出任普宁县治河处主任。
1950 年 1 月	出任普宁县第 1 区水利委员会副主任委员。
1955 年 4 月	退休后定居汕头。
1956 年 7 月	当选汕头市政协（主席李北淮）常务委员。
12 月	当选汕头市民革（主委吴华胥）委员。
1960 年 6 月 4 日	在广东汕头病逝。

黄勋（1893—? ）

生于 1893 年 1 月 13 日（清光绪十八年十一月二十六日）。福建闽侯人，字子超。烟台海军学校第六届驾驶班、南京海军军官学校第一届枪炮班毕业。

1908 年 7 月	考入烟台海军学校第六届驾驶班学习。
1911 年 6 月	海校毕业后在海军服务。
1913 年 1 月	考入南京海军军官学校第一届枪炮班学习。
5 月 20 日	授海军少尉。
12 月	毕业后派任"江亨"炮舰（舰长沈继芳）中尉枪炮副。
1915 年 11 月 20 日	晋授海军中尉。
1918 年 8 月	调升海军总司令公署（总司令蓝建枢）上尉副官。

11 月 10 日	晋授海军上尉。
1919 年 1 月 4 日	获颁六等文虎章。
7 月 2 日	获颁七等嘉禾章。
1921 年 4 月 23 日	晋颁四等文虎章。
1922 年 8 月	出任东三省保安总司令部（总司令张作霖）航警处（处长沈鸿烈）第 1 课（课长凌霄）上尉课员。
1925 年 12 月	调升东北江防总指挥部（总指挥沈鸿烈）训练处（处长张楚才）少校处员。
1926 年 1 月	所部改称东北海军司令部（兼司令张作霖）训练处（处长张楚才），仍任少校处员。
1927 年 3 月	调任联合舰队（兼司令张作霖）海防第 1 舰队（兼司令沈鸿烈）少校参谋。
7 月 23 日	晋授海军少校。
1929 年 1 月 29 日	调任"利绥"炮舰少校舰长。
1930 年 9 月 13 日	调任东北江防舰队（舰队长尹祖荫）少校参谋。
1932 年 2 月 6 日	随部参加伪满军队。
3 月	出任江防舰队（司令官尹祚乾）中校参谋。
7 月 15 日	代理参谋长。
1934 年 4 月 19 日	授任海军中校，调任江防舰队补充队队长。
7 月 1 日	调任"顺天"炮舰（舰长赵竞昌）装员长。
10 月 16 日	升任"顺天"炮舰舰长。
1940 年 7 月 27 日	调南京汪伪政权，任海军部（兼部长任援道）军学司少将司长兼署军衡司司长（汪伪）。
9 月 26 日	免去兼署军衡司长职。
1942 年 5 月 8 日	被重庆国民政府明令通缉。
1943 年 1 月 25 日	调任中央水兵训练所少将所长。
3 月 29 日	获颁三级同光勋章。
10 月 10 日	叙任海军少将。
1945 年 9 月	离职。
	后事不详。

贾勤（1882—1948）

生于 1882 年 7 月 12 日（清光绪八年六月七日）。福建长乐人，字襄臣。马尾船政后学堂第十六届驾驶班毕业。

1899 年 12 月	考入马尾船政后学堂第十六届驾驶班学习。
1904 年 11 月	船政后学堂毕业后在海军服务。
1908 年	升任"海容"巡洋舰（管带李鼎新）驾驶二副。
1911 年 11 月	升任"海容"巡洋舰（管带杜锡珪）代理驾驶大副。
1912 年 1 月	调任"海容"巡洋舰（舰长杜锡珪）上尉鱼雷长。
1913 年 2 月 27 日	授海军上尉。
1914 年 5 月 25 日	晋授海军少校。
1915 年 4 月 27 日	升任少校副舰长。
1917 年 1 月	调升"江鲲"炮舰中校舰长。
8 月 28 日	调任"江元"炮舰中校舰长。
1918 年 4 月 14 日	获颁四等文虎章。
11 月 10 日	晋授海军中校。
1921 年 9 月 5 日	获颁四等宝光嘉禾章。
1922 年 2 月 4 日	晋颁三等文虎章。
1924 年 5 月 5 日	晋授海军上校。
1925 年 2 月 7 日	调任"永健"炮舰上校舰长。
7 月 22 日	调任"华安"运输舰上校舰长。
1927 年 3 月 12 日	率部参加国民革命军，仍任原职。
1928 年 12 月 26 日	调任军政部海军署（署长陈绍宽）军务司（辖四科）上校司长。
1929 年 4 月 12 日	调任海军部(部长杨树庄)参事处(处长吕德元)上校参事。
1930 年 5 月 13 日	回任"华安"运输舰上校舰长。
1931 年 7 月 20 日	调任"安定"运输舰上校舰长。
1932 年 1 月 19 日	调任"通济"练习舰上校舰长。

5 月 26 日	调任"海筹"巡洋舰上校舰长。
1934 年 3 月 1 日	调升海军部（部长陈绍宽）军务司（辖四科）少将司长。
1935 年 8 月	调任军衡司（辖四科）少将司长。
1938 年 1 月	调任海军总司令部（总司令陈绍宽）少将候补员，旋离职闲居上海。
1946 年 9 月 11 日	获颁自由勋章（美）。
1947 年 11 月 22 日	叙任海军少将，并予除役。
1948 年 6 月 14 日	在福建长乐病逝。

姜鸿滋（1890—? ）

生于 1890 年（清光绪十二年）。湖北枣阳人，字雨生。日本东京商船学校航海科（留日第一届驾驶班）、日本横须贺海军炮术学校航海科（留日第二期）、日本海军大学（留日第一期）毕业。官号：470012。

1906 年 4 月	奉派日本留学。
5 月	入东京商船学校航海科（留日第一届驾驶班）学习。
1910 年 4 月	升入横须贺海军炮术学校航海科（留日第二期）深造。
1911 年 4 月	起先后在日本海军"严岛""津轻"舰见习。
11 月	学成归国。
1912 年 9 月	出任海军部（总长刘冠雄）军械司（司长吴纫礼）兵器科（科长姚葵常）少校副科长。
1913 年 7 月 16 日	授海军少校。
1914 年 5 月	调任参谋部第 5 局（海军局，局长谢刚哲）少校科员。
1918 年 9 月	派赴日本海军大学（留日第一期）深造。
10 月 14 日	获颁五等文虎章。
1920 年 1 月 26 日	晋授海军中校。
6 月	回国后任中校科员。
1922 年 8 月	出任东三省保安总司令部（总司令张作霖）航警处（处长沈鸿烈）第 1 课（课长凌霄）中校课员。

1925 年 12 月	调任海防舰队（舰队长凌霄）中校参谋。
1927 年 3 月	改任联合舰队（兼总司令张作霖）中校参谋。
7 月 20 日	调升海防第 1 舰队（兼司令沈鸿烈）上校参谋长。
7 月 23 日	晋授海军上校。
1928 年 2 月 14 日	调任"海圻"巡洋舰上校舰长。
1929 年 1 月 22 日	调升东北海军司令部（代司令沈鸿烈）代将参谋长。
7 月 11 日	获颁勋四等瑞宝章（日）。
1930 年 2 月 6 日	兼任海军高等军事讲习所所长。
1932 年 4 月	因"崂山"事件离职。
1934 年 8 月 28 日	出任陆军大学（校长杨杰）少将兵学教官。
1946 年 7 月 31 日	叙任陆军少将，并退为备役。
	后事不详。

姜西园（1902—1946）

生于 1902 年（清光绪二十八年）。辽宁复县（现属大连）人，原名姜炎钟，以字行。烟台海军学校十五届驾驶班毕业。

1919 年 9 月	考入烟台海军学校十五届驾驶班学习。
1924 年 8 月	海校毕业后在海军服务。
1930 年 3 月 3 日	升任"肇和"巡洋舰（舰长刘田莆）少校副舰长。
1932 年 4 月	调任"海圻"巡洋舰中校舰长。
1933 年 6 月 25 日	率部南下广东组建粤海舰队，升任"海圻"巡洋舰上校舰长。
7 月 12 日	升任第 1 集团军（总司令陈济棠）粤海舰队（兼司令陈济棠）少将副司令。
1934 年 6 月	兼任黄埔海军学校校长。
1935 年 2 月 22 日	升任粤海舰队少将司令。
4 月 18 日	降任少将副司令。
6 月 10 日	粤海舰队与江防舰队并编为第 1 集团军江防舰队（兼司

令陈济棠），改任少将政务副司令兼黄埔海军学校校长。

10 月 10 日	调任少将常务副司令兼黄埔海军学校校长。
12 月 16 日	调任第 1 集团军（总司令陈济棠）舰务处（处长张之英）少将参议。
1936 年 8 月	所部改编为第 4 路军（总指挥余汉谋）舰务处（处长冯焯勋），仍任少将参议。
1939 年 4 月	所部改组为桂林行营（兼主任白崇禧）江防处（处长徐祖善），仍任少将参议（派香港工作）。
1940 年 4 月 17 日	出任南京中央海军学校中将校长（汪伪）。
6 月 5 日	升任海军部（兼部长任援道）中将政务次长兼中央海军学校校长。
6 月 24 日	被重庆国民政府明令通缉。
1942 年 10 月 1 日	专任中央海军学校中将校长。
1943 年 3 月 29 日	获颁三级同光勋章。
4 月 29 日	获颁勋二等旭日章（日）。
9 月 29 日	晋颁二级同光勋章。
10 月 10 日	叙任海军中将。
12 月 1 日	兼任清乡指挥部副指挥官。
1944 年 9 月 12 日	获颁勋二等瑞宝章（日）。
9 月 13 日	获颁勋二位景云章（伪满）。
1945 年 1 月 18 日	调任军事委员会中将委员。
8 月 16 日	在南京被逮捕。
1946 年 8 月 14 日	在南京（现属江苏）因"通敌谋国"罪被执行枪决。

金声（1905—1969）

生于 1905 年 7 月 25 日（清光绪三十一年六月二十三日）。浙江嵊县（现嵊州）人，字紫浩。中央军事政治学校武汉分校第六期步兵科、中央陆军军官学校高等教育班第四期毕业。

1925 年 8 月	出任第 1 军（军长何应钦）助理秘书。
1926 年 11 月	考入中央军事政治学校武汉分校第六期步兵科学习。
1927 年 4 月	军校毕业后历任中尉排长、上尉连长。
1928 年 1 月	出任国民党嵊县党部临时执行委员会常务委员。
9 月	因"清党"离职。
1933 年 9 月	出任中央军校教导总队（总队长桂永清）参谋处（主任温祖铨）少校参谋。
1935 年 6 月 24 日	叙任陆军步兵少校。
8 月	考入中央陆军军官学校高等教育班第四期学习。
1936 年 7 月	高教班毕业后派任中央陆军军官学校教导总队参谋处中校参谋。
1938 年 3 月	所部改编为第 46 师（师长桂永清）参谋处，升任上校主任。
9 月	调任余姚县抗日自卫总队（兼总队长林泽）上校副总队长。
1939 年 2 月	所部改编为浙江省国民抗敌自卫总司令部（兼总司令黄绍竑）第 6 支队（司令徐志余）第 1 总队，升任少将总队长。
1945 年 10 月	所部裁撤后赋闲。
1946 年 10 月	出任海军总司令部（兼总司令陈诚）军简三阶主任秘书。
1947 年 5 月 7 日	调任海军总司令部（代总司令桂永清）副官处军简三阶处长。
1948 年 3 月	改任副官处上校处长。
11 月 30 日	调升海军总司令部（总司令桂永清）办公室少将主任。
1949 年 4 月 20 日	只身离部前往淮阴起义。
5 月	出任人民解放军华东军区海军司令部（司令员张爱萍）国民党海军人员登记处副处长。
9 月 15 日	调任海军研究委员会（主委曾以鼎）副主任委员。
1950 年 5 月	调任行政处副处长。
1952 年 6 月	调任海军第三文化速成中学副校长。
1955 年 4 月	转业后派往荆州地方工作。
1959 年 6 月	当选政协湖北省（主席王任重）委员。
1962 年	调任荆州专员公署水利局副局长。

| 1969 年 5 月 | 在湖北荆州病逝。 |

金耀西（1892—1951）

生于 1892 年 10 月 21 日（清光绪十八年九月一日）。福建闽侯人，原名金振中，字幼樨。保定陆军军官学校第一期步兵科毕业。官号：1155。

1912 年 10 月	考入保定陆军军官学校第一期步兵科学习。
1914 年 11 月	军校毕业后在福建陆军服务。
1916 年 5 月 9 日	授陆军步兵少尉。
1922 年 10 月 19 日	调任驻闽海军陆战队（统带杨砥中）第 1 营（营长林忠）第 1 连上尉连长。
1923 年 6 月 2 日	驻闽海军陆战队扩编为海军陆战队第 1 混成旅（旅长杨砥中），升任第 2 团（团长林忠）第 1 营少校营长。
10 月 30 日	调任第 1 团（团长马坤贞）第 2 营少校营长。
1924 年 4 月 25 日	调任第 2 团（团长林忠）第 3 营少校营长。
1925 年 10 月	所部改称海军陆战大队（兼大队长杨树庄）第 2 支队（支队长林知渊）第 3 营，仍任少校营长。
1926 年 1 月	海军陆战大队恢复海军陆战队第 1 混成旅旅（旅长林忠）建制，仍任第 2 团（团长唐岱鋆）第 3 营少校营长。
12 月 5 日	升任海军陆战队第 1 混成旅（旅长林忠）第 2 团中校团附、代理团长。
12 月 30 日	随部响应北伐,改任国民革命军海军陆战队（司令林寿昌）第 1 团上校团长。
1927 年 8 月	改任海军陆战队第 1 旅（旅长林忠）第 1 团上校团长。
1928 年 11 月	所部改称海军陆战队第 1 独立旅（旅长林忠）第 1 团，仍任上校团长。
1930 年 7 月 2 日	升任海军陆战队第 1 独立旅（辖两团）少将旅长。
1932 年 3 月 12 日	因指挥作战失利被免职赋闲。

11 月	出任福建省第 4 民团区少将指挥官。
1933 年 1 月 28 日	派任军事参议院（代院长张翼鹏）少将参议。
1936 年 2 月 7 日	叙任陆军少将。金耀西
1938 年 3 月	调任军事委员会调查统计局东南游击干部训练班（主任张超）少将政治教官。
6 月	因参与反陈（仪）事败，被迫离职避居。
1941 年 4 月	出任福州水上警察局（兼局长萨福畴）副局长（汪伪）。
7 月 19 日	因涉嫌"私通游击队"被逮捕刑讯。
20 日	取保获释后赋闲。
1946 年 7 月 31 日	退为备役。
1949 年 2 月	出任南平县县长。
5 月 13 日	弃职避居福州。
1951 年初	被捕。
6 月 13 日	在福建福州因"反革命"罪被执行枪决。

金轶伦（1889—? ）

生于 1889 年 3 月 19 日（清光绪十五年二月十八日）。江苏宝山（现属上海）人。烟台海军学校第二届驾驶班、英国格林威治王家海军学院毕业。

1905 年 3 月	考入烟台海军学校第二届驾驶班学习。
1908 年 2 月	海校毕业后派任"海圻"巡洋舰（管带程璧光）见习。
1909 年 8 月	奉派英国留学，入格林威治王家海军学院深造。
1913 年 3 月	回国后派任"飞鹰"驱逐舰（舰长林颂庄）中尉枪炮副。
1913 年 4 月 20 日	授海军中尉。
1914 年 10 月	调任"海筹"巡洋舰（舰长林颂庄）中尉枪炮副。
1915 年 10 月 5 日	调升烟台海军枪炮练习所（兼所长曾瑞祺）上尉枪炮教官。
11 月 20 日	晋授海军上尉。
1917 年 11 月 19 日	调任南京鱼雷枪炮学校（校长郑纶）上尉枪炮教官。

1919 年 1 月 10 日	获颁七等文虎章。
1922 年 3 月 16 日	晋授海军少校。
1927 年 11 月	调升"通济"练舰（舰长杨庆贞）中校教练官。
1929 年 6 月	调升海军部（部长杨树庄）军械司（司长许凤藻）检验科上校科长。
1938 年 1 月	调任海军总司令部（总司令陈绍宽）上校候补员。
1945 年 9 月	调任海军广州要港司令部（司令刘永诰）上校参谋。
1947 年 6 月 28 日	调升海军第 4 基地司令部代将司令。
9 月 17 日	获颁军官级军团荣誉勋章（美）。
1948 年 1 月 1 日	获颁忠勤勋章。
4 月 30 日	被免职。
	后事不详。

邝国华（1859—1932）

生于 1859 年（清咸丰九年）。广东新宁人，原名邝国光，字冠亭。美国安姆斯特学院毕业。

1875 年 10 月	奉派美国留学，后入安姆斯特学院学习。
1891 年 10 月 11 日	派任湖北洋务局翻译委员。后历任县丞、候选知府、候选道等职。
1907 年 5 月	调任江南船坞总办。
1911 年 10 月	辛亥革命爆发后离职避居。
1912 年 4 月	出任海军部（总长刘冠雄）上校参事。
12 月 30 日	授海军上校。
1915 年 1 月 16 日	调任江南造船所（所长陈兆锵）上校副所长。
1916 年 1 月 1 日	获颁四等文虎章。
11 月 2 日	晋颁三等文虎章。
1917 年 1 月 1 日	获颁四等嘉禾章。
1918 年 1 月 7 日	晋颁三等嘉禾章。
9 月 17 日	晋颁二等文虎章。
1919 年 10 月 14 日	晋颁二等嘉禾章。

1921 年 10 月 13 日	晋授海军少将。
1922 年 4 月 26 日	获颁三等宝光嘉禾章。
1925 年 7 月 14 日	代理江南造船所所长。
9 月 12 日	专任副所长。
1926 年 3 月 13 日	实任江南造船所少将所长。
1927 年 3 月 16 日	率部响应北伐,仍任江南造船所少将所长。
9 月 26 日	所部由海军收编后离职赋闲。
1929 年 7 月 19 日	聘任海军部(部长杨树庄)顾问。
1932 年	在上海病逝。

黎玉玺（1914—2003）

生于 1914 年 5 月 28 日。四川达县（现达州）人。军政部电雷学校第一届航海班、陆军大学西南参谋补习班第七期毕业。

1933 年 6 月	考入军政部电雷学校第一届航海班学习。
1934 年 12 月	电雷学校毕业后派任电雷学校(校长欧阳格)少尉练习官。
1935 年 2 月	调任"海静"布雷艇少尉枪炮副。
1936 年 8 月 16 日	奉派德国学习鱼雷快艇技、战术。
1937 年 5 月	回国后派任"同心"炮舰(舰长徐世端)中尉枪炮副。
8 月 30 日	调升快艇大队(大队长杨葆康)岳飞中队"岳 263"快艇上尉艇长。
1938 年 7 月 6 日	调任史可法中队"史 223"快艇上尉艇长。
10 月 1 日	调任文天祥中队"文 42"快艇上尉艇长。
1939 年 4 月 1 日	调升桂林行营江防处(处长徐祖善)水雷第 1 队少校队长。
1940 年 8 月 1 日	调升粤桂江防司令部(司令徐祖善)中校参谋。
1942 年 2 月	带职考入陆军大学西南参谋补习班第七期学习。
8 月	陆大参补班毕业后仍任原职。
12 月 31 日	调任军政部(部长何应钦)军务司(司长王文宣)军事科(科

长张以铨）中校科员。

1945 年 3 月 1 日	调任驻美海军训练处（兼处长宋锷）第 2 组（组长曹仲周）中校副组长。
5 月 12 日	调任"太康"巡洋舰（舰长曹仲周）中校副舰长。
1946 年 8 月 1 日	调升"永泰"驱逐舰中校舰长。
1947 年 5 月 1 日	调任"楚观"炮舰中校舰长。
11 月 29 日	调任海军总司令部（总司令桂永清）第 5 署（编组训练署，署长杨元忠）第 1 处（编组处）中校代理处长。
12 月 12 日	获颁六等云麾勋章。
1948 年 1 月 17 日	兼代第 3 署（计划作战署，署长宋锷）第 3 处（作战处）处长。
2 月 9 日	调任海军总司令部第 3 署第 2 处（计划处）中校处长。
7 月 7 日	兼任"太和"驱逐舰舰长。
7 月 31 日	调任海军总司令部中校部员。
8 月 14 日	调任"太康"驱逐舰中校舰长。
12 月 16 日	升任海防第 1 舰队（司令马纪壮）上校参谋长兼"太康"驱逐舰舰长。
1949 年 2 月 3 日	获颁六等宝鼎勋章。
3 月 31 日	晋颁五等云麾勋章。
5 月 2 日	调任海防第 2 舰队上校参谋长、代理司令。
9 月 16 日	升任海防第 2 舰队代将司令。
1950 年 1 月 16 日	晋颁四等宝鼎勋章。
7 月 1 日	升任"海军总司令部"少将参谋长。
7 月 28 日	晋颁四等云麾勋章。
1951 年 2 月 1 日	兼任海军参谋研究班主任。
1952 年 4 月 1 日	升任"海军总司令部"（总司令马纪壮）中将副总司令。
1953 年 7 月 1 日	兼任海军舰队指挥官。
1954 年 4 月 10 日	免去兼职。
7 月 12 日	获颁军官级军团荣誉勋章（美）。
1955 年 6 月 20 日	晋颁三等宝鼎勋章。
9 月 1 日	调兼海军六二特遣队指挥官。

1957 年 10 月 4 日	获颁忠勤勋章。
1958 年 12 月 24 日	晋颁三等云麾勋章。
1959 年 1 月 22 日	晋颁指挥官级军团荣誉勋章（美）。
2 月 1 日	升任"海军总司令部"中将总司令。
3 月 18 日	晋颁二等云麾勋章。
6 月 29 日	晋任海军二级上将。
1960 年 2 月 20 日	获颁嘉猷勋章（美）。
1965 年 1 月 25 日	调任"参谋本部"（总长彭孟缉）上将副参谋总长（执行官）兼军事教育研究委员会主任委员、兵役动员法制研究组组长、施政工作计划预算审查委员会主任委员。
2 月 5 日	晋颁一等云麾勋章。
7 月 21 日	升任"参谋本部"上将总长。
1966 年 12 月 8 日	晋任海军一级上将。
1967 年 7 月 1 日	调任"总统府"参军处上将参军长。
9 月 26 日	晋颁二等宝鼎勋章。
1969 年 3 月	当选国民党中央委员。
1970 年 6 月 29 日	调任"驻土耳其大使馆"大使。
1971 年 8 月 5 日	回国休养。
1973 年 7 月 30 日	派任"总统府"参军处上将参军长。
1978 年 5 月 18 日	晋颁一等宝鼎勋章。
5 月 20 日	调任"总统府"上将战略顾问。
1981 年 4 月	当选国民党中央评议委员。
2003 年 2 月 19 日	在台湾台北病逝。

李鼎新（1862—1940）

　　生于 1862 年 5 月 15 日（清同治元年四月十七日）。福建闽侯（出生地现属福州）人，字成梅。马尾船政后学堂第四届驾驶班毕业。

1872 年	考入马尾船政后学堂第四届驾驶班学习。
1877 年	船政后学堂毕业后派任"扬武"兵船（管带吴世忠）见习。
1881 年 8 月	奉派英国留学，入英国格林威治王家海军学院学习。
1886 年	回国后派任"定远"战列舰（管带刘步蟾）副管驾。
1889 年 2 月 20 日	升任右翼中营游击兼"定远"战列舰副管驾。
1895 年 4 月	因所部作战失利被撤职。
1903 年 5 月	出任"海容"巡洋舰管带。
1905 年 5 月 16 日	调任"海圻"巡洋舰管带兼驻山海关舰队副都统。
1910 年 4 月 8 日	调任筹办海军事务处（大臣载洵）第 6 司（庶务军法司）司长。
12 月 4 日	所部改编为海军部（大臣载洵）军法司，仍任司长，授海军正参领。
1911 年 2 月	调任海军部一等参谋。
1912 年 3 月	出任北洋政府海军部（总长刘冠雄）少将参事。
11 月 6 日	授海军少将。
12 月 11 日	调升海军总司令处中将总司令，晋授海军中将。
1913 年 8 月 4 日	授勋三位。
8 月 20 日	加上将衔。
1915 年 12 月 21 日	因"疏忽失职"被撤职夺勋。
1916 年 6 月 16 日	开复原官原衔。
6 月 25 日	出任海军驻沪临时总司令处上将总司令。
6 月 26 日	兼任西南军务院抚军。
7 月 14 日	辞去抚军兼职。
7 月 15 日	辞去临时总司令后任北洋政府大总统代表前往各地处理海军事务。
1917 年 1 月 19 日	授曜威将军。
1919 年 10 月 10 日	获颁二等大绶嘉禾章。
11 月 20 日	获颁勋二等旭日章（日）。
1920 年 1 月 1 日	获颁二等文虎章。
1 月 19 日	获颁二等宝光嘉禾章。

10 月 15 日	获颁勋二等瑞宝章（日）。
1921 年 5 月 14 日	出任海军部上将总长。
10 月 12 日	晋授海军上将。
1922 年 9 月 2 日	晋颁一等文虎章。
10 月 10 日	晋授勋二位。
1924 年 10 月 31 日	调任海军部（代总长吴纫礼）军事顾问。
1926 年 6 月 22 日	授曜威上将军。
1929 年 4 月 26 日	出任国民政府海军部（部长杨树庄）高级顾问。
1940 年 1 月	在上海病逝。

李国堂（1885—? ）

生于 1885 年 4 月 17 日（清光绪十一年三月三日）。广东梅县人，字玉臣。马尾船政后学堂第十六届驾驶班、英国朴茨茅斯海军学院毕业。

1899 年 12 月	考入马尾船政后学堂第十六届驾驶班学习。
1904 年 11 月	船政后学堂毕业后派往英国远东舰队任航海见习士官。
1905 年 5 月	奉派英国朴茨茅斯海军学院留学。
1906 年 11 月	回国后派任"海圻"巡洋舰（管带沈寿堃）驾驶三副。
1908 年 11 月	升任驾驶二副。
1910 年 2 月	升任"海圻"巡洋舰（管带郑祖怡）驾驶大副。
1911 年 1 月	升任"海圻"巡洋舰（管带汤廷光）帮带。
1912 年 5 月	改任"海圻"巡洋舰（舰长汤廷光）少校协长。
10 月	调升"楚同"炮舰中校舰长。
1913 年 1 月 17 日	授海军中校。
5 月 9 日	获颁四等文虎章。
8 月 8 日	晋授海军上校。
9 月 16 日	晋颁三等文虎章。
1914 年 10 月 25 日	调升"福安"炮舰上校舰长。

1916 年 12 月 31 日	获颁五等嘉禾章。
1917 年 7 月	率部参加护法运动，投归护法军政府，仍任原职。
1918 年 5 月 18 日	调任"飞鹰"炮舰上校舰长。
5 月 20 日	升任护法军政府海军部（总长程璧光）军备司少将司长兼"飞鹰"炮舰舰长。
1919 年 3 月	辞去舰长兼职。
5 月 26 日	授海军少将（军政府）。
7 月 7 日	晋颁二等文虎章。
1920 年 12 月 10 日	兼任"海圻"巡洋舰舰长。
1922 年 4 月 28 日	升任海军部（部长汤廷光）少将次长。
1923 年 5 月 31 日	兼任"肇和"巡洋舰舰长。
10 月 12 日	代理护法军政府海军总司令。
12 月	脱离护法军政府。
1924 年 3 月 22 日	出任渤海舰队（温树德）少将参谋长。
5 月 20 日	晋授海军少将。
1925 年 2 月 11 日	兼任"肇和"巡洋舰舰长。
10 月 20 日	升任渤海舰队（代司令毕庶澄）少将副司令兼"肇和"巡洋舰舰长。
1927 年 3 月 20 日	调兼"海琛"巡洋舰舰长。
7 月 21 日	调升海防第 2 舰队少将司令兼"海琛"巡洋舰舰长。
8 月 5 日	因所部兵变辞职赋闲。
1928 年 3 月	出任国民革命军海军署参事。
1933 年 7 月 15 日	调任海军第 3 舰队（司令谢刚哲）长山岛办事处少将处长。
1936 年 8 月	调任中央海军军官训练团少将副教育长兼主任教官。
1941 年 6 月	调任海军总司令部（总司令陈绍宽）少将高级参议。
1945 年 8 月 11 日	调任马尾要港司令部少将司令。
1946 年 1 月	调任军政部（部长陈诚）海军处（兼处长陈诚）少将高级参谋。
3 月	海军处扩编为海军署（兼署长陈诚），仍任少将高级参谋。
6 月	海军署扩编为海军总司令部（兼总司令陈诚），仍任少

	将高级参谋。
10 月 1 日	调任台澎要港司令部少将司令。
1947 年 2 月 10 日	调任广州要港司令部少将司令。
6 月 9 日	叙任海军轮机少将。
6 月 23 日	升任海防第 1 舰队少将司令。
7 月 11 日	获颁军官级军团荣誉勋章（美）。
7 月 19 日	获颁自由勋章（美）。
11 月 24 日	调任海军第 3 基地（台澎）少将司令。
1948 年 1 月 1 日	获颁四等宝鼎勋章。
3 月	第 3 基地改称第 3 军区，仍任少将司令。
5 月 19 日	获颁四等云麾勋章。
11 月 24 日	被免职赋闲。
1952 年 10 月 22 日	退为备役。
	后事不详。

李和（1852—1930）

生于 1852 年（清咸丰二年）。广东南海（现属佛山）人，字澄轩。马尾船政后学堂第一届驾驶班毕业。

1867 年	考入马尾船政后学堂第一届驾驶班学习。
1874 年	船政后学堂毕业后在北洋水师"建威"练船、"扬威"练船服务。
1889 年 2 月 20 日	升任"镇南"炮艇管带。
1892 年 4 月	调升"平远"巡洋舰管带。
1895 年 4 月 28 日	因所部作战失力被撤职赋闲。
1897 年 1 月	出任"通济"练舰管带。
1910 年 12 月	调任驻英国威克斯船厂监造员，授授海军正参领。
1911 年 12 月	出任海防办事处帮办。

1912 年 9 月 6 日	出任北洋政府海军部（总长刘冠雄）少将参事兼海防办事处帮办。
10 月 31 日	调兼南京海军学校校长。
11 月 6 日	授海军少将。
1913 年 5 月 13 日	免去校长兼职。
11 月 26 日	获颁五等嘉禾章。同日代理海军部次长。
1914 年 5 月 25 日	晋授海军中将，获颁二等文虎章。
8 月 7 日	实任海军部中将次长兼总务厅（辖一处一科）厅长。
8 月 14 日	获颁帝国指挥官级勋章（英）。
10 月 8 日	晋颁二等嘉禾章。
1915 年 5 月 15 日	调任总统府中将侍从武官。
1918 年 10 月 8 日	获颁三等宝光嘉禾章。
1919 年 10 月 12 日	获颁二等大绶嘉禾章。
1921 年 1 月 1 日	晋颁二等宝光嘉禾章。
1924 年 4 月 17 日	授将军府将军。
1927 年 5 月	离职赋闲。
1929 年 8 月 2 日	出任国民政府海军部（部长杨树庄）中将候补员。
1930 年	在上海病逝。

李慧济（1906—?）

生于 1906 年（清光绪三十二年）。福建闽侯（出生地现属福州）人，字幼竹。烟台海军学校第十八届驾驶班毕业。

1923 年 10 月	考入烟台海军学校第十八届驾驶班学习。
1928 年 9 月	海校毕业后在海军服务。
1930 年 9 月	奉派日本学习海军军需技术。
1932 年 12 月	回国后派任海军部（部长陈绍宽）经理处（处长罗序和）上尉科员。
1935 年 12 月	所部改组为海军部军需司（司长罗序和），仍任上尉科员。
1938 年 1 月	调任海军总司令部（总司令陈绍宽）上尉候补员。
1940 年 5 月 30 日	出任海军部（兼部长任援道）总务司少将司长（汪伪）。

1942 年 9 月 18 日	调任海军部军需司少将司长。
1943 年 3 月 29 日	获颁三级同光勋章。
4 月 29 日	获颁勋二等瑞宝章（日）。
10 月 10 日	叙任海军少将。
1944 年 4 月 29 日	获颁勋二等旭日章（日）。
9 月 13 日	获颁勋二位景云章（伪满）。
1945 年 1 月 17 日	升任海军部（部长凌霄）中将次长。
9 月	离职。
	后事不详。

李景曦（1875—1947）

生于 1875 年（清光绪元年）。福建闽侯（出生地现属福州）人，字旭宸。马尾船政后学堂第十四届驾驶班毕业。

1897 年	考入马尾船政后学堂第十四届驾驶班学习。
1902 年	船政后学堂毕业后在海军服务。
1903 年	升任烟台水师学堂（督办谢葆璋）军需。
1908 年	所部改称烟台海军学堂（督办谢葆璋），改任庶务长。
1910 年 7 月	调任驻英国留学生监督。
1912 年 1 月 17 日	出任海军部（总长黄钟瑛）秘书。
1913 年 1 月 17 日	授海军中校。
4 月 17 日	调任海军总司令处（总司令黄钟瑛）中校二等参谋。
6 月 13 日	升任上校一等参谋。
8 月 20 日	晋授海军上校。
1914 年 10 月 16 日	获颁五等文虎章。
10 月 25 日	调任"建安"炮舰上校舰长。
1915 年 7 月 1 日	调任海军部（总长刘冠雄）上校参事。
1916 年 1 月 1 日	晋颁四等文虎章。

	4 月 22 日	调任驻沪海军临时司令部少将司令。
	8 月 18 日	调任海军部（总长程璧光）少将参事。
	10 月 10 日	获颁四等嘉禾章。
1917 年 3 月 8 日		晋授海军少将。
	7 月 31 日	调任海军部军学司少将司长。
	8 月 6 日	兼任战时国防事务委员会海军委员。
1918 年 6 月 19 日		晋颁三等文虎章。
	10 月 18 日	晋颁三等嘉禾章。
1920 年 1 月 1 日		晋颁二等文虎章。
1921 年 2 月 8 日		晋颁二等嘉禾章。
1921 年		为华府会议中国代表团专门委员
1922 年 6 月 29 日		调任海军第 2 舰队（司令甘联璈）少将副司令。
	7 月 20 日	兼任参军府参军。
1923 年 2 月 7 日		获颁二等大绶嘉禾章。
	11 月 17 日	升任海军第 2 舰队少将署理司令。
1924 年 3 月 29 日		授将军府将军。
	9 月	兼任淞沪海军司令。
1925 年 2 月 6 日		调任海军练习舰队少将司令。
1927 年 3 月 1 日		兼任海军总司令公署（总司令杨树庄）参谋长。
	3 月 14 日	随部响应北伐，改任国民革命军海军总司令部（总司令杨树庄）代理总司令兼海军练习舰队少将司令。
	7 月 27 日	专任海军总司令部少将代理总司令。
	10 月 19 日	兼任军事委员会委员。
1928 年 2 月 17 日		免去委员兼职。
	4 月 14 日	调任海军总司令部少将参谋长，当选海军国民党特别党部（兼主委杨树庄）委员。
	8 月 2 日	调任扬子江技术委员会接收委员。
	12 月 27 日	调任财政部江海关监督。
1929 年 8 月 30 日		调任海军部（部长杨树庄）少将候补员。
1930 年 4 月 7 日		调任军事参议院少将参议。

| 1936 年 11 月 12 日 | 获颁国民革命军誓师十周年纪勋章。 |
| 1947 年 | 在江苏苏州病逝。 |

李孟斌（1887—?）

生于 1887 年（清光绪十三年）。福建闽侯人，字东麓。马尾船政后学堂第十七届驾驶班毕业。

1900 年 12 月	考入马尾船政后学堂第十七届驾驶班学习。
1905 年 11 月	船政后学堂毕业后派任"海筹"巡洋舰驾驶三副。
1909 年	升任"海筹"巡洋舰（管带黄钟瑛）驾驶二副。
1912 年 1 月	改任"海筹"巡洋舰（舰长林颂庄）上尉航海长。
1913 年 2 月 27 日	授海军上尉。
10 月	升任"海筹"巡洋舰少校副舰长。
1914 年 5 月 25 日	晋授海军少校。
9 月 28 日	获颁七等嘉禾章。
1916 年 3 月 30 日	调任海军第 1 舰队（司令林葆怿）少校军需长。
1918 年 7 月 22 日	晋授海军中校。
10 月 18 日	升任海军第 1 舰队（司令林颂庄）中校参谋长。
1920 年 1 月 8 日	获颁四等文虎章。
7 月 28 日	调任"联鲸"炮舰中校舰长。
1922 年 6 月 29 日	兼任浙江清海局（兼局长蒋斌）副局长。
1923 年 5 月 5 日	调任"楚同"炮舰中校舰长。
5 月 25 日	晋颁三等文虎章。
1924 年 9 月 23 日	晋授海军上校。
1925 年 6 月	兼任闽厦海军警备司令部（兼司令陈季良）参谋处处长。
7 月 22 日	调任"永绩"炮舰上校舰长。
1926 年 7 月 13 日	调任"普安"运舰上校舰长。
1927 年 3 月 14 日	随部响应北伐，仍任"普安"运舰上校舰长。

7月27日	调任"海筹"巡洋舰上校舰长。
1928年4月	兼任海军国民党特别党部（兼主委杨树庄）委员。
12月26日	兼任海军署（署长陈绍宽）军衡司司长。
1929年8月	专任"海筹"巡洋舰上校舰长。
1931年4月29日	获颁五等宝鼎勋章。
1932年1月1日	兼代海军马尾要港司令，兼任马尾海军造船所所长。
4月	兼任海军长门讲武堂监督。
11月	辞去造船所所长兼职。
1933年6月16日	实任海军马尾要港少将司令兼海军长门讲武堂监督。
1934年2月3日	调任海军部（部长陈绍宽）军衡司（辖八科）少将司长兼海军长门讲武堂监督。
1935年7月17日	调马尾海军学校少将校长。
1939年2月27日	调任海军总司令部（总司令陈绍宽）少将候补员。
1941年4月22日	出任福建省自治筹备委员会委员兼福州治安维持会（会长林赤民）委员（汪伪）。
9月19日	被重庆国民政府明令通缉。
10月27日	调任军事参议院（代院长任援道）中将参议。
1943年4月29日	获颁勋二等瑞宝章（日）。
1944年3月30日	叙任海军少将。
10月1日	获颁勋二位景云章（伪满）。
1945年9月	离职。
	后事不详。

李庆文（1889—1972）

生于1889年（清光绪十五年）。广东茂名人，字善余。黄埔海军学校第十五届驾驶班毕业。

1911年	考入黄埔海军学校第十五届驾驶班学习。

77

1917 年	海校毕业后派任"同安"炮舰见习，后升任中尉教官。
1922 年 4 月	升任上尉枪炮大副。
8 月	调任上尉航海长。
1926 年 2 月	升任"飞鹰"炮舰（舰长舒宗鎏）少校副舰长。
1928 年 1 月	调升广东海军司令部（司令陈策）中校参谋。
1929 年 4 月	所部改编为海军第 4 舰队（司令陈策），升任上校参议。
1932 年 5 月 3 日	所部改编为第 1 集团军海防舰队（代司令邓龙光），升任上校副司令。
5 月 11 日	代理司令。
7 月 12 日	回任海防舰队（代司令张之英）上校副司令。
1935 年 6 月	所部编入第 1 集团军江防舰队（兼司令陈济棠），改任上校参谋长。
12 月 16 日	调升黄埔海军学校代将校长。
1936 年 8 月	升任黄埔海军学校少将校长兼广东省江防司令部（司令冯焯勋）副司令。
1939 年 8 月	调任西南航运局专员。
1941 年 5 月	调升粤桂江防司令部（司令黄文田）少将副司令。
1945 年 9 月	调任第 7 战区司令长官部（司令长官余汉谋）少将参议。
9 月	离职后出任广州市航海技师公会荣誉会长。
1946 年 7 月 21 日	获颁帝国指挥官级勋章（英）。
1948 年 8 月	出任黄埔海军学校少将校长。
1949 年 10 月 2 日	离职避居香港。
1972 年 11 月 12 日	在香港病逝。

李世甲（1894—1970）

　　生于 1894 年 4 月 25 日（清光绪二十年三月二十日）。福建闽侯（出生地现属福州）人，原名李世英，字凯涛。烟台海军学校第六届驾驶班、南京海军军官学校第一届枪炮班毕业。

1908 年 7 月	考入烟台海军学校第六届驾驶班学习。
1911 年 6 月	海校毕业后派任"通济"练习舰（舰长葛宝炎）见习。
1913 年 1 月	考入南京海军军官学校第一届枪炮班学习。
5 月 20 日	授海军少尉。
12 月	毕业后派任"海容"巡洋舰（舰长杜锡珪）中尉候补副官。
1915 年 4 月	奉派美国考察飞艇、潜艇。
11 月 20 日	晋授海军中尉。
1916 年 3 月 16 日	派任海军第 1 舰队司令处（司令林保怿）上尉副官。
10 月	回国履职。
1917 年 7 月	调任海军总司令公署（总司令饶怀文）上尉副官。
1918 年 6 月	调升驻海参葳海军代将处（代将林建章）少校副官。
7 月 22 日	晋授海军上尉。
1919 年 9 月 7 日	晋授海军少校。
1920 年 1 月	调升"通济"练习舰（舰长杨树庄）中校教练官。
1922 年 2 月 4 日	获颁四等文虎章。
5 月	调任福州海军练营中校营长兼闽口要港警卫队管带。
10 月 22 日	晋授海军中校。
1925 年 2 月	代理"豫章"驱逐舰舰长。
6 月	调任闽厦海军警备司令部（兼司令陈季良）参谋处（处长李孟斌）中校参谋。
7 月 22 日	调升"楚同"炮舰中校舰长。
1927 年 3 月 16 日	调任驻南京国民政府国民革命军总司令部中校联络官。
4 月	当选海军国民党特别党部（主委杨树庄）委员。
8 月 13 日	回任"楚同"炮舰中校舰长。
1928 年 2 月 1 日	调任"通济"练习舰中校舰长。
1929 年 4 月 12 日	调升海军部（部长杨树庄）总务司（辖四科）少将司长兼海军新舰监造办公处（处长佘振兴）舰装设计监造官。
1931 年 10 月	代理海军部常务次长。
1932 年 1 月 12 日	升任中将常务次长兼总务司司长、舰装设计监造官。

1933 年 2 月 15 日	兼任海军军械处（辖三课）所长。
1934 年 1 月	调任海军马尾要港（五处）中将司令兼海军陆战队第 1 独立旅（辖两团）旅长。
11 月	兼任海军大学（兼校长陈绍宽）教育长。
12 月 28 日	陆战独 1 旅改称第 2 独立旅（辖两团），仍兼任旅长。
1935 年 9 月 6 日	叙任海军少将。
12 月 25 日	获颁勋三等旭日章（日）。
1936 年 2 月 28 日	兼任海军陆战队讲武堂监督。
11 月 12 日	获颁四等云麾勋章、国民革命军誓师十周年纪勋章。
11 月	海军大学缩编为海军军官训练班，仍兼任教育长。
1937 年 6 月	海军军官训练班停办，海军陆战队讲武堂改称海军陆战队军官研究班，仍兼任主任。
1940 年 10 月	兼任海军校阅第 2 组主任。
1941 年 10 月 8 日	专任海军陆战队第 2 独立旅中将旅长。
1945 年 4 月 12 日	调升海军第 2 舰队中将司令。
8 月 16 日	调任海军接受厦门军港中将专员。
10 月 1 日	调任海军台澎要港司令部中将司令。
11 月	调任海军接收台澎区中将专员。
1946 年 5 月 5 日	获颁胜利勋章。
6 月 1 日	辞职后移居上海。
1947 年 7 月 19 日	获颁银质棕榈叶勋饰自由勋章（美）。
1948 年 3 月	出任福州时粮食配购审核委员会主任委员、福建省经济管制督导委员会秘书长。
1949 年 9 月	向福州市公安局登记后被管制四年。
1954 年 11 月	当选福建省民革（主委刘通）委员。
1955 年 1 月	当选福建省政协（主席曾镜冰）委员。
1970 年 4 月 11 日	因遭迫害在福建古田自杀身亡。著有《我在旧海军亲历记》。

李之龙（1897—1928）

生于1897年12月10日（清光绪二十三年冬月十七日）。湖北沔阳人，字在田，号赤显。中国国民党陆军军官学校第一期步兵科毕业，烟台海军学校第十六届驾驶班肄业。

1919年12月	考入烟台海军学校第十六届驾驶班学习。
1921年9月	因发动校工和水兵停工罢航被校方开除后在上海、开封、武汉等地从事中共地下工作。
1924年5月	考入中国国民党陆军军官学校第一期步兵科学习。
11月	军校毕业后派任军校（教育长何应钦）政治部（主任周恩来）上尉科员。
1925年1月	调升军校教导第1团（团长何应钦）第2营（营长陈继承）少校党代表。
6月12日	调升黄埔军校武装宣传队中校队长。
10月10日	越升军事委员会海军局（局长斯米诺夫）政治部少将主任。
1926年1月	兼代"中山"炮舰舰长。
3月8日	升代海军局局长兼参谋厅厅长。
3月14日	辞去舰长兼代职。
3月20日	因"中山舰事件"被逮捕关押。
4月	获释后赋闲。
7月	出任武汉国民政府中央人民俱乐部主任兼《血花日报》社社长。
1927年6月	组织"新海军社"，开展兵运工作。
8月	因武汉"清党"先后避居广州、香港。
1928年2月6日	返回广州策反海军时被逮捕。
2月8日	被广东海军司令部以"策动海军叛乱"罪执行枪决。

梁序昭（1904—1978）

生于 1904 年 11 月 22 日（清光绪三十年十月十六日）。福建闽县（现属福州）人，字肖干，号翊周。烟台海军学校驾驶班第十七届毕业。

1919 年 8 月	考入烟台海军学校第十七届航海班学习。
1925 年 7 月	海校毕业后派任海道测量局少尉测量员。
1927 年 9 月	调升海军鱼雷游击队（司令曾以鼎）中尉副官。
1930 年 9 月 24 日	升任上尉副官。
1931 年 1 月 13 日	调任"通济"练舰（舰长郑天征）上尉枪炮正。
1933 年 2 月 13 日	调任海军部（部长陈绍宽）上尉副官。
12 月 19 日	调任"通济"练舰上尉航海正。
1934 年 8 月 23 日	调任"楚同"炮舰（舰长陈秉清）上尉副舰长。
1935 年 8 月 11 日	调任"中山"炮队（舰长萨师俊）上尉副舰长。
1936 年 10 月 19 日	调任海军第 2 舰队（司令曾以鼎）上尉副官。
1937 年 6 月	调任"湖鹏"鱼雷艇上尉艇长。
1938 年 1 月 1 日	调升"义胜"炮艇少校艇长。
11 月	调任海军总司令部（总司令陈绍宽）少校副官。
1939 年 4 月 18 日	调升海军驻桂林办事处中校主任。
1945 年 3 月 1 日	调任驻美海军训练处（兼处长宋锷）第 1 组中校组长兼训练总队（兼总队长宋锷）军官队队长。
5 月 12 日	调任"太平"驱逐舰中校舰长。
1946 年 8 月 1 日	调任"峨嵋"运输舰中校舰长。
1947 年 10 月 1 日	调升练习舰队上校司令。
12 月 26 日	调任海防第 1 舰队上校司令。
1948 年 7 月 14 日	获颁六等云麾勋章。
11 月 1 日	调升海军第 2 军区代将司令。
1949 年 5 月 1 日	调任海军总司令部（总司令桂永清）第 5 署（编组训练署）上校署长。

7月1日	调升海军第2军区少将司令。
9月21日	调任驻美国大使馆海军少将武官。
12月7日	晋颁四等云麾勋章。
1951年5月1日	调任海军舰艇训练司令部少将司令。
1953年6月4日	获颁三等宝鼎勋章。
6月30日	调任两栖作战部队少将司令。
1954年7月30日	升任"海军总司令部"中将总司令。
8月18日	晋任海军中将。
10月14日	晋颁三等云麾勋章。
1955年10月13日	获颁指挥官级军团荣誉勋章（美）。
1957年6月29日	晋任海军二级上将。
10月	当选国民党中央委员。
1959年1月31日	升任"国防部"（部长俞大维）上将副部长。
1960年10月31日	获颁二等景星勋章。
11月1日	调任"国防部"上将政务次长。
1964年4月1日	调任"驻韩国大使"，停役。
1967年2月	调任"总统府"战略顾问。
1968年1月	退为备役后聘任"总统府"国策顾问。
1978年2月7日	在台湾台北病逝。

林葆纶（1870—1933）

生于1870年8月18日（清同治九年七月二十二日）。福建闽侯（出生地现属福州）人，字仲怡。天津北洋水师学堂第六届驾驶班毕业。

1894年12月	考入天津北洋水师学堂第六届驾驶班学习。
1898年11月	水师学堂毕业后在海军服务。
1907年7月21日	升任陆军部海军处(代正使谭学衡)第3司(运筹司)司长。
1909年7月28日	调任筹办海军事务处（大臣载洵）第3司（运筹军储司）

	司长。
1910 年 12 月 4 日	所部改编为海军部（大臣载洵）军储司司长，授海军副参领。
1912 年 4 月	出任海军部（总长刘冠雄）军衡司（司长林文彬）赏赉科少校科长。
1913 年 1 月 31 日	授海军少校。
10 月 27 日	调升海军部军需司中校署理司长。
1914 年 5 月 25 日	晋授海军中校，获颁四等文虎章。
10 月 3 日	实任军需司中校司长。
1916 年 10 月 1 日	因病辞职。
10 月 9 日	获颁四等嘉禾章。
1917 年 8 月 1 日	派任海军部（总长萨镇冰）军需司上校司长。
11 月 27 日	晋授海军上校。
1918 年 1 月 7 日	晋颁三等文虎章。
9 月 16 日	晋颁二等文虎章。
10 月 18 日	晋颁三等嘉禾章。
1919 年 11 月 25 日	晋授海军少将。
1920 年 1 月 1 日	晋颁二等嘉禾章。
1921 年 4 月 23 日	获颁三等宝光嘉禾章。
1922 年 1 月 20 日	因病辞职。
2 月 11 日	派任海军部（总长李鼎新）少将视察。
1924 年 3 月 20 日	调任海军部少将署理参事。
9 月 4 日	实任少将参事。
1926 年 11 月 13 日	调任海军部（总长杜锡珪）军衡司少将司长。
1927 年 7 月 14 日	获颁勋二等瑞宝章（日）。
8 月 6 日	调任军事部（部长何丰林）海军署（署长温树德）军衡司少将司长。
1928 年 7 月 3 日	出任国民革命军海军总司令部（总司令杨树庄）中将参议。
1929 年 8 月 2 日	出任海军部（部长杨树庄）中将候补员。
1933 年 5 月 15 日	在北平（现北京）病逝。

林秉周（1895—1968）

生于1895年2月26日（清光绪二十一年二月二日）。福建仙游人，原名林本礼，以字行。行伍出身。

1918年	出任福建民军林安国团司书。
1919年	升任第3营（营长林寿国）营副官。
1921年	所部改编为福建陆军第1独立营（营长林寿国），改任第3连上尉连长。
1922年	所部扩编为福建陆军第3混成旅（旅长林怀瑜）第2团（团长林寿国），升任第1营少校营长。
10月	所部改称福建陆军第1独立团（团长林寿国）第1营，仍任少校营长。
1924年3月	所部编入海军陆战队第1混成旅（旅长杨砥中）特别步兵团（团长黄懋和），改任第3营少校营长。
1925年10月	所部缩编入海军陆战大队（兼大队长杨树庄）第1支队（支队长林忠），改任少校连长。
1926年1月	所部扩编为海军陆战队第1混成旅（旅长林忠）特别步兵团（团长林寿国）第3营，改任少校营长。
12月30日	率部响应北伐，所部改编为国民革命军海军陆战队（司令林寿国），升任中校参谋长。
1927年8月	所部改称海军陆战队步兵第2旅（旅长林寿国），调任第1团上校团长。
11月	所部改称海军陆战队第2混成旅（旅长林寿国）第1团，仍任上校团长。
1928年2月	调任海军陆战队第2混成旅上校参谋长。
11月	所部改编为海军陆战队第2独立旅（旅长林寿国），调任第3团上校团长。
1930年8月	升任海军陆战队第2独立旅（辖两团）少将旅长。

1934 年 12 月 28 日	所部改称海军陆战队第 1 独立旅（辖两团），仍任少将旅长。
1937 年 1 月 1 日	获颁四等云麾勋章。
1941 年 1 月	兼任辰溪警备司令。
1944 年 7 月 26 日	调任军事参议院（院长李济深）少将参议。
1946 年 1 月 22 日	获颁忠勤勋章。
2 月 14 日	退为备役。
5 月 5 日	获颁胜利勋章。
1947 年 11 月	当选国民大会代表。
1949 年 8 月	移居台湾。
1968 年 7 月 21 日	在台湾台北病逝。

林国赓（1885—1943）

生于 1885 年 11 月 9 日（清光绪十一年十月初三日）。福建闽侯（出生地现属福州）人，字向今。林献炘之弟。广东水陆师学堂水师第八届驾驶班、英国朴茨茅斯海军学院、英国格林威治王家海军学院、南京海军大学第一期毕业。

1900 年 12 月	考入广东水陆师学堂水师第八届驾驶班学习。
1903 年 11 月	水陆师学堂毕业后派任"通济"练习舰（管带施作霖）见习。
1904 年 11 月	升任"通济"练习舰（管带蓝建枢）少尉枪炮教官。
1906 年 10 月	奉派英国留学，先后在朴茨茅斯海军学院、格林威治王家海军学院深造。
1908 年 11 月	回国后派任"海容"巡洋舰（管带李鼎新）枪炮大副。
1910 年 7 月	调升"建安"鱼雷快艇管带。
12 月	奉派英国考察。
1912 年 2 月	回国后出任"建安"炮舰中校舰长。
1913 年 1 月 17 日	授海军中校。
1914 年 10 月 3 日	调任海军部（总长刘冠雄）军法司（司长许继祥）审检

	科中校科长兼练习舰队（司令饶怀文）参谋长。
1915 年 9 月 8 日	辞去舰队参谋长兼职。
1916 年 1 月 14 日	获颁五等嘉禾章。
1917 年 10 月	调任海军驻英公使馆中校海军正式官。
1918 年 1 月 7 日	获颁四等文虎章。
8 月 16 日	调升驻日公使馆上校海军武官。
1920 年 1 月 1 日	晋颁四等嘉禾章。
1921 年 1 月 7 日	晋颁三等文虎章。
1922 年 7 月	卸任回国，留海军部（总长李鼎新）服务。
7 月 9 日	获颁勋三等旭日章（日）。
8 月 8 日	晋授海军上校。
1924 年 6 月	派任厦门海军警备司令部上校司令。
1925 年 2 月 22 日	调升海军总司令公署（总司令杨树庄）少将参谋长兼厦门海军警备司令、警卫营营长。
6 月	改兼闽厦海军警备司令部（兼司令陈季良）参谋长。
7 月 15 日	晋授海军少将。
1926 年 7 月 18 日	改任闽江警备司令部少将参谋长。
1927 年 3 月 14 日	随部参加国民革命军。
8 月	调任漳厦海军警备司令部少将司令。
1928 年 3 月 12 日	调任海军总司令部（总司令杨树庄）少将参谋长兼漳厦海军警备司令。
4 月 14 日	调任海军厦门要港司令部少将司令。同月当选海军国民党特别党部（兼主委杨树庄）委员。
1935 年 9 月 6 日	叙任海军少将。
11 月 12 日	获颁四等云麾勋章、国民革命军誓师十周年纪勋章。
1938 年 1 月 1 日	调任海军总司令部（总司令陈绍宽）军衡处少将处长兼海军作战训练研究室（兼主任陈训泳）研究员。
1941 年 9 月 1 日	调任海军总司令部舰械处少将处长。
1943 年 9 月 7 日	在重庆病逝。

林建章（1874—1939）

生于1874年（清同治十三年）。福建闽侯（出生地现属长乐）人，字增荣。南京江南水师学堂第一届驾驶班毕业。

1889 年 11 月	考入江南水师学堂第一届驾驶班学习。
1898 年 10 月	水师学堂毕业后派任"列"字鱼雷艇管带。
1899 年	调任"张"字鱼雷艇管带。
1891 年	调升"南琛"练舰（管带陈廷梁）帮带。
1901 年	派赴日本监造"元"字各舰。
1903 年	回国后派任"宿"字鱼雷艇管带。
1907 年	调升"飞鹰"猎舰管带。
1909 年	调升"通济"练舰管带。
1910 年	调任巡洋舰队（统领程璧光）一等参谋官。
1911 年 11 月	率"宿"字鱼雷艇起义。
11 月 29 日	任"南琛"练舰管带。
1912 年 1 月 1 日	改任"南琛"练舰中校舰长。
1913 年 8 月 20 日	授海军上校，勋五位。
1914 年 5 月 25 日	获颁四等文虎章。
9 月 28 日	获颁七等嘉禾章。
1915 年 2 月 20 日	晋颁四等嘉禾章。
1916 年 8 月 25 日	晋颁三等文虎章。
1917 年 1 月 1 日	晋颁三等嘉禾章。
8 月 28 日	调升"海容"巡洋舰上校舰长。
10 月 9 日	晋颁二等文虎章。
1918 年 1 月 19 日	晋颁二等嘉禾章。
8 月 3 日	升任海军部驻海参崴代将处代将兼"海容"巡洋舰舰长。
8 月 13 日	调兼"海筹"巡洋舰舰长。
9 月 27 日	获颁三级圣乔治勋章（白俄）。

10 月 31 日	晋授海军少将。
1919 年 10 月 14 日	获颁勋二等瑞宝章（日）。
1920 年 1 月 1 日	获颁二等大绶宝光嘉禾章。
1921 年 12 月 29 日	升任海军第 1 舰队少将代理司令兼"海筹"巡洋舰舰长。
1922 年 4 月 23 日	晋授勋四位。
6 月 29 日	调任将军府少将参军。
1923 年 4 月 8 日	出任上海海军领袖处中将领袖。
1924 年 9 月 22 日	解散所部。
11 月 24 日	出任海军部上将总长。
12 月 1 日	晋授海军中将加上将衔。
12 月 10 日	获颁勋二等旭日章（日）。
1925 年 2 月 1 日	兼任军事善后会议海军委员。
12 月 31 日	调任海军部（总长杜锡珪）军事顾问。
1926 年 3 月 12 日	调任海军总司令公署（总司令杨树庄）顾问。
1929 年 6 月	改任国民政府海军部（部长杨树庄）高级顾问。
1938 年 1 月 1 日	改任海军总司令部（总司令陈绍宽）高级顾问。
1940 年 6 月 14 日	在上海病逝。

林可胜（1897—1969）

生于 1897 年 10 月 15 日（清光绪二十三年九月二十日）。福建海澄（现龙海）人。英国爱丁堡大学毕业。官号：458016。

1919 年至 1924 年	先后获得内科学士、外科学士、哲学博士、科学博士学位。
1925 年	回国后任北京协和医院生理学教授兼系主任。
1926 年 11 月	创建中国生理学会，任会长兼《生理学杂志》主编。
1928 年	任中华医学会会长。
1937 年 8 月	组建中国红十字总会救护总队，任总队长。
1942 年 9 月 5 日	辞职。

1943 年 2 月	出任中国远征军（司令长官陈诚）医药总监。
1945 年 7 月 9 日	获颁指挥官级军团荣誉勋章（美）。
9 月	出任国防医学院院长。
10 月 10 日	获颁胜利勋章。
1946 年 5 月 5 日	获颁忠勤勋章。
5 月 31 日	调任联合勤务总司令部（总司令黄镇球）军医署军医总监代理署长兼海军总司令部(兼总司令陈诚)军医处处长。
9 月 7 日	获颁四等云麾勋章。
11 月 21 日	获颁帝国指挥官级勋章（民事）（英）。
1948 年 5 月 12 日	获颁金质棕榈叶勋饰自由勋章（美）。
1949 年 5 月	移居美国从事教育和研究工作。
1969 年 8 月 7 日	在牙买加金斯敦病逝。

林若时（1889—1952）

生于 1889 年（清光绪十五年）。广东中山人。黄埔水师学堂第十四届管轮班毕业。

1908 年 12 月	考入黄埔水师学堂第十四届管轮班学习。
1913 年 11 月	水师学堂毕业后在海军服务。
1922 年 4 月 30 日	升任“福安”运输舰少校舰长。
8 月 9 日	调升长州要塞司令部巡逻艇队中校指挥官。
1924 年 3 月 12 日	调升任广东海防司令部上校司令。
8 月 7 日	辞职赋闲。
1940 年 10 月 5 日	出任广东江防司令部(兼司令招桂章)上校参谋长（汪伪）。
1941 年 11 月 15 日	所部改组为广州要港司令部（兼司令招桂章），仍任上校参谋长。
1942 年 5 月 20 日	升任广州要港司令部少将参谋长。
10 月 6 日	调任参赞武官公署少将参赞武官。

| 1945 年 9 月 | 因"汉奸罪"被逮捕判刑。 |
| 1952 年 | 被执行枪决。 |

林寿国（1891—? ）

生于 1891 年（清光绪十七年）。福建仙游人，原名林荣，字玉田。行伍出生。

1919 年	入福建民军林安国团，任第 3 营营长。
1921 年	所部改编为福建陆军第 1 独立营，任少校营长。
1922 年	所部扩编为福建陆军第 3 混成旅（旅长林怀瑜）第 2 团，升任中校团长。
10 月	所部改称福建陆军第 1 独立团，仍任中校团长。
1924 年 3 月	所部编入海军陆战队第 1 混成旅（旅长杨砥中）特别步兵团（团长黄懋和），改任中校团附。
1925 年 3 月	升任特别步兵团上校团长。
10 月	所部缩编入海军陆战大队（兼大队长杨树庄）第 1 支队（支队长林忠），改任上校副支队长。
1926 年 1 月	所部扩编为海军陆战队第 1 混成旅（旅长林忠），改任特别步兵团上校团长。
12 月 30 日	率部响应北伐，所部改编为国民革命军海军陆战队，升任少将司令。
1927 年 8 月	所部改编为海军陆战队步兵第 2 旅（辖两团），改任少将旅长。
11 月	所部改称海军陆战队第 2 混成旅（辖两团），仍任少将旅长。
1928 年 4 月	兼任海军国民党特别党部（兼主委杨树庄）委员。
11 月	所部改称海军陆战队第 2 独立旅（辖两团），仍任少将旅长。
1930 年 8 月	辞职赋闲。
1932 年 6 月	出任海军厦门要港司令部（司令林国赓）海军陆战队"剿赤"指挥部（辖两支队）少将指挥官。
9 月	所部被第 19 路军收编后离职赋闲。

1933 年 11 月	参加"闽变",出任海军陆战队第 1 独立团少将团长。
1934 年 2 月	所部解散后返乡避居。
1944 年 8 月	出任仙游临时参议会参议员。
1949 年 8 月	移居香港。
	后事不详。

林献炘（1884—1960）

生于 1884 年 10 月 3 日（清光绪十年八月十五日）。福建闽侯（出生地现属福州）人，字向欣。林国赓之兄。黄埔水师学堂第八届驾驶班毕业。

1898 年 12 月	考入黄埔水师学堂第八届驾驶班学习。
1903 年 11 月	水师学堂毕业后在海军服务，曾奉派德国留学。
1912 年 9 月 7 日	调任海军部（总长刘冠雄）技正室技正。
1913 年 1 月 11 日	授海军造械中监。
5 月 16 日	奉派奥地利留学。
1915 年 10 月 5 日	派任海军雷电学校（校长郑纶）中校总教官兼鱼雷总操练官。
11 月 12 日	获颁四等文虎章。
1917 年 11 月 19 日	所部改编为南京鱼雷枪炮学校（校长郑纶），改任总教官兼鱼雷正教官。
1918 年 1 月 7 日	获颁五等嘉禾章。
7 月 22 日	改授海军中校。
10 月 19 日	晋颁三等文虎章。
1920 年 1 月 16 日	晋颁四等嘉禾章。
1923 年 2 月 7 日	晋颁三等嘉禾章。
7 月 30 日	晋授海军上校。
1925 年 9 月 3 日	调任海军总司令公署（总司令杨树庄）参谋处（处长郑宝菁）上校参谋。

1926 年 7 月 13 日	调任海军总司令公署军械课上校课长。
1927 年 3 月 14 日	随部响应北伐，改任国民革命军海军总司令部（总司令杨树庄）军械处上校处长。
1928 年 12 月 26 日	调任海军署（署长陈绍宽）舰械司上校司长。
1929 年 4 月	调任海军部（部长杨树庄）上校候补员。
1930 年 2 月 24 日	调任海军部军械司上校司长。
1934 年 2 月	升任海军部（部长陈绍宽）军械司少将司长。
1936 年 11 月 12 日	获颁国民革命军誓师十周年纪勋章。
1937 年 1 月 1 日	获颁四等云麾勋章。
1938 年 1 月	调任海军总司令部（总司令陈绍宽）少将候补员。
1945 年 8 月 21 日	调任海军军械处上校处长。
1946 年 2 月 21 日	调任军政部（部长陈诚）海军处（兼处长陈诚）少将参事。
3 月 12 日	所部扩编为海军署（兼署长陈诚），仍任少将参事。
6 月	所部改编为海军总司令部（兼总司令陈诚），仍任少将参事。
7 月 11 日	获颁银质棕榈叶勋饰自由勋章（美）。
1947 年 11 月 18 日	叙任海军少将，并予除役后定居上海。
1960 年	在上海病逝。

林永谟（1876—1936）

生于 1876 年（清光绪二年）。福建闽侯（出生地现属福州）人，字籁亚。天津北洋水师学堂第六届驾驶班毕业。

1894 年 12 月	考入天津北洋水师学堂第六届驾驶班学习。
1898 年 11 月	水师学堂毕业后在海军服务。
1910 年 12 月 24 日	升任"海琛"巡洋舰（管带杨敬修）帮带。
1911 年 10 月 24 日	升任"海琛"巡洋舰代理管带。
11 月 12 日	在汉口率部起义。

1912 年 1 月 1 日	改任"海琛"巡洋舰上校舰长。
12 月 30 日	授海军上校。
1913 年 7 月 12 日	获颁四等文虎章。
1914 年 5 月 25 日	晋授海军少将,晋颁三等文虎章。
9 月 28 日	获颁四等嘉禾章。
12 月 25 日	调任海军部(总长刘冠雄)少将参事。
1915 年 12 月 23 日	授一等轻车都尉。
1916 年 10 月 9 日	晋颁三等嘉禾章。
1917 年 1 月 1 日	晋颁二等文虎章。
4 月 25 日	调任"肇和"巡洋舰少将舰长。
10 月 9 日	获颁二等大绶嘉禾章。
1918 年 1 月 7 日	获颁四等宝光嘉禾章。
5 月	参加护法。
5 月 20 日	调任"海圻"巡洋舰少将舰长。
12 月 30 日	兼任广州军政府海军部(总长程璧光)参事。
1920 年 1 月 5 日	加中将衔。
11 月 2 日	升任海军总司令部中将署理总司令兼海军第 1 舰队司令。
1921 年 5 月 5 日	兼任海军部(总长汤廷光)次长。
6 月 15 日	获颁勋二等瑞宝章(日)。
1922 年 4 月 27 日	改组海军时被免职。
5 月 8 日	派任顾问。
6 月	离职后寓居福州。
1925 年 8 月 18 日	出任财政部闽海关监督。
1926 年 12 月	出任漳州海军总指挥部中将总指挥。
1927 年 3 月 14 日	改任国民革命军海军总司令部(总司令杨树庄)参事处中将处长。
1929 年 3 月	所部裁撤后赋闲。
1930 年 2 月 24 日	出任海军部(部长杨树庄)少将参事。
1936 年 12 月 25 日	在南京(现属江苏)病逝。

林元铨（1888—1950）

　　生于1888年9月12日（清光绪十四年八月初七日）。福建闽侯（出生地现属福州）人，字长铨，号山佐。马尾船政后学堂第十八届驾驶班毕业。官号：470003。

1902年9月	考入马尾船政后学堂第十八届驾驶班学习。
1907年8月	船政后学堂毕业后派任"通济"练习舰（管带叶大鋆）见习。
1908年8月	升任驾驶二副。
1909年10月	调升"建威"炮舰（管带郑纶）枪炮大副。
1912年3月	升任"建威"炮舰（舰长程耀垣）上尉枪炮副。
1913年2月27日	授海军上尉。
1914年7月	调任"江贞"炮舰（舰长周兆瑞）上尉副舰长。
1915年2月25日	获颁四等文虎章。
1917年10月20日	晋授海军少校。
1918年5月3日	调升"应瑞"巡洋舰少校副舰长。
1919年10月14日	获颁四等嘉禾章。
1921年9月19日	晋颁三等文虎章。
1924年4月9日	调升"楚有"炮舰中校舰长。
1925年8月23日	晋授海军中校。
1927年3月12日	率部参加国民革命军，仍任原职。
1928年1月2日	调任"应瑞"练习舰中校舰长。
1931年4月29日	获颁五等宝鼎勋章。
1935年3月28日	调任海军军械处上校处长。
1936年11月12日	获颁国民革命军誓师十周年纪勋章。
1938年12月19日	兼任海军特务总队（辖八分队）总队长。
1939年3月	辞去特务总队长兼职。
1941年9月19日	调升国民政府参军处（参军长吕超）少将参军。
1942年9月	调任海军总司令部（总司令陈绍宽）参谋处少将处长。
1943年5月	兼任国民政府主席保健委员会办事处主任。

1944 年 6 月 27 日	获颁四等宝鼎勋章。
1945 年 10 月	调升国民政府参军处（参军长商震）中将参军。
10 月 10 日	获颁忠勤勋章。
1946 年 1 月 1 日	获颁胜利勋章。
11 月 16 日	叙任海军少将。
1947 年 7 月 19 日	获颁银质棕榈叶勋饰自由勋章（美）。
1948 年 5 月	改任总统府参军处（参军长薛岳）中将参军。
1949 年 1 月 15 日	辞职后定居上海。
1950 年 11 月	在上海病逝。

林振雄（1891—1964）

生于 1891 年 9 月 19 日（清光绪十七年八月十七）。广东惠阳（现惠州）人，字毅强。日本东京陆军士官学校中华队第十期骑兵科毕业。

1909 年	官派日本留学，入振武学校学习。
1910 年 12 月	入日本陆军骑兵第 17 联队当士官候补生。
1911 年 11 月	退队后回国参加辛亥革命。
1914 年 3 月	入日本东京陆军士官学校中华队第十期骑兵科学习。
1915 年 5 月	日本陆士毕业。
8 月	回国后出任云南陆军讲武学校（校长吴和宣）少校技术教官。
1918 年 3 月	升任云南陆军讲武学校（校长郑开文）骑兵科中校科长。
1920 年 2 月 9 日	授陆军骑兵上校，获颁四等文虎章。
1924 年 2 月 1 日	出任中国国民党陆军军官学校筹备委员会委员。
6 月 17 日	调任军校管理部上校主任。
1925 年 4 月 22 日	所部改称管理处，改任上校处长。
6 月 24 日	调任长州要塞司令部上校司令。
1926 年 2 月	调升第 20 师（师长王柏龄）少将副师长。

7月26日	调任国民革命军总司令部海军处少将处长。
9月	被撤职。
10月	派任留日陆军学生少将管理员。
1928年4月5日	调任国民革命军总司令部参谋团少将高级参谋。
7月14日	获颁勋二等瑞宝章（日）。
1929年5月	调任国民革命军军官学校少将教育长。
1930年9月	调任东江警备司令部少将司令。
1932年9月26日	调升参谋本部（兼总长蒋中正）中将高级参谋。
1936年1月25日	叙任陆军中将。
1937年5月	兼任国防建设委员会主任委员。
12月	辞职后返乡隐居。
1949年10月	出任惠州维持会会长。
10月15日	移交政权于人民解放军。
1957年3月	当选惠阳县政协（主席常胜）委员。
8月15日	出任惠州华侨中学董事长。
1959年2月	当选广东省政协（主席陶铸）委员。
1962年	因案被逮捕判刑。
1964年3月	在广东惠州病逝。

林知渊（1890—1959）

生于1890年5月9日（清光绪十六年三月二十一日）。福建闽侯（出生地现属福州）人。保定陆军速成学堂第一期工兵科、陆军大学第四期毕业。

1907年7月	考入保定陆军速成学堂第一期步兵科学习。
1908年12月	速成学堂毕业后派任陆军第2镇（统制马龙标）见习官。
1909年2月	调任南京陆军第四中学堂法文教习。
1911年10月	参加辛亥革命，因负伤先后在上海、福州疗养。
1912年4月	出任福建陆军小学中校监督。

1913 年 4 月 30 日	授陆军工兵中校。
1914 年 2 月	考入陆军大学第四期深造。
1916 年 12 月	陆大毕业后派任陆军大学（校长胡龙骧）上校战史教官。
1917 年 7 月	出任驻粤滇军第 4 师（师长方声涛）中校一等参谋官兼工兵营营长。
9 月	所部扩编为靖国军第 6 军（司令方声涛），升任前敌指挥部上校参谋长。
1918 年 1 月	调任征闽靖国军（代总指挥方声涛）上校参谋长。
1919 年 7 月 21 日	晋授陆军少将。
11 月	因所部瓦解闲居厦门。
1925 年 10 月	出任海军陆战大队（兼大队长杨树庄）第 2 支队少将支队长。
1926 年 1 月	离职。
11 月 26 日	出任国民革命军闽厦海军指挥部少将指挥官。
1927 年 3 月 25 日	调任国民革命军海军总司令部（总司令杨树庄）少将党代表兼政治部主任。
1928 年 4 月	兼任海军国民党特别党部（兼主委杨树庄）委员。
8 月 27 日	兼任福建省政府（兼主席杨树庄）委员。
1929 年 4 月 12 日	调任海军部（部长杨树庄）政治部少将主任兼福建省政府委员。
1935 年 8 月 22 日	兼任国民政府赈济委员会常务委员。
1939 年 4 月 17 日	因病辞职后前往香港。
1942 年 7 月	出任第 8 战区司令长官部（司令长官朱绍良）西北边疆研究室主任。
1945 年 10 月	离职。
1948 年 3 月	出任粮食部专员。
1949 年 5 月	离职后定居上海。
1969 年 11 月 22 日	在上海病逝。著有《政坛浮生录——林知渊自述》。

林忠（1892—？）

生于 1892 年（清光绪十八年）。福建福清人，字秉直。
保定陆军军官学校第三期步兵科毕业。

1914 年 8 月	考入保定陆军军官学校第三期工兵科学习。
1916 年 8 月	军校毕业后在福建陆军服务。
1918 年 4 月 5 日	授陆军步兵少尉。
1919 年	调任海军总司令公署（总司令蓝建枢）中尉差遣员。
1920 年	调升海军陆战队第 1 营（营长孔祥云）第 1 连上尉连长。
1922 年 1 月 5 日	调升海军陆战队第 2 营少校营长。
9 月 15 日	所部改编为驻闽海军陆战队（统带杨砥中）第 1 营，仍任少校营长。
1923 年 1 月 19 日	调任第 4 营少校营长。
3 月	调任第 3 营少校营长。
6 月 2 日	驻闽海军陆战队扩编为海军陆战队第 1 混成旅（旅长杨砥中），升任第 1 团上校团长。
1925 年 4 月 9 日	升任海军陆战队第 1 混成旅（辖三团）少将代理旅长。
10 月	所部缩编为海军陆战大队（兼大队长杨树庄）第 1 支队，改任少将支队长。
1926 年 1 月 8 日	所部扩编为海军陆战队第 1 混成旅（辖三团），改任少将旅长。
11 月 18 日	晋授陆军步兵上校并加少将衔。
12 月 30 日	率部响应北伐，仍任海军陆战队第 1 混成旅（辖三团）少将旅长。
1927 年 8 月	所部改编为海军陆战队步兵第 1 旅（辖三团），仍任少将旅长。
11 月	所部改称海军陆战队第 1 混成旅（辖三团），仍任少将旅长兼福建省防司令。

1928 年 4 月	兼任海军国民党特别党部（兼主委杨树庄）委员。
	11 月	所部改称海军陆战队第 1 独立旅（辖三团），仍任少将旅长。
1930 年 7 月	因"一六事件"被撤职押送南京审判。
	8 月	获释后寓居福州。
	后事不详（1945 年在世）。

林自新（1891—？）

生于 1891 年（清光绪十七年）。福建闽侯（出生地现属福州）人，字不尘。烟台海军学校第六届驾驶班毕业。

1908 年 7 月	考入烟台海军学校第六届驾驶班学习。
1911 年 6 月	海校毕业后在海军服务。
1913 年 5 月 20 日	授海军少尉。
1915 年 9 月	升任"楚泰"炮舰（舰长饶涵常）中尉枪炮副。
	11 月 20 日	晋授海军中尉。
1918 年 5 月	升任上尉枪炮长。
	7 月 22 日	晋授海军上尉。
1924 年 3 月 23 日	调升"建安"炮舰（舰长杜宗凯）少校副舰长。
	4 月 2 日	晋授海军少校。
1926 年 10 月 1 日	调任海军总司令公署（总司令杨树庄）参谋处（处长郑宝菁）少校参谋。
1927 年 3 月 14 日	随部响应北伐，改任国民革命军海军总司令部（总司令杨树庄）少校参谋。
1928 年 11 月 23 日	调升总参谋部（总参谋长李济深）第 1 厅（厅长刘光）第 4 科（科长朱伟）中校科员。
1929 年 3 月	所部改称参谋本部（兼总长何应钦）第 1 厅（厅长刘光）第 4 科（科长朱伟），仍任中校科员。
1930 年 5 月 26 日	升任参谋本部（代总长朱培德）第 1 厅（厅长刘光）第 4 科（科长朱伟）上校参谋。
1933 年 6 月	兼任上海引水管理委员会委员。

1936 年 6 月 12 日	升任参谋本部（总长程潜）总务厅（厅长陈焯）第 5 处（处长朱伟）第 1 课上校课长。
1938 年 2 月	调升军令部（部长徐永昌）少将高级参谋。
1946 年 1 月	调任闽浙区引水办事处处长。
7 月 31 日	叙任陆军少将，并退为备役。
10 月 10 日	获颁胜利勋章。
1947 年 2 月 26 日	改叙海军少将，仍退为备役。
	后事不详。

林遵（1905—1979）

生于 1908 年 8 月 6 日（清光绪三十四年七月十日）。福建闽侯（出生地现属福州）人，原名林准，字尊之。烟台海军学校第十八届驾驶班毕业。

1925 年 10 月	考入烟台海军学校第十八届驾驶班学习。
1928 年 9 月	海校毕业后续入鱼雷枪炮训练班受训。
1929 年 11 月	奉派英国留学，先后在格林威治王家海军学院、朴茨茅斯海军学院学习。
1933 年 11 月 30 日	回国。
12 月 29 日	派任"宁海"巡洋舰（舰长高宪申）中尉航海副。
1934 年 8 月 31 日	调任"海容"巡洋舰（舰长欧阳绩）中尉枪炮副。
1935 年 6 月	调任马尾海军学校(校长李孟斌)上尉教官兼航海队队长。
8 月 2 日	调任海军部（部长陈绍宽）上尉副官。
1936 年 4 月 21 日	调任"宁海"巡洋舰（舰长方莹）上尉航海正。
12 月 2 日	调任"自强"炮舰（舰长张日章）上尉副舰长。
1937 年 4 月 2 日	奉派德国学习潜艇技术。
1939 年 3 月	回国后派任"永绥"炮舰（舰长傅成）上尉副舰长。
1940 年 1 月	调升海军长江中游布雷游击队（队长刘德浦）第 5 中队少校中队长兼第 9 分队分队长。

1941 年 9 月	所部扩编为海军第 2 布雷总队（总队长刘德浦）第 5 大队，升任少校大队长兼第 9 中队中队长。
1944 年 3 月	调升军政部（部长何应钦）办公室中校海军参谋。
12 月 21 日	获颁铜星勋章（美）。
1945 年 9 月	调升驻美国大使馆海军上校副武官。
10 月 10 日	获颁六等云麾勋章。
1946 年 2 月 8 日	调任海军"太康"、"太平"、"永泰"、"永兴"、"永胜"、"永顺"、"永定"、"永宁"八舰上校指挥官，率部回国。
9 月 12 日	获颁军官级军团荣誉勋章（美）。
9 月 13 日	调任海军驻西沙、南沙群岛舰队上校指挥官。
10 月 10 日	获颁胜利勋章。同月兼任"太平"驱逐舰舰长。
12 月	率部收复西沙、南沙群岛。
1947 年 4 月 3 日	辞去舰长兼职。
5 月 31 日	调任海军总司令部（代总司令桂永清）上校附员。
6 月	调任海军检点委员会上校主任委员。
7 月 19 日	获颁银质棕榈叶勋饰自由勋章（美）。
1948 年 6 月 5 日	调升海防第 2 舰队代将司令。
1949 年 1 月	兼任海军江防区（辖五指挥区）指挥官。
2 月 3 日	晋颁五等云麾勋章。
4 月 8 日	升任海防第 2 舰队少将司令。
4 月 23 日	在江阴率部起义。
5 月	出任人民解放军华东军区（兼司令员陈毅）海军司令部（司令员张爱萍）第一副司令员。
7 月 13 日	因"于长江突围时，未能执行命令"被民国政府撤职免官通缉。
10 月	当选全国政协（兼主席毛泽东）委员、国防委员会（兼主席毛泽东）委员。
1951 年 1 月	调任南京军事学院（院长刘伯承）海军教授会主任。
1955 年 11 月 19 日	授予海军少将军衔，获颁一级解放勋章。

1957 年 10 月	调任海军军事学院（院长方强）副院长。
1960 年 3 月	所部改称海军学院，仍任副院长。
1972 年起	先后在南京、上海、青岛治病休养。
1975 年 5 月	调任东海舰队（司令员刘浩天）副司令员。
1979 年 7 月 16 日	在上海病逝。

凌霄（1888—1946）

生于 1888 年（清光绪十四年）。浙江崇德（现属桐乡）人，字壮华。日本东京商船学校航海科（留日第一届驾驶班）、日本横须贺海军炮术学校航海科（留日第二期）、日本海军大学（留日第一期）毕业。

1905 年	考入浙江武备学堂第五期学习。
1906 年 4 月	奉派日本留学。
5 月	入东京商船学校航海科（留日第一届驾驶班）学习。
1910 年 4 月	升入横须贺海军炮术学校航海科（留日第二期）深造。
1911 年 4 月	起先后在日本海军"严岛"、"津轻"舰见习。
11 月	学成归国。
1912 年 1 月 1 日	出任北伐舰队（司令汤芗铭）参谋。
3 月 25 日	调任参谋部第5局(海军局,局长谢刚哲)第2科少校科长。
1913 年 7 月 16 日	授海军少校。
8 月 11 日	晋授海军中校。
9 月 16 日	获颁五等文虎章。
1918 年 1 月 13 日	晋颁四等文虎章。
9 月	派赴日本海军大学（留日第一期）深造。
1920 年 1 月 26 日	晋授海军上校。
6 月	回国后仍任原职。
1922 年 8 月	出任东三省保安总司令部（总司令张作霖）航警处（处长沈鸿烈）第1课上校课长。
1923 年 1 月	调任葫芦岛航警学校上校校长。

7 月	调任东三省海防舰队（舰队长沈鸿烈）上校参谋长兼"镇海"飞机母舰舰长。
11 月 5 日	获颁勋四等瑞宝章（日）。
1925 年 12 月	升任海防舰队少将舰队长。
1927 年 3 月 20 日	改任联合舰队（兼总司令张作霖）海防第 1 舰队（兼司令沈鸿烈）少将副司令。
5 月 17 日	晋授海军少将。
9 月 12 日	晋颁勋三等瑞宝章（日）。
1928 年 2 月 14 日	调升海防第 2 舰队少将舰队长。
1929 年 1 月 22 日	调任东北海防第 1 舰队少将司令。
3 月 27 日	兼任海军编遣办事处（主委杨树庄）副主任委员。
1930 年 1 月 24 日	晋颁勋二等瑞宝章（日）。
1931 年 9 月	升兼东北海军总司令部（总司令沈鸿烈）副司令。
1932 年 4 月	因"崂山事件"被迫离职。
1933 年 8 月 26 日	出任浙江省水上警察局水警大队大队长。
1937 年 6 月	出任驻日本公使馆海军少将武官。
1939 年 3 月	调任驻美国公使馆海军少将武官。
1940 年 3 月 30 日	出任海军部(兼部长汪兆铭)中将政务次长(汪伪)。同日，被重庆国民政府明令通缉。
4 月 2 日	兼任军事委员会委员。
5 月 30 日	专任军事委员会中将委员。
1941 年 5 月 1 日	调任驻日本国武官处中将武官长。
10 月 14 日	调任驻日本国武官处海军中将武官。
1942 年 9 月 5 日	晋颁勋一等瑞宝章（日）。
11 月 15 日	获颁勋一位景云章（伪满）。
1943 年 3 月 29 日	获颁三级同光勋章。
4 月 29 日	获颁勋二等旭日章（日）。
7 月 14 日	晋颁二级同光勋章。
10 月 10 日	叙任海军中将。
1944 年 11 月 2 日	调升海军部代理上将部长。

1945 年 1 月 15 日	晋任海军上将，实任海军部上将部长。
8 月 16 日	在南京被国民政府逮捕。
1946 年 6 月 24 日	在南京（现属江苏）因"汉奸罪"被执行枪决。

刘传绥（1870—1950）

生于 1870 年（清同治九年）。福建闽侯人（出生地现属福州），字心组。天津北洋水师学堂第三届驾驶班毕业。

1886 年 7 月	考入天津北洋水师学堂第三届驾驶班学习。
1890 年 6 月	水师学堂毕业后在海军服务。
1899 年 11 月	升任"海天"巡洋舰（管带刘冠雄）帮带。
1904 年 4 月	因"海天"舰触礁事件被免职赋闲。
6 月 23 日	派任陆军部海军处（代正使谭学衡）第 3 司（运筹司，司长林葆纶）测量科科长。
1909 年 7 月	所部改组为筹办海军事务处（大臣载洵）第 3 司（运输军储司，司长林葆纶）测量科，仍任科长。
1910 年 12 月 5 日	海军事务处扩编为海军部（大臣载洵），调任军学司（司长曹汝英）调查科科长。
1911 年 4 月 22 日	调任军制司（司长徐振鹏）驾驶科科长。
12 月	离职。
1912 年 9 月 7 日	出任海军部（总长刘冠雄）上校视察。
12 月 18 日	调任参事厅上校参事。
12 月 30 日	授海军上校。
1913 年 11 月 26 日	获颁五等嘉禾章。
1914 年 5 月 25 日	晋授海军少将，获颁三等文虎章。
9 月 4 日	晋颁二等嘉禾章。
1915 年 11 月 7 日	兼任战时国防事务委员会海军委员。
1916 年 2 月 6 日	兼任海军部军务司少将司长。

4月17日	专任少将参事。
10月9日	晋颁二等文虎章。
1917年7月19日	升任海军部中将署理次长。
7月31日	实任中将次长兼总务厅厅长、《海军编史》监修。
8月10日	晋授海军中将。
10月9日	获颁三等宝光嘉禾章。
12月15日	获颁勋二等瑞宝章（日）。
1918年3月	兼任总务厅编纂委员会会长。
4月23日	因病辞职。
4月24日	派任将军府中将参军。
1920年1月1日	授勋四位。
1922年9月22日	授将军府将军。
1923年2月7日	晋颁二等宝光嘉禾章。
1925年7月3日	调任临时参政院参政。
1926年3月	调任海军海政筹备处中将处长。
1927年3月14日	出任国民革命军海军总司令部（总司令杨树庄）中将高级参谋。
1928年4月26日	调任军事委员会办公厅（主任马晓军）中将高级参谋。
1929年2月27日	任海军编遣办事处（主委陈季良）中将委员。
1931年1月7日	出任国民政府海军部（部长杨树庄）顾问。
1938年1月1日	改任海军总司令部（总司令陈绍宽）顾问。
1947年11月22日	叙任海军中将，并予除役。
1950年10月	在上海病逝。

刘德浦（1897—1979）

　　生于1897年1月15日（清光绪二十二年十二月十三日）。福建建瓯人，字志南。烟台海军学校第六届驾驶班、南京海军军官学校第一届枪炮班毕业。官号：470023。

1908 年 7 月	考入烟台海军学校第六届驾驶班学习。
1911 年 6 月	海校毕业后继入海军雷电学校学习，毕业后曾任航海员。
1913 年 1 月	考入南京海军军官学校第一届枪炮班学习。
4 月 17 日	授海军少尉。
12 月	毕业后派任"海琛"巡洋舰（舰长林永谟）中尉候补副官。
1916 年 4 月	调升"联鲸"炮舰（舰长温树德）上尉枪炮副。
6 月 30 日	晋授海军上尉。
1920 年 1 月 8 日	获颁六等文虎章。
5 月 31 日	奉派上海海关巡船实习测量。
1923 年 9 月	派任海道测量局（局长许继祥）测量队少校队长。
1924 年 5 月 5 日	晋授海军少校。
1925 年 7 月 24 日	升任海道测量局测量课中校课长兼测量队队长。
1927 年 7 月	调任"庆云"测量舰中校舰长。
9 月 7 日	获颁指挥官级荣誉军团勋章（法）。
1930 年 5 月 23 日	调任"甘露"测量舰中校舰长。
1933 年 6 月 28 日	调升海军海道测量局（辖五课）上校代理局长。
9 月 27 日	调任海军部（部长陈绍宽）海政司（司长许继祥）测绘科上校科长兼代海道测量局局长。
10 月 7 日	实兼海道测量局局长。
1936 年 11 月 2 日	获颁五等云麾勋章。
1938 年 1 月	调任海军总司令部（总司令陈绍宽）上校候补员。
1940 年 2 月	调任海军长江中游布雷游击队上校队长。
1941 年 1 月 1 日	获颁五等宝鼎勋章。
9 月 1 日	所部扩编为海军第 2 布雷总队，改任上校总队长。
1945 年 4 月 7 日	调任闽江江防司令部上校司令。
5 月 1 日	调升海军马尾要港司令部少将司令。
9 月 16 日	调任海军接受厦门军港专员。
9 月 18 日	兼任海军厦门要港少将司令。
1946 年 7 月 11 日	获颁忠勤勋章。
10 月 1 日	调任海军总司令部（代总司令桂永清）第 2 署（情报海

政署）少将署长。

1947 年 3 月 14 日	晋颁四等云麾勋章。
4 月 25 日	辞职后寓居建瓯。
7 月 19 日	获颁银质棕榈叶勋饰自由勋章（美）。
1949 年 9 月	聘任海道测量局四级工程师。
1958 年 9 月	离休后定居上海。
1979 年 3 月 12 日	在上海病逝。

刘华式（1883—?）

生于1883年（清光绪九年）。湖南新化人，字锡城。日本东京商船学校航海科（留日第一届驾驶班）、日本横须贺海军炮术学校航海科（留日第一期）毕业。

1906 年 4 月	奉派日本留学。
5 月	入东京商船学校航海科（留日第一届驾驶班）学习。
1909 年 11 月	升任日本横须贺海军炮术学校航海科（留日第一期）深造。
1910 年 11 月起	在日本海军"津轻"舰见习。
1911 年 5 月	学成归国。
6 月	派任海军统制部参谋，授正军校。
1912 年 2 月 3 日	出任北京政府海军部军政局局长。
9 月 6 日	调任海军部（总长刘冠雄）军务司中校司长。
1913 年 1 月 17 日	授海军中校。
11 月 26 日	获颁六等嘉禾章。
1914 年 5 月 25 日	晋授海军上校。
10 月 12 日	晋颁四等嘉禾章。
1916 年 2 月 6 日	调任海军部上校参事。
7 月 7 日	调任海军部（总长程璧光）上校视察。
11 月 2 日	获颁三等文虎章。
1917 年 8 月 6 日	兼任战时国防事务委员会海军委员。
11 月 15 日	兼任海军地方捕获审检厅评事。
1918 年 1 月 7 日	晋颁三等嘉禾章。
10 月 23 日	晋颁二等文虎章。

1919 年 11 月 25 日	晋授海军少将。
1921 年 4 月 23 日	获颁三等宝光嘉禾章。
6 月 8 日	获颁勋二等瑞宝章（日）。
1922 年 9 月	出任东三省保安总司令部（总司令张作霖）航警处（处长沈鸿烈）少将课长。
1923 年 7 月	调任东北海防舰队（司令沈鸿烈）海事编译局少将局长。
1927 年 8 月 6 日	调任军事部（部长何丰林）海军署（署长温树德）少将参事兼陆军大学（教育长李端浩）海军军事学教官。
8 月 11 日	获颁勋三等旭日章（日）。
1928 年 11 月	调任东北海军（兼总司令张学良）海事编译局少将局长。
1929 年 3 月 7 日	兼任东北讲武堂附设高等军学研究班（教育长李端浩）海军军事学教官。
3 月 27 日	兼任编遣委员会海军编遣区办事处（兼主委杨树庄）总务局局长。
6 月 22 日	免去教官兼职。
1933 年 6 月	所部改称海军第 3 舰队（司令谢刚哲）编译局，仍任少将局长。
1937 年 12 月	离职后返乡闲居。
1950 年 3 月	移居台北。
1955 年 10 月	在台湾台北病逝。

刘田莆（1888—1957）

生于 1888 年 2 月 27 日（清光绪十四年正月十六日）。湖北沔阳人，原名刘田甫，字仲超。日本东京商船学校航海科（留日第一届驾驶班）、日本横须贺海军炮术学校航海科（留日第二期）、日本海军大学（留日第一期）毕业。官号：470018。

1906 年 4 月	奉派日本留学。
5 月	入东京商船学校航海科（留日第一届驾驶班）学习。
1910 年 4 月	升入横须贺海军炮术学校航海科（留日第二期）深造。

1911 年 4 月起	先后在日本海军"严岛"、"津轻"舰见习。
11 月	学成归国。
1912 年 4 月	出任海军部(总长刘冠雄)军务司(司长刘华式)测绘科(科长曾宗巩)少校科员。
1913 年 1 月 31 日	授海军少校。
8 月 11 日	晋授海军中校。
1916 年 3 月 11 日	升任军务司(司长刘传绥)测绘科中校科长。
1918 年 9 月	派赴日本海军大学(留日第一期)深造。
1919 年 5 月 15 日	晋授海军上校。
1920 年 6 月	回国。
7 月	复任海军部(总长萨镇冰)军务司(司长陈恩焘)测绘科上校科长。
1922 年 10 月 1 日	调任海军总司令公署(总司令杜锡珪)参谋处(处长郑宝菁)上校参谋。
1925 年 9 月 3 日	辞职后投奔奉系,出任葫芦岛航警学校上校校长。
1927 年 7 月	调任安国军联合舰队(总司令张宗昌兼)上校军衡长。
8 月 5 日	调任"海琛"巡洋舰上校舰长。
1928 年 1 月 17 日	获颁四等文虎章。
1929 年 1 月	率部参加国民革命军,仍任原职。
1930 年 7 月 11 日	获颁勋三等旭日章(日)。
1932 年 4 月	因"崂山事件"被驱逐离部。
9 月 26 日	出任参谋本部(兼总长蒋中正)上校参谋。
1934 年 6 月 20 日	调任驻日公使馆海军上校武官。
1936 年 11 月 12 日	获颁五等云麾勋章。
1938 年 3 月 28 日	调升军令部(部长徐永昌)少将高级参谋。
1940 年 3 月	调任驻美海军代表处少将海军正武官。
1943 年 8 月	兼任赴美海军参战受训总队领队官。
1944 年 8 月 12 日	兼任"英美中三国战后和平机构会议"专门委员。
12 月 10 日	获颁军官级军团荣誉勋章(美)。
1945 年 10 月 10 日	获颁忠勤勋章。

1946 年 2 月 22 日	调任军政部（部长陈诚）海军署（兼署长陈诚）少将高级参谋。
5 月 5 日	获颁胜利勋章。
6 月	改任海军总司令部（总司令陈诚兼）少将高级参谋。
7 月 11 日	获颁金质棕榈叶勋饰自由勋章（美）。
11 月 16 日	叙任海军上校。
1947 年 3 月 14 日	晋颁四等云麾勋章。
7 月 31 日	退为备役。
1957 年 8 月	在香港病逝。

刘永诰（1884—? ）

生于 1884 年（清光绪十年）。山东福山（现属烟台）人。烟台海军学校第一届驾驶班、日本东京商船学校航海科（留日第一届驾驶班）、英国格林威治皇家海军学院毕业。

1902 年 12 月	考入烟台海军学校第一届驾驶班学习。
1905 年 11 月	海校毕业后派赴日本留学。
1906 年 5 月	入东京商船学校航海科（留日第一届驾驶班）学习。
1907 年 7 月	调英国远东舰队见习。
12 月	调派英国格林威治皇家海军学院深造。
1910 年 11 月	回国后派任巡洋舰队（统领程璧光）副官。
1911 年 6 月	调任"海圻"巡洋舰（管带谭学衡）候补副，随部参加英皇乔治五世加冕礼，随后访问美国。
1912 年 5 月	随部回国后改任"海圻"巡洋舰（舰长汤廷光）少校额外副。
12 月	升任中校训练官。
1913 年 1 月 30 日	授海军中校。
5 月 9 日	获颁六等文虎章。
1914 年 10 月 16 日	晋颁五等文虎章。
1916 年 12 月 31 日	获颁五等嘉禾章。

1917 年 11 月 12 日	调升"永健"炮舰中校舰长。
1918 年 3 月 28 日	调任"联鲸"炮舰中校舰长。
10 月 19 日	晋颁四等文虎章。
1920 年 7 月 28 日	调任"定安"运舰中校舰长。
1921 年 10 月 22 日	晋颁四等嘉禾章。
1923 年 4 月 28 日	晋授海军上校。
5 月 25 日	晋颁三等文虎章。
1925 年 7 月 22 日	调任"通济"练舰上校舰长。
1926 年 7 月 13 日	被免职。
1929 年 6 月 20 日	出任国民政府海军部(部长杨树庄)海政司(司长许继祥)测绘科上校科长。
1932 年 8 月	调升黄埔海军学校少将校长。
1934 年 6 月 12 日	辞职赋闲。
1936 年 1 月	出任吴淞商船专科学校校长。
1938 年 1 月	出任海军总司令部(总司令陈绍宽)少将候补员。
1945 年 9 月 16 日	调任海军华南区接收专员、海军广州要港司令。
1947 年 2 月 10 日	辞职后返乡闲居。
5 月 12 日	获颁帝国指挥官级勋章(英)。
	后事不详。

吕德元（1886—? ）

生于 1886 年 9 月 22 日（清光绪十二年八月二十五日）。安徽休宁人，字芸僧。南京江南水师学堂第五届驾驶班、东京商船学校航海科（留日第一届驾驶班）、英国格林威治皇家海军学院毕业。官号：470022。

1899 年 5 月	考入南京江南水师学堂第五届驾驶班学习。
1906 年 4 月	水师学堂毕业后奉派日本留学。
5 月	入东京商船学校航海科（留日第一届驾驶班）学习。
1907 年 7 月	调英国远东舰队见习。

12 月	入英国格林威治皇家海军学院深造。
1910 年 11 月	回国后在海军服务。
1911 年 12 月 25 日	出任南京临时政府海军总司令部（总司令程璧光）经理局局长。
1912 年 5 月 1 日	调任北京政府接受南京临时政府海军部上校专员。
6 月 1 日	调任海军部（部长刘冠雄）驻上海海军总司令部上校参谋。
9 月 6 日	调任海军部军需司上校司长。
11 月 14 日	调任海军部上校视察。
1913 年 8 月 11 日	授海军上校。
9 月 16 日	获颁四等文虎章。
10 月	调任"楚泰"炮舰上校舰长。
1914 年 5 月 26 日	兼任海军总司令处（总司令萨镇冰）二等参谋。
10 月 3 日	调任海军部总务厅（厅长李和）副官处上校副官。
1915 年 6 月 24 日	调任烟台海军练营上校营长。
1916 年 12 月 31 日	获颁五等嘉禾章。
1918 年 1 月 7 日	晋颁四等嘉禾章。
2 月 12 日	调任海军部（总长刘冠雄）上校视察。
8 月 29 日	调任驻美国公使馆海军上校正武官。
1920 年 1 月 8 日	晋颁三等文虎章。
1921 年 3 月	调任海军部（部长萨镇冰）参事上行走。
4 月 8 日	调任总务厅（厅长徐振鹏）上校秘书。
1925 年 7 月 15 日	晋授海军少将。
1927 年 3 月 14 日	出任国民革命军海军总司令部（总司令杨树庄）编译委员会（主委夏孙鹏）少将副主任委员。
1928 年 8 月 27 日	所部改编为编译处，升任少将处长。
12 月 26 日	调升海军署（署长陈绍宽）教育司少将司长兼编译处处长。
1929 年 4 月 20 日	专任海军部（部长杨树庄）编译处少将处长。
1930 年 1 月	兼任参事处处长。
1932 年 10 月 7 日	调任海军部（部长陈绍宽）军学司少将司长兼编译处处长。
1935 年 2 月	免去兼职。

10 月 3 日	兼任陆海空军军事幼年学校筹备委员会（兼主委张华辅）委员。
1937 年 1 月 1 日	获颁四等云麾勋章。
1938 年 1 月	调任海军总司令部（总司令陈绍宽）少将候补员。
1946 年 2 月 21 日	调任军政部（部长陈诚）海军处（兼处长陈诚）少将参事。
3 月 12 日	所部改编为军政部海军署（兼署长陈诚）编纂处少将处长。
6 月 11 日	所部改称海军总司令部（兼总司令陈诚）编纂处，仍任少将处长。
10 月 10 日	获颁胜利勋章。
1947 年 4 月 26 日	调任海军总司令部（总司令桂永清）少将高级参谋。
1948 年 9 月 22 日	叙任海军少将。
	后事不详。

罗序和（1878—1953）

生于 1878 年（清光绪四年）。福建闽侯人（出生地现属福州），原名罗忠猷，字仪程。天津北洋水师学堂第六届驾驶班毕业。

1894 年 12 月	考入天津北洋水师学堂第六届驾驶班学习。
1898 年 11 月	水师学堂毕业后奉派英国留学海军工程学。
1911 年 4 月	派任军咨府（军咨大臣载涛）第 4 厅（测绘厅）科员。
1912 年 1 月	改任参谋本部（总长黎元洪）陆军测量总局少校科员。
5 月	陆军测量总局改组为参谋本部第 6 局（局长杨丙），仍任少校科员。
11 月	调任第 7 局（局长谢刚哲）少校科员。
1913 年 7 月 16 日	授海军少校。
1915 年 10 月	调升参谋本部（总长冯国璋）第 6 局（局长谢刚哲）中校科员。
1918 年 10 月 7 日	调任海军总司令公署（总司令蓝建枢）军需课中校课长。

10 月 19 日	获颁五等文虎章。
1919 年 5 月 15 日	晋授海军中校。
1920 年 1 月 8 日	晋颁四等文虎章。
1921 年 10 月 23 日	调任海军部（总长李鼎新）军需司（司长王会同）经理科中校科长。
1922 年 9 月 23 日	回任海军总司令公署（总司令杜锡珪）军需课中校课长。
1923 年 5 月 25 日	晋颁三等文虎章。
1924 年 4 月 2 日	晋授海军上校。
1927 年 3 月 12 日	随部参加国民革命军，改任海军总司令部（总司令杨树庄）军需处上校处长。
1929 年 11 月 6 日	调任军编遣办事处（兼主委杨树庄）经理处（处长周兆瑞）会计课上校课长。
1930 年 2 月 24 日	调升海军部（部长杨树庄）经理处（辖四科）少将处长。
1935 年 12 月 23 日	经理处改组为军需司（辖四科），改任少将司长。
1936 年 11 月 12 日	获颁四等云麾勋章。
1938 年 1 月 1 日	军需司改组为海军总司令部（总司令陈绍宽）军需处，改任少将处长。
1943 年 1 月	调任海军总司令部少将顾问。
1947 年 11 月 22 日	叙任海军少将，并予除役。
1953 年 3 月	在福建福州病逝。

马德骥（1889—1965）

生于 1889 年 9 月 8 日（清光绪十五年八月十四日）。江西南丰人，字伯良。南京江南水师学堂第五届轮机班毕业。

1902 年 12 月	考入南京江南水师学堂第五届轮机班学习。
1909 年 11 月	水师学堂毕业后派往英国学习造船。
1915 年 4 月	调派美国学习飞机潜艇制造。

1917 年 10 月	回国后在海军服务。
1918 年 7 月 22 日	授海军造舰少监。
10 月 19 日	获颁五等文虎章。
1920 年 1 月 8 日	晋颁四等文虎章。
12 月	调任福建船政局（局长陈兆锵）工务长兼代福州海军艺术学校校长。
1921 年 8 月 10 日	晋授海军造舰中监。
12 月	免去兼代校长职。
1925 年 1 月 30 日	晋授海军造舰大监。
9 月 12 日	升任福州船政局局长。
1927 年 3 月	兼任海军莲柄港灌田局局长。
9 月 26 日	出任海军马尾造船所所长兼海军江南造船所所长。
1928 年 3 月	免去兼职。
1929 年 4 月	调任海军新舰监造办公处（处长佘振兴）主设计师。
1930 年 4 月 21 日	调任海军江南造船所所长。
1937 年 11 月	转移至上海租界，所部改组为江南造船所办事处，任处长。
1940 年	转移至重庆。
1943 年 8 月	出任中国造船工程学会理事长。
1944 年 11 月	出任中国海军人员赴美造船服务团团长。
1946 年 7 月 11 日	获颁银质棕榈叶勋饰自由勋章（美）。
1947 年 5 月 19 日	调任江南造船所少将所长。
8 月	兼任上海海军机械学校教育长。
1948 年 1 月 1 日	获颁忠勤勋章。
3 月 26 日	调任海军总司令部(总司令桂永清)配件管制处少将处长。
9 月 22 日	叙任海军少将。
1949 年 2 月	调升国防部（部长徐永昌）中将部员。
1952 年 10 月 22 日	退为备役。
1965 年	在台湾台北病逝。

马纪壮（1912—1998）

生于 1912 年 10 月 14 日。河南南宫人，字伯谋。青岛海军学校第三届航海班毕业。

1931 年 7 月	考入东北商船学校学习。
1932 年 2 月	转入青岛海军学校第三届航海班继续学业。
1934 年 8 月	海校毕业后派任"海圻"巡洋舰（舰长唐静海）少尉航海员。
1935 年 6 月	调任"镇海"运输舰（舰长汪于洋）少尉枪炮员。
1937 年 2 月	调升"楚豫"炮舰（舰长晏治平）中尉枪炮副。
7 月 18 日	调任舰炮总队（总队长张楚才）第 2 大队第 3 中队中尉中队长。
1938 年 2 月	调升江防要塞第 2 守备总队（总队长鲍一民）第 4 中队上尉中队长。
7 月	调任第 1 守备总队（总队长唐静海）上尉参谋。
1939 年 7 月	升任少校参谋。
1942 年 6 月	调任军事委员会委员长侍从室少校侍从官。
1945 年 3 月	调任驻美海军训练处（兼处长宋锷）第 1 组（兼组长梁序昭）少校副组长。
5 月 12 日	调任"太平"驱逐舰（舰长梁序昭）少校副舰长。
1946 年 7 月 1 日	调升"永顺"扫雷舰中校副舰长、代理舰长。
11 月 30 日	调任"太康"驱逐舰中校舰长。
1947 年 10 月 26 日	调任海防第 1 舰队（司令李国堂）中校参谋长兼"太康"驱逐舰舰长。
12 月 12 日	获颁六等云麾勋章。
1948 年 3 月 26 日	晋颁五等云麾勋章。
11 月 1 日	升任海防第 1 舰队上校司令。
12 月 1 日	升任代将司令。

1949年4月8日	升任少将司令。
6月14日	调任海军总司令部（总司令桂永清）少将副参谋长。
7月11日	获颁四等宝鼎勋章。
8月12日	晋颁四等云麾勋章。
1950年4月13日	升任"海军总司令部"少将参谋长、代理副总司令。
1952年3月21日	晋颁三等云麾勋章。
4月5日	升任"海军总司令部"中将总司令。
5月9日	晋任海军中将。
10月	当选国民党中央候补委员。
1954年7月1日	调任"参谋本部"（总长彭孟缉）中将次长。
7月12日	获颁指挥官级军团荣誉勋章（美）。
1955年8月21日	调任"国防部"（部长俞大维）中将副部长。
10月14日	获颁忠勤勋章。
1957年10月	当选国民党中央委员。
1958年12月31日	晋任海军二级上将。
1959年2月23日	调任"联合勤务总司令部"上将总司令。
7月8日	调任"参谋本部"（总长彭孟缉）上将副参谋总长兼执行官。
1960年10月31日	获颁二等景星勋章。
1965年1月26日	调任"国防部"（部长蒋经国）上将副部长。
1972年5月30日	调任"驻泰国大使馆"大使。
1975年7月	返回台湾述职。
10月	出任台湾中国钢铁公司董事长。
1978年5月29日	出任"行政院"（院长孙运璿）秘书长。
12月20日	调任"总统府"秘书长。
1981年4月	当选国民党中央评议委员。
1984年5月28日	调任"行政院"首席政务委员。
1986年1月1日	调任台湾亚东关系协会驻日本代表。
1990年1月1日	调任"总统府"资政。
1998年4月23日	在台湾台北病逝。

毛仲芳（1882—1936）

生于 1882 年（清光绪八年）。福建闽侯（出生地现属闽清）人，字汉新。黄埔水师学堂第八届驾驶班、英国格林威治王家海军学院毕业。

1898 年 12 月	考入黄埔水师学堂第八届驾驶班学习。
1903 年 11 月	水师学堂毕业后在海军服务。
1906 年 1 月	奉派英国留学，入格林威治王家海军学院学习。
1909 年	回国后派任"海圻"巡洋舰（管带沈寿堃）教练官，后参加同盟会。
1911 年 11 月 5 日	出任沪军都督府（都督陈其美）海军部部长兼沪江舰队司令。
11 月 13 日	所部缩编为海军课，改任课长。
1912 年 1 月 5 日	调升南京临时政府海军总司令部（总司令黄钟瑛）参谋次长。
4 月 1 日	出任北京政府海军总司令部处（总司令黄钟瑛）上校一等参谋。
7 月 13 日	调任"应瑞"巡洋舰上校舰长。
12 月 30 日	授海军上校。
1913 年 3 月 23 日	回任海军总司令处（总司令李鼎新）上校一等参谋。
7 月 12 日	获颁四等文虎章。
1914 年 6 月 4 日	晋授海军少将，晋颁三等文虎章。
7 月 30 日	调任总务厅（厅长李和）少将视察。
1916 年 6 月 1 日	因响应孙中山护法被免职。
1917 年 8 月	派任南京海军雷电学校（校长刘秉镛）教习。
9 月 1 日	出任广州军政府海军部（总长程璧光）少将参谋长。
9 月 14 日	兼任元帅府参议。
1918 年 5 月 20 日	兼任"永丰"炮舰舰长。
7 月 22 日	调升军政府参谋部（部长李烈钧）第 3 局（海军局）中

将局长。

1919 年 7 月 7 日	晋颁二等文虎章。
1920 年 8 月 16 日	获颁二等嘉禾章。
12 月 9 日	调任海军总司令部（总司令汤廷光）中将参谋长。
1922 年 4 月 27 日	海军改组时被逮捕。获释后在香港、福州闲居。
1926 年 1 月 21 日	出任淞厦海岸巡防分处中将处长。
1929 年 8 月 2 日	出任国民政府海军部（部长杨树庄）少将候补员。
1932 年 9 月 26 日	调任国民政府参军处（参军长吕超）中将参军。
1935 年 7 月 23 日	调任参军处典礼局代理中将局长。
1936 年 6 月 6 日	在南京（现属江苏）病逝。

孟铁樵（1899—1960）

生于 1899 年（清光绪二十五年）。黑龙江龙江人，原名孟宪愚，以字行。南京海军鱼雷枪炮学校第一届、烟台海军学校第十五届驾驶班毕业。

1917 年 12 月	考入南京海军鱼雷枪炮学校第一届学习。
1918 年 5 月	鱼雷枪炮学校毕业。
9 月	考入烟台海军学校第十五届驾驶班学习。
1924 年 8 月	海校毕业后在海军服务。
1927 年 8 月 26 日	升任"威海"水上母舰（舰长王兆麟）上尉枪炮正。
1928 年 10 月 29 日	调任"永翔"炮舰（舰长戴奕秋）上尉副舰长。
1930 年 4 月 3 日	调任"江安"炮舰（舰长范熙申）上尉副舰长。
1932 年 4 月 29 日	调升"同安"驱逐舰少校舰长。
1933 年 7 月 15 日	调任"江利"炮舰少校舰长。
1937 年 12 月	调任海军第 3 舰队（司令谢刚哲）少校参谋。
1938 年 2 月	所部改编为江防要塞守备司令部，仍任少校参谋。
10 月	调任海军总司令部（总司令陈绍宽）少校候补员。
1940 年 7 月 27 日	出任中央海军学校（兼校长姜西园）上校教育长（汪伪）。

1941 年 10 月 17 日	调升海军部（兼部长任援道）少将参事。
1943 年 10 月 14 日	调任海军威海卫要港司令部（司令鲍一民）少将参谋长兼海军练兵营营长。
1944 年 4 月 29 日	获颁勋三等旭日章（日）。
10 月 1 日	获颁勋三位景勋章（伪满）。
1945 年 8 月	随部接受重庆国民政府改编为青岛海军司令部（司令鲍一民），仍任少将参谋长。
9 月	被逮捕，因"汉奸罪"被判处十五年有期徒刑。
1948 年 9 月	因病保释后移居香港。
1960 年 3 月	在香港病逝。

孟琇椿（1888—? ）

生于 1888 年（清光绪十四年）。福建闽侯人，字幼益。烟台海军学校第三届驾驶班毕业。

1903 年 3 月	考入南洋海军雷电学堂学习。
1906 年 12 月	转入烟台海军学校第三届驾驶班学习。
1909 年 11 月	海校毕业后派任"南琛"练舰（管带施宝廉）驾驶三副。
1910 年 12 月 24 日	调升长江舰队（统领沈寿堃）副官。
1912 年 1 月	改任"海琛"巡洋舰（舰长林永谟）中尉军需副。
12 月	升任上尉航海长。
1913 年 2 月 27 日	授海军上尉。
1914 年 5 月 25 日	晋授海军少校。
9 月 28 日	获颁七等嘉禾章。
10 月	调任海军总司令处（总司令李鼎新）少校副官。
1918 年 6 月	调任海军部驻海参崴海军代将处（代将林建章）少校副官长。
1919 年 1 月 4 日	获颁五等文虎章。
1920 年 10 月	调任海军总司令公署（总司令蓝建枢）少校副官。
1923 年 2 月 7 日	晋颁四等嘉禾章。
8 月 1 日	调升"楚观"炮舰（舰长陈永钦）少校副舰长。

1925 年 8 月 23 日	晋授海军中校。
1927 年 7 月 7 日	调升"楚谦"炮舰中校代理舰长。
1930 年 5 月 13 日	实任"楚谦"炮舰中校舰长。
1931 年 4 月 23 日	调任"大同"炮舰中校舰长。
1935 年 12 月 19 日	调任"通济"练舰中校舰长。
1936 年 11 月 2 日	因"行为不轨"被免职赋闲。
1940 年 7 月 27 日	出任海军部（兼部长任援道）军务司少将司长。
1942 年 5 月 8 日	被重庆国民政府明令通缉。
9 月 18 日	调任海军部总务司少将司长。
1943 年 3 月 29 日	获颁三级同光勋章。
5 月 15 日	调任海军汉口基地司令部少将司令。
10 月 10 日	叙任海军少将。
1945 年 9 月	离职。
	后事不详。

欧阳格（1895—1940）

生于 1895 年（清光绪二十一年）。江西宜黄人，字九渊。烟台海军学校第十届驾驶班毕业。

1913 年 1 月	考入烟台海军学校第十届驾驶班学习。
1916 年 12 月	海校毕业后历任"豫章"炮舰（舰长吴志馨）少尉航海副、中尉枪炮副。
1917 年 7 月	随部参加护法运动。
1918 年 5 月 5 日	越升"豫章"炮舰少校署理舰长。
1922 年 4 月 30 日	调升"飞鹰"炮舰中校舰长。
8 月 10 日	调任"豫章"炮舰中校舰长。
1923 年 5 月 31 日	调升广州军政府大本营上校参军。
1924 年 5 月 25 日	调任"宝璧"炮舰上校舰长。

12月23日	调升黄埔海军学校（兼校长蒋中正）少将副校长。
1926年3月20日	兼代"中山"炮舰舰长。
3月22日	兼任暂编舰队指挥。
4月14日	因处理"中山舰事件"不当被撤职查办,旋获释,寓居上海。
1930年11月	官派英国考察海军。
1931年10月	回国。
1932年2月	出任浙江省水上警察局水警大队大队长。
1932年9月26日	出任参谋本部（兼总长蒋中正）少将高级参谋。
11月27日	兼任电雷教练所筹备主任。
1933年4月28日	调任电雷学校中将校长。
1934年1月24日	兼任电雷学校练习队队长。
1936年3月	改任电雷学校(兼校长蒋中正)中将教育长兼练习队队长。
1937年1月1日	获颁四等云麾勋章。
8月14日	兼任江阴区江防司令部（司令刘兴）副司令。
1938年6月27日	因"贻误军情、作战不利"被撤职逮捕。
1940年8月20日	在四川重庆（现为直辖市）因"违抗命令、弃械潜逃、私吞钱款"罪被执行枪决。

欧阳琳（1887—1944）

生于1887年（清光绪十三年）。江西宜黄人，字沧生。日本东京商船学校（留日第二届驾驶班）、日本横须贺海军炮术学校航海科（留日第三期）毕业。

1908年4月	奉派日本留学，入东京商船学校（留日第二届驾驶班）学习。
1910年11月	升入横须贺海军炮术学校航海科（留日第三期）深造。
1911年11月	回国后在江西从事革命活动。
1912年4月	官派英国留学，入格林威治王家海军学院深造。
1913年7月	因官费中止被迫退学。

1915 年 6 月	转赴法国学习航空。
12 月	回国出任护国军第 2 军（总司令李烈钧）飞行队少校队长。
1917 年 9 月	调任广州军政府大元帅府参谋部（总长李烈钧）中校高级副官。
1918 年 5 月	返回法国，入不律里奥航空学校学习。
1919 年 12 月 26 日	授陆军步兵中校。
1922 年 4 月 30 日	调任"宝璧"炮舰中校舰长。
5 月 5 日	调任"同安"炮舰中校舰长。
5 月 7 日	升兼广州军政府大本营幕僚处上校高级参谋。
8 月 10 日	调任"永丰"炮舰上校舰长。
1925 年 1 月 31 日	升兼海军警备司令部少将司令。
4 月 15 日	所部改称"中山"炮舰，仍任舰长兼海军警备司令、军事委员会海军局（局长斯米诺夫）参谋厅厅长。
1926 年 1 月	免去"中山"炮舰舰长。
3 月 22 日	兼代军事委员会海军局局长。
4 月 14 日	辞职去局长兼代职。
5 月 11 日	所部被裁撤后离职寓居上海。
1929 年 12 月 2 日	出任军事参议院（院长唐生智）中将参议。
1937 年 10 月	辞职后先后在吉泰、遂川闲居。
1944 年 9 月 7 日	在江西泰和病逝。

潘文治（1882—1949）

生于 1882 年 5 月 12 日（清光绪八年三月二十五日）。广东番禺（出生地现属广州）人，字华庭，号达易。黄埔水师学堂第八届驾驶班毕业。

1898 年 12 月	考入黄埔水师学堂第八届驾驶班学习。
1903 年 11 月	水师学堂毕业后派任"通济"练舰（管带蓝建枢）见习。
1905 年起	历任"海圻"巡洋舰（管带施作霖）煤饷大副、枪炮大副。

1911 年 6 月	升任"海圻"巡洋舰（管带汤廷光）协长，随部参加英皇乔治五世加冕礼，随后访问美国。
1912 年 5 月	随部回国后改任"海圻"巡洋舰（舰长汤廷光）上尉枪炮长。
1913 年 1 月 31 日	授海军少校。
4 月	升任"海圻"巡洋舰少校协长。
1914 年 5 月 25 日	获颁六等文虎章。
1917 年 7 月	随部参加护法运动。
1918 年 1 月 3 日	调升"豫章"炮舰中校舰长。
5 月 20 日	调任"永翔"炮舰中校舰长。
1919 年 5 月 26 日	晋授海军中校。
7 月 7 日	获颁四等文虎章。
1920 年 1 月 5 日	晋授海军上校。
1922 年 8 月 9 日	调任"楚豫"炮舰上校舰长。
1923 年 5 月 31 日	调任"福安"运舰上校舰长。
1924 年 3 月 26 日	奉派整理"飞鹰"、"福安"、"舞凤"三舰事宜。
5 月 31 日	升任海军练习舰队少将司令。
12 月 17 日	调任广州军政府大本营少将谘议。
12 月 24 日	因病辞职。
1926 年 4 月 14 日	出任军事委员会海军局少将代理局长。
7 月 26 日	被免职。
9 月	出任国民革命军总司令部海军处少将处长。
1927 年 4 月	所部改称军事委员会海军处，仍任少将处长。
11 月	所部被第 4 军改组后离职赋闲。
1928 年 1 月	出任虎门要塞司令部少将司令。
1929 年 2 月	辞职后定居宁波，后前往番禺兴办教育。
1938 年 11 月	避居香港。
1946 年 1 月	重返番禺兴办教育。
1949 年 11 月 24 日	在广东广州病逝。

秦惜华（1900—1958）

生于 1900 年 12 月 25 日（清光绪二十六年冬月初四日）。江苏无锡人。中央政治学校人事行政班第一期毕业。官号：2737。

1926 年起	历任第 11 军排长、第 19 路军连长、营长。
1934 年 10 月 27 日	调任第 78 师（兼师长桂永清）参谋处少校参谋。
1935 年 5 月 21 日	调升中央军校教导总队（总队长桂永清）中校副官。
7 月 6 日	叙任陆军步兵少校。
1938 年 3 月	所部改编为第 46 师（师长桂永清）参谋处，改任参谋处人事科中校科长。
5 月	调任军事委员会战时干部训练团（教育长桂永清）人事科上校科长。后历任上校教官、上校副组长。
1942 年 8 月 3 日	晋任陆军步兵中校。
1945 年 3 月 9 日	晋任陆军步兵上校。
10 月 10 日	获颁忠勤勋章。
11 月 21 日	调升军事委员会铨叙厅（厅长林蔚）总务处少将处长。
1946 年 5 月 5 日	获颁胜利勋章。
6 月	调任海军总司令部（兼总司令陈诚）第 1 署（人事署，署长黄绪虞）少将副署长。
1947 年 5 月 7 日	升任第 1 署（辖四科）少将署长。
1948 年 1 月 1 日	获颁四等云麾勋章。
9 月 22 日	晋任陆军少将。
1949 年 5 月 9 日	调任海军总司令部（总司令桂永清）少将附员。
6 月	调任海军第 3 军区（司令高如峰）少将高级参谋。
8 月	离职后避居重庆。
1958 年	在四川重庆（现为直辖市）病逝。

饶秉钧（1872—? ）

生于 1872 年（清同治十一年）。福建闽侯（出生地现属福州）人。南京江南水师学堂第二届管轮班毕业。

1892 年	考入南京江南水师学堂第二届管轮班学习。
1899 年	水师学堂毕业后在海军服务。
1909 年	升任"海容"巡洋舰（管带李鼎新）大管轮。
1912 年 1 月	改任"海容"巡洋舰（舰长杜锡珪）大管轮。
1913 年 1 月 31 日	授海军轮机少校。
7 月 13 日	调升"应瑞"巡洋舰（舰长杨敬修）少校署理轮机长。
1914 年 5 月 25 日	晋授海军轮机中校。
9 月 28 日	获颁七等嘉禾章。
1915 年 7 月 13 日	实任"应瑞"巡洋舰中校轮机长。
1918 年 10 月 19 日	获颁五等文虎章。
1920 年 1 月 8 日	晋颁四等文虎章。
1921 年 9 月 19 日	晋颁三等文虎章。
11 月 7 日	晋授海军轮机上校。
1925 年 7 月 15 日	晋授海军轮机少将。
1926 年 1 月 11 日	调升海军练习舰队（司令李景曦）少将轮机长。
1927 年 3 月 14 日	随部响应北伐，仍任海军练习舰队（司令李景曦）少将轮机长。
1937 年 4 月 1 日	因病辞职。
8 月 28 日	在南京（现属江苏）病逝。

饶鸣銮（1888—1961）

生于 1888 年 4 月 18 日（清光绪十四年三月八日）。福建闽侯（出生地现属福州）人，字子和。烟台海军学校第一届驾驶班、日本东京商船学校航海科（留日第一届驾驶班）毕业。

1902 年 12 月	考入烟台海军学校第一届驾驶班学习。
1905 年 11 月	海校毕业后派赴日本留学。
1906 年 5 月	入东京商船学校航海科（留日第一届驾驶班）学习。

1908 年 4 月	回国后派任烟台水师学堂（督办谢葆璋）协教官。
1909 年	调升"海圻"巡洋舰（管带沈寿堃）鱼雷大副。
1911 年 6 月	随部参加英皇乔治五世加冕礼，随后访问美国。
1912 年 5 月	随部回国后升任"海圻"巡洋舰（舰长汤廷光）上尉鱼雷长。
9 月	调任上尉枪炮长。
1913 年 2 月 27 日	授海军上尉。
5 月 9 日	获颁五等文虎章。
10 月	升任"海圻"巡洋舰上尉航海长。
1914 年 5 月 25 日	晋授海军少校，晋颁四等文虎章。
11 月 7 日	调任海军第 1 舰队（司令林葆怿）少校参谋长。
1916 年 1 月 1 日	晋颁三等文虎章。
1917 年 7 月	随部参加护法运动。
9 月 24 日	调任广州军政府大元帅府中校海军参军。
1918 年 5 月 18 日	调任"同安"炮舰中校舰长
5 月 20 日	升兼海军总司令部（总司令汤廷光）中校参谋长、海军陆战队统领。
1919 年 2 月	参加南北议和，为南方海军代表。
5 月 26 日	晋授海军中校。
7 月 7 日	获颁三等文虎章。
1920 年 1 月 5 日	晋授海军上校。
11 月 8 日	因人事矛盾被免职赋闲。
1922 年 5 月 11 日	出任北京政府海军部（总长李鼎新）军务司（司长陈恩焘）上校候补员。
1925 年 10 月	调任淞厦海岸巡防分处上校筹备员。
11 月 8 日	北京政府重授海军中校。
1926 年 10 月	出任交通部福建省电政监督处监督兼福州电报局局长。
1927 年 8 月	离职赋闲。
1934 年 5 月	调任华安县县长。
1936 年 5 月	被免职赋闲。
1937 年 8 月	出任福建省船舶总队总队长。

1940 年 5 月 30 日	出任汪伪海军部（兼部长任援道）作战处少将处长（汪伪）。
1943 年 1 月 7 日	调升军事参议院（院长萧叔宣）中将参议。
4 月 29 日	获颁勋二等瑞宝章（日）。
1944 年 3 月 30 日	叙任为海军少将。
10 月 1 日	获颁勋三位柱国章（伪满）。
1945 年 9 月	离职后返乡避居。
1961 年	在福建福州病逝。

任光宇（1888—1941）

生于 1888 年（清光绪十四年）。福建闽侯（出生地现属福州）人，字宙丞。烟台海军学校第一届驾驶班、日本东京商船学校航海科（留日第一届驾驶班）、英国格林威治王家海军学院毕业。

1902 年 12 月	考入烟台海军学校第一届驾驶班学习。
1905 年 11 月	海校毕业后派赴日本留学。
1906 年 5 月	入东京商船学校航海科（留日第一届驾驶班）学习。
1907 年 7 月	调英国远东舰队见习。
12 月	入英国格林威治王家海军学院深造。
1910 年 11 月	回国后派任长江舰队副官，后秘密参加革命运动。
1912 年 4 月 1 日	出任海军总司令处（总司令黄钟瑛）中校一等参谋官。
9 月 8 日	调任海军部（总长刘冠雄）总务厅（厅长汤铭芗）副官处中校副官。
12 月 1 日	获颁优异服务十字勋章（英）。
1913 年 1 月 17 日	授海军中校。
4 月 7 日	调升海军第 1 舰队司令处（司令蓝建枢）上校参谋长。
8 月 20 日	晋授海军上校。
1914 年 5 月 25 日	获颁三等文虎章。
10 月 25 日	调任"建康"驱逐舰上校舰长。
1916 年 1 月 1 日	获颁四等嘉禾章。

1917 年 10 月 9 日	晋颁三等嘉禾章。
11 月 12 日	调任"永绩"炮舰上校舰长。
1919 年 10 月 14 日	晋颁二等文虎章。
1921 年 10 月 28 日	离职。
1922 年 10 月	出任福建省水上警察厅厅长。
1924 年 8 月	辞职赋闲。
12 月	出任海军总司令公署（总司令杨树庄）参谋处（处长郑宝菁）上校参谋。
1926 年 7 月 13 日	调任"通济"练习舰上校舰长。
1927 年 3 月 12 日	率参加国民革命军，仍任原职。
4 月 12 日	调任海军总司令部（总司令杨树庄）上校参谋。
1928 年 4 月	当选海军国民党特别党部（主委杨树庄）委员。
8 月 27 日	升任海军总司令部少将参谋长。
1929 年 3 月 27 日	调任海军编遣办事处（兼主委杨树庄）军务局（辖五课）少将局长。
1930 年 12 月 23 日	调任海军部(部长杨树庄)参事处(处长吕德元)少将参事。
1936 年 11 月 12 日	获颁国民革命军誓师十周年纪勋章。
1938 年 1 月	调任海军总司令部（总司令陈绍宽）少将候补员（派军事委员会第 1 部办事）。
1939 年 3 月	调任桂林行营（兼主任白崇禧）少将高级参谋。
1940 年 10 月	兼任海军校阅第 3 组主任。
1941 年 9 月 13 日	在广西桂林病逝。

任援道（1890—1980）

生于 1890 年(清光绪十六年)。江苏宜兴人,字良才,号豁庵。保定陆军速成学堂第二期步兵科肄业。

1908 年 8 月	考入保定陆军速成学堂第二期工兵科学习。

1909 年初	离校从事革命活动。
1911 年 10 月	参加辛亥革命，历任汉口学生军总指挥、汉阳军队后勤服务主任、第 2 混成旅指挥官。
1914 年起	历任天津造币厂总务科科长、江西银号督办。
1926 年起	历任国民革命军第 4 方面军（总指挥唐生智）交际处少将处长、济南兵工厂厂长、津浦路北段交通司令、京汉路警备司令。
1930 年 1 月	反蒋失败后离职。
1935 年 12 月	出任冀察政务委员会（委员长宋哲元）外交委员。
1938 年 4 月 3 日	出任临时政府绥靖部上将部长兼绥靖军官学校校长（冀东伪）。
1939 年 4 月 29 日	获颁勋二等瑞宝章（日）。
5 月	兼任绥靖军水巡学校校长。
10 月 14 日	获颁勋二等旭日章（日）。
1940 年 3 月 30 日	改任军事参议院上将副院长、代理院长兼苏浙皖三省绥靖军总司令（汪伪）。同日被重庆国民政府明令通缉。
4 月 2 日	兼任军事委员会委员。
5 月 7 日	晋颁勋一等瑞宝章（日）。
5 月 30 日	兼代海军部部长。
1941 年 1 月 22 日	苏浙皖三省绥靖军改编为第 1 方面军，仍兼任总司令。
7 月 17 日	获颁指挥官级王冠勋章（意）。
1942 年 6 月 5 日	获颁大军官级圣母慈悲骑士团勋章（意）。
8 月 22 日	辞去军事参议院兼职。
9 月 25 日	实兼海军部部长。
11 月 9 日	兼任广州要港司令部司令。
1943 年 3 月 29 日	调兼第 3 军军长。
4 月 29 日	晋颁勋一等旭日章（日）。
9 月 13 日	获颁勋一位景云章（伪满）。
10 月 10 日	叙任陆军上将。
1944 年 10 月 1 日	获颁勋一位柱国章（伪满）。

11 月 2 日	兼任江苏省省长、苏州绥靖公署主任。
11 月 20 日	兼任江苏省保安司令部司令。
1945 年 1 月 15 日	辞去海军部长兼职。
9 月 8 日	接受重庆国民政府改编,任南京先遣军上将司令。
11 月	所部改编为京沪卫戍总队,改任中将总队长。
1946 年 1 月	调任军事参议院(院长龙云)中将参议,旋离职避居香港。
1949 年	移居加拿大。
1980 年	在加拿大病逝。

萨福畴(1891—1943)

生于 1891 年(清光绪十七年)。福建闽侯(出生地现属福州)人,字鹤孙。烟台海军学校第二届驾驶班毕业。

1905 年 4 月	考入烟台海军学校第二届驾驶班学习。
1908 年 3 月	海校毕业后派任陆军部海军处(代正使谭学衡)第 2 司(船政司,司长程璧光)服务员。
1909 年 7 月	升任海军事务处(总核稽察奕劻)第 2 司(船政军政政)(司长程璧光)科员。
1910 年 12 月 5 日	改任海军部(大臣载洵)军学司(司长曹汝英)训练科(科长李鼎新)科员。
1912 年 3 月	出任北洋海军"永翔"炮舰(舰长薛启华)上尉副舰长。
1913 年 2 月 27 日	授海军上尉。
1914 年 5 月 25 日	晋授海军少校。
9 月 28 日	获颁七等嘉禾章。
1916 年 1 月 3 日	获颁五等文虎章。
2 月 2 日	晋颁五等嘉禾章。
1921 年 9 月 19 日	晋颁四等文虎章。
1922 年 6 月 27 日	调升"江犀"浅水炮少校舰舰长。
1923 年 3 月 13 日	调任"江贞"炮舰少校舰长。
4 月 10 日	晋给四等嘉禾章。
1925 年 8 月 23 日	晋授海军中校。

1926 年 7 月 10 日	调升"应瑞"巡洋舰中校舰长。
1927 年 2 月 10 日	晋授海军上校。
3 月 14 日	率参加国民革命军,仍任"应瑞"巡洋舰上校舰长。
1928 年 1 月 2 日	调任闽厦海军警备司令部(兼司令陈季良)上校参谋长。
1929 年 6 月	升任闽厦海军警备司令部少将司令。
1930 年 7 月	因"一六事件"被撤职后出任福建省政府(主席杨树庄)参议。
1933 年 1 月	出任江阴电雷学校(校长欧阳格)少将教育长。
1936 年 3 月	改任电雷学校(教育长欧阳格)教务组少将组长。
1938 年 6 月 28 日	电雷学校裁撤后在福州赋闲。
1941 年 4 月 22 日	出任福建省自治筹备委员会委员兼福州治安维持会(会长林赤民)委员、福州水上警察局局长(汪伪)。
10 月 21 日	调升海军部(代部长任援道)中将常务次长。
12 月 5 日	获颁勋二等旭日章(日)。
1942 年 4 月 29 日	获颁勋二等瑞宝章(日)。
10 月 1 日	调任海军广州要港中将司令。
1943 年 3 月 17 日	出巡时因座舰触水雷爆炸沉没,被游击水雷队俘虏。
9 月 13 日	获颁勋二位景云章(伪满)。
9 月 28 日	在重庆被执行枪决。
1944 年 2 月 28 日	追赠海军上将。

萨夷(1887—?)

生于 1887 年(清光绪十三年)。福建闽侯人。马尾船政后学堂第十七届驾驶班毕业。

1900 年 12 月	考入马尾船政后学堂第十七届驾驶班学习。
1905 年 11 月	船政后学堂毕业后在海军服务。
1907 年	升任"镜清"练舰(管带黄钟瑛)枪炮大副。
1908 年	调升"江贞"炮舰(管带甘联璈)驾驶大副。
1911 年 11 月 13 日	升任"江贞"炮舰(管带周兆瑞)帮带。
1912 年 1 月	改任"江贞"炮舰(舰长周兆瑞)上尉副舰长。
1913 年 10 月	调升"张"字鱼雷艇少校艇长。

1914 年 5 月 25 日	授海军少校。
10 月 16 日	获颁五等文虎章。
1916 年 10 月 9 日	晋颁四等文虎章。
1918 年 4 月 14 日	晋授海军中校。
4 月 27 日	调升"江犀"炮舰中校舰长。
1922 年 3 月 11 日	获颁四等嘉禾章。
9 月 27 日	调任"江利"炮舰中校舰长。
1924 年 4 月 16 日	调任
1925 年 7 月 20 日	调升"建威"炮舰上校舰长。
12 月 4 日	晋授海军上校。
1927 年 3 月 14 日	率部响应北伐,仍任"建威"炮舰上校舰长。
1928 年 2 月 24 日	调任海军总司令部(总司令杨树庄)上校参谋。
1929 年 4 月	调任海军部(部长杨树庄)军衡司(司长杨庆贞)典制科上校科长。
1933 年 3 月 1 日	调任海军厦门造船所上校所长。
1938 年 5 月	厦门沦陷后滞留厦门。
10 月	被免职。
1942 年 10 月 13 日	出任参赞武官公署(武官长郝鹏举)上校参赞武官(汪伪)。
1944 年 3 月 30 日	叙任海军上校。
7 月 15 日	调升军事委员会高级参谋室少将高级参谋。
1945 年 6 月 26 日	调任参赞武官公署(武官长郑大章)少将参赞武官。
9 月	离职。
	后事不详。

萨镇冰(1859—1952)

生于 1859 年 3 月 30 日(清咸丰九年二月二十六日)。福建闽侯(出生地现属福州)人,字鼎铭。蒙古族。马尾船政后学堂第二届驾驶班、英国格林威治皇家海军学院毕业。

1868 年 8 月	考入马尾船政后学堂第二届驾驶班学习。
1873 年 7 月	船政后学堂毕业后派任"扬武"兵船(管带吕翰)见习。
1874 年	调升"海东云"兵船(管带张成)二副。
1875 年	调任"扬武"兵船(管带吕翰)二副。
1877 年 3 月	奉派留学英国,入英国格林威治皇家海军学院学习。
1880 年 4 月	留学期满回国。
10 月	派任"澄庆"兵船(管带蒋超英)大副。
1882 年 4 月	调任天津北洋水师学堂(总办吴仲翔)管轮教习。
1886 年	调任"威远"练兵舰管带。
1887 年 3 月	调任"康济"练舰管带。
1889 年	以参将衔补用都司,升署精练左营游击。
1894 年 5 月	授游击。
1895 年 4 月 28 日	因参战失利被革职后返乡任教。
1896 年	出任吴淞炮台总台官。
1897 年	调任"通济"练舰管带。
1898 年	调升粤洋水师统带。
1899 年 4 月 17 日	调升北洋水师(统领叶祖珪)帮统。
1900 年 5 月	兼任"海圻"巡洋舰管带。
1903 年	兼任烟台水师学堂筹办。同年升任北洋水师统领。
1905 年 5 月 16 日	升任总理南北洋水师兼广东水师提督,授南澳镇总兵。
1909 年 2 月 19 日	兼任筹办海军事务处(总核稽察奕劻)妥慎筹画。
7 月 15 日	兼任筹办海军大臣。
8 月 14 日	改任海军提督兼巡洋长江舰队统制。
1910 年 9 月 14 日	获颁勋一等旭日章(日)。
12 月	授海军副都统加正都统衔。
1911 年 10 月	升任海军大臣。
11 月 12 日	离职赋闲。
1912 年 3 月	出任吴淞商船学校校长。
11 月 20 日	获颁司令官骑士级圣·斯蒂芬勋章(奥)。
12 月 8 日	授海军上将。

1913 年 8 月 14 日	出任淞沪水陆警察督办。
1914 年 5 月 9 日	出任陆海军大元帅统率办事处上将办事员。
7 月 16 日	获颁二等嘉禾章。
8 月	兼任上海兵工厂总办。
1915 年 4 月 9 日	调任总统府参政院参政。
10 月 6 日	获颁勋二等瑞宝章（日）。
1916 年 8 月 11 日	调任粤闽巡阅使。
10 月 9 日	给予二等宝光嘉禾章。
1917 年 3 月	出任海军总司令公署上将临时总司令。
7 月 15 日	调任海疆巡阅使。
12 月 21 日	因病辞职。
1918 年 9 月 17 日	出任福建全省清乡督办公署上将督办。
1919 年 1 月 1 日	获颁一等文虎章。
2 月 24 日	参加巴黎和会，任中国海军代表。
10 月 10 日	获颁二等大绶宝光嘉禾章。
12 月 3 日	调任海军部上将总长。
1920 年 1 月 1 日	获颁一等大绶嘉禾章。
5 月 14 日	兼代国务院总理。
8 月 11 日	专任海军部上将总长。
10 月 10 日	晋颁一等大绶宝光嘉禾章。
1921 年 5 月 14 日	被免职。
1922 年 5 月 25 日	授肃威上将军。
9 月 2 日	出任禁烟专员。
10 月 13 日	出任福建军务督办公署（督办李厚基）上将会办。
10 月 15 日	兼任福建省省长。
1925 年 2 月 1 日	兼任军事善后会议海军委员。
1926 年 12 月 2 日	兼任福建省保安总司令。
12 月 4 日	辞职赋闲。
1929 年 4 月 12 日	出任国民政府海军部（部长杨树庄）高级顾问。
1933 年 11 月	被福建中华共和国人民革命政府任命为延建省省长（未

到职）。

1934 年 1 月	离职后寓居福州。
1938 年 1 月 1 日	出任海军总司令部（总司令陈绍宽）高级顾问。
1946 年 11 月 22 日	叙任海军上将，并予除役后历任福建佛教医院董事长、福州红十字会会长。
1949 年 9 月	当选全国政协（兼主席毛泽东）委员。
10 月	当选共和国中央人民政府人民革命军事委员会（兼主席毛泽东）委员。
11 月	当选中央人民政府华侨事务委员会(兼主委何香凝)委员。
1950 年 3 月	出任福建省人民政府（主席张鼎丞）委员。
1952 年 4 月 10 日	在福建福州病逝。

佘振兴（1889—1963）

生于 1889 年 9 月 28 日（清光绪十五年九月初四日）。山东福山（现属烟台）人，字起同。烟台海军学校第一届驾驶班、日本东京商船学校航海科（留日第一届驾驶班）、英国格林威治王家海军学院毕业。

1902 年 12 月	考入烟台海军学校第一届驾驶班学习。
1905 年 11 月	海校毕业后派赴日本留学。
1906 年 5 月	入东京商船学校航海科（留日第一届驾驶班）学习。
1907 年 9 月	调英国远东舰队见习。
12 月	调派英国格林威治王家海军学院深造。
1910 年 11 月	回国后派任"海筹"巡洋舰（管带杨敬修）教练官。
12 月 24 日	调任长江舰队（统领沈寿堃）副官。
1911 年 4 月 22 日	调任海军部（大臣萨镇冰）参赞厅副官。
1912 年 1 月	出任"海筹"巡洋舰（舰长林颂庄）教练官。
9 月 8 日	调任海军部（部长刘冠雄）副官处中校副官。
1913 年 1 月 17 日	授海军中校。
7 月 23 日	调任"楚有"炮舰中校署理舰长。

9月28日	实任中校舰长。
1914年5月18日	奉调英国留学，旋因故回国。
5月25日	晋授海军上校，获颁四等文虎章。
10月25日	回任"楚有"炮舰上校舰长。
1916年7月24日	晋颁三等文虎章。
12月31日	获颁五等嘉禾章。
1917年10月9日	晋颁四等嘉禾章。
1919年7月2日	晋颁三等嘉禾章。
1920年11月27日	调任烟台海军学校上校校长。
1922年2月4日	晋颁二等文虎章。
9月27日	调任"建威"驱逐舰上校舰长。
1925年7月15日	晋授海军少将。
7月20日	调任"靖安"运舰少将舰长。
1927年3月14日	率部响应北伐，仍任"靖安"运舰少将舰长。
1928年7月17日	任南京政府海军总司令部参议。
12月26日	调任海军署（署长陈绍宽）少将参议。
1929年4月	调任海军新舰监造办公处少将处长。
11月6日	兼任海军编遣办事处（主委杨树庄）军务局（局长任光宇）编练课课长。
1930年7月	调任海军引水传习所少将代所长。
1931年4月22日	实任少将所长。
1935年3月28日	任海军部编译处处长。
1938年1月	调任海军总司令部（总司令陈绍宽）少将候补员。
1945年9月16日	兼任海军华北区接收专员、海军驻青岛办事处处长。
11月	辞去兼职。
1946年3月	调任军政部（部长陈诚）海军署（兼署长陈诚）少将附员。
6月	所部改编为海军总司令部（兼总司令陈诚），仍任少将附员。
1947年5月30日	调任海军总司令部（代总司令桂永清）第1署（人事署，署长秦惜华）少将副署长兼海军点验组组长。
1948年5月1日	调升海军总司令部（总司令桂永清）第5署（编组训练署，

	辖两处）少将代理署长。
9 月 22 日	叙任海军少将。
9 月 30 日	实任第 5 署少将署长。
12 月 16 日	兼任京沪杭警备总司令部（总司令汤恩伯）海军副参谋长。
1949 年 3 月 1 日	调任海军海军总司令部整建委员会人事组少将组长。
5 月	调任海军总司令部法规委员会（兼主委宋锷）少将副主任委员。
1952 年 10 月 22 日	退为备役后聘任高雄市港务局顾问兼海军官兵福利委员会顾问。
1963 年 9 月 1 日	在台湾台北病逝。

沈鸿烈（1882—1969）

生于 1882 年 12 月 7 日（清光绪八年十月二十七日）。湖北天门人，字成章。日本东京商船学校航海科（留日第一届驾驶班）、日本横须贺海军炮术学校航海科（留日第二期）毕业。

1906 年 4 月	奉派日本留学。
5 月	入东京商船学校航海科（留日第一届驾驶班）学习。
1910 年 4 月	升入横须贺海军炮术学校航海科（留日第二期）深造。
1911 年 4 月	起先后在日本海军"严岛"、"津轻"舰见习。
11 月	学成归国后出任湖北军政府（都督黎元洪）海军宣慰使。
1912 年 1 月	出任南京临时政府海军部（部长黄钟瑛）军机处（处长谢刚哲）参谋。
3 月	调任北京政府参谋部第 5 局（海军局，局长谢刚哲）第 1 科少校科长。
1913 年 7 月 16 日	授海军少校。
1914 年 5 月 15 日	获颁三等文虎章。
5 月 25 日	晋授海军中校。
1916 年 3 月	兼任欧洲观战团海军武官。

1918 年 9 月	调兼陆军大学（校长熊炳琦）海军军事学教官。
9 月 27 日	获颁四等圣乔治勋章（白俄）。
1919 年 7 月 25 日	调兼吉黑江防筹备处（处长王崇文）中校参谋。
1920 年 1 月 26 日	晋授海军上校。
5 月 4 日	获颁三等嘉禾章。
5 月 22 日	筹备处改编为吉黑江防司令公署（司令王崇文），升任上校参谋长。
1921 年 4 月 23 日	晋颁二等文虎章。
1922 年 6 月 20 日	晋颁二等嘉禾章。同月调升东三省保安总司令部（总司令张作霖）航警处少将筹备主任。
8 月 30 日	授协威将军。同月改任少将处长兼东北航务局局长。
1923 年 7 月	兼任东北海防舰队舰队长。
1925 年 12 月	调升东北江防总指挥部中将总指挥。
1926 年 1 月	所部改称东北海军司令部（兼司令张作霖），改任中将副司令。
1927 年 3 月 20 日	所部改编为联合舰队（兼司令张作霖），改任中将副总司令兼海防第 1 舰队司令。
5 月 17 日	晋授海军中将。
7 月 20 日	兼任海防第 1 舰队司令。
8 月 11 日	获颁勋二等旭日章（日）。
8 月 20 日	授勋五位。
8 月 31 日	海防第 1 舰队司令职改称舰队长职，仍兼任舰队长。
10 月 9 日	获颁一等大绶嘉禾章。
1928 年 8 月 31 日	辞去舰队长兼职。
1929 年 1 月 22 日	调任东北海军司令部（兼司令张学良）中将副司令、代理司令。
3 月 22 日	兼任海军编遣办事处（主委杨树庄）副主任委员。
1930 年 1 月 1 日	获颁青天白日勋章、二等宝鼎勋章。
1 月 21 日	获颁勋二等瑞宝章（日）。
1931 年 1 月 1 日	晋颁一等宝鼎勋章。

1932 年 1 月 21 日	兼任青岛市市长。
4 月	兼任海防第 1 舰队司令。
8 月 19 日	兼任军事委员会北平分会（代委员长张学良）委员。
1933 年 6 月 27 日	所部改编为第 3 舰队后辞去军职。
1935 年 11 月	当选国民党中央执行委员。
1936 年 7 月 9 日	获颁国民革命军誓师十周年纪勋章。
1937 年 6 月 7 日	兼任青岛市保安处处长。
12 月	兼任青岛防区总指挥。
1938 年 1 月 23 日	升任山东省政府主席兼全省保安司令部上将司令、青岛市市长、市保安处处长。
4 月	兼任第 5 战区（司令长官李宗仁）山东游击总司令。
1941 年 2 月 27 日	兼任农林部部长。
1942 年 1 月 9 日	专任农林部部长。
1942 年 12 月	兼任国家总动员会议秘书长
1944 年 1 月 1 日	获颁二等景星勋章。
8 月 29 日	调任国民党中央党政工作考核委员会秘书长。
1945 年 10 月 10 日	获颁胜利勋章。
1946 年 3 月 26 日	调任浙江省政府主席。
1948 年 7 月	调任考试院（院长张伯苓）铨叙部部长。
1949 年 1 月	辞职后移居台湾，曾任"总统府"国策顾问。
1969 年 3 月 12 日	在台湾台中病逝。

沈觐玉（1882—1962）

生于 1882 年 3 月 17 日（清光绪八年二月十二日）。福建闽侯（出生地现属福州）人，原名沈觐宸，以字行，号肩红。马尾船政前学堂第六届制造班毕业。

1897 年 12 月	考入马尾船政前学堂第六届制造班学习。
1905 年 11 月	船政前学堂毕业后进京应廷试，授内阁中书舍人。

1907 年	任监察御史，旋返乡丁忧。
1913 年 9 月	自费前往法国学习舰船和飞机制造。
1914 年 10 月	转入瑞士继续学业，获洛桑工程学位。
1916 年	毕业后历任驻英公使馆秘书、巴黎和会中国代表团秘书。
10 月 10 日	获颁六等嘉禾章。
1918 年 5 月 11 日	获颁军官级荣誉军团勋章（法）。
1919 年 8 月	调任福州海军制造学校（兼校长曾宗凡）代理总教官。
1920 年 4 月 25 日	升任福州海军制造学校校长。
1921 年 10 月 1 日	授海军造械大监。
1922 年 1 月 2 日	调任南苑航空学校校长兼署航空署机械厅厅长。
1923 年 6 月 26 日	晋颁四等嘉禾章。
1925 年 5 月 4 日	实任航空署机械厅厅长。
5 月 14 日	调任马尾飞机制造处处长。
7 月 15 日	晋授海军造械主监。
8 月 13 日	调任海军部（总长杜锡珪）技正室技正。
1926 年 3 月	调任马尾海军学校上校代理校长。
1927 年 3 月 14 日	率部响应北伐，升任马尾海军学校少将校长。
1930 年 1 月 3 日	降任海军部（部长杨树庄）技监室上校技正。
1938 年 1 月	调任海军总司令部（总司令陈绍宽）上校候补员。
1947 年 11 月 22 日	叙任海军少将，并予除役。
1955 年 4 月	聘任福建省文史研究馆（馆长陈培锟）馆员。
1956 年 4 月	当选政协福建省（主席曾镜冰）委员。
1962 年 2 月 19 日	在上海病逝。

舒宗鎏（1894—1976）

生于 1894 年（清光绪二十年）。广东番禺人，字勉之。满族，姓舒穆禄。黄埔海军学校第十五届驾驶班毕业。官号：470010。

1911 年	考入黄埔海军学校第十五届驾驶班学习。
1917 年	海校毕业后历任"海圻"巡洋舰（舰长汤廷光）见习官、黄埔海军学校（校长邓聪保）协教官。
1919 年 10 月 14 日	获颁六等文虎章。
1921 年 12 月	出任广州军政府海军部（部长汤廷光）中校副官长。
1923 年 3 月 15 日	升任广州军政府海防舰队上校指挥官。
1924 年 8 月	调任"宝璧"舰上校舰长。
1926 年 6 月	调任"飞鹰"炮舰上校舰长。
1928 年 1 月 4 日	升任广东海军司令部（司令陈策）少将副司令兼"飞鹰"炮舰舰长。
1929 年 3 月 13 日	兼任海军编遣办事处（兼主委杨树庄）委员。
4 月 8 日	辞去舰长兼职。
3 月 23 日	所部改编为第 4 舰队（司令陈策），仍任少将副司令。
5 月	因支持桂军反蒋被免职。
1932 年 1 月	出任军事委员会少将高级参谋。
1933 年 11 月	出任福建中华共和国人民革命政府军委会员会中将高级参谋。
1934 年 1 月	离职后避居香港。
5 月 27 日	获颁勋二等瑞宝章（日）。
1935 年 4 月 16 日	出任军事参议院（院长陈调元）中将参议。
1938 年 3 月	调任第 12 集团军（总司令余汉谋）中将参事。
1939 年 3 月	调任广东省政府（主席李汉魂）西江行署（主任徐景唐）中将参谋长。
9 月	调任第 4 战区司令长官部（司令长官张发奎）中将高级参谋。
1940 年 7 月	调任军事委员会桂林办公厅（主任李济深）第 2 处（情报处）中将处长。
1944 年 2 月 5 日	调任军事参议院（院长李济深）中将参议。
1946 年 7 月 31 日	叙任陆军少将，并退为备役。
1947 年 3 月 14 日	改任海军少将，仍退为备役。

1948 年 1 月	当选中央民革（主席李济深）监察委员。
1949 年 8 月 13 日	在香港通电起义。
9 月 24 日	被民国政府以"附匪叛国"罪通缉。
1954 年 9 月	派任国务院参事室参事。
1956 年 2 月	当选中央民革候补委员。
1976 年 3 月 31 日	在北京病逝。

宋锷（1903—1976）

生于 1903 年 3 月 17 日（清光绪二十八年二月初八日）。湖南湘潭人，字敬明。烟台海军学校第十五届驾驶班毕业。

1918 年 9 月	考入烟台海军学校第十五届驾驶班学习。
1924 年 8 月	海校毕业后派任"海琛"巡洋舰（舰长何瀚澜）少尉航海副。
1925 年 2 月 11 日	调升"永翔"炮舰（舰长赵梯昆）中尉航海长。
1927 年 6 月 17 日	调升"镇海"水上飞机母舰上尉队长。
8 月 19 日	调升"海琛"巡洋舰（舰长刘田甫）少校副长。
1931 年 4 月	调任"江利"炮舰少校副长、代理舰长。
1933 年 6 月	调升第 3 舰队（司令谢刚哲）教务处中校教育长。
1934 年 4 月	调任"镇海"水上飞机母舰（舰长汪于洋）中校副舰长。
1935 年 9 月	调任海军练营教导总队（兼总队长谢刚哲）教务组中校主任。
1938 年 4 月	调升舰炮总队（兼总队长谢刚哲）上校总教练官。
1939 年 5 月	调任青岛海军学校（校长王时泽）教务处上校主任。
1941 年 8 月	调任军令部（部长徐永昌）第 2 厅（厅长杨宣诚）上校科长兼兵器实验研究员。
1944 年 4 月	调任海军驻美代表团上校团长。
1945 年 2 月	兼任驻美海军代表处（正武官刘田甫）副武官。
3 月 1 日	兼任驻美海军训练处处长、训练总队总队长。

7月9日	获颁军官级军团荣誉勋章（美）。
9月	调任驻英海军代表处上校正武官兼驻英军事代表团团员。
10月10日	获颁六等云麾勋章。同月兼任驻英海军训练处处长、驻英留学生总队总队长。
1946年3月16日	晋颁五等云麾勋章。
7月1日	调任海军总司令部（兼总司令陈诚）第3署（辖三处）上校署长、代理第2署（辖三处）署长。
7月11日	获颁银质棕榈叶勋饰自由勋章（美）
1947年4月25日	升任海军总司令部（总司令桂永清）第3署少将署长。
10月5日	晋颁指挥官级军团荣誉勋章（美）。
1948年1月1日	获颁忠勤勋章。
2月12日	兼任海军总司令部副参谋长。
9月22日	叙任海军少将。
11月30日	改任海军总司令部少将副参谋长兼海军总部迁建委员会主任委员、海军总部驻台办事处主任。
1949年3月	辞去兼职。
5月	兼任法规委员会主任委员。
6月14日	升任海军总司令部少将参谋长兼法规整理委员会主任委员。
7月	兼任海军官兵福利委员会主任委员。
1950年3月25日	调任"国防部"（兼部长陈诚）少将参谋次长。
1953年1月12日	晋任海军中将。
1954年6月	调任"总统府"战略顾问委员会（主委何应钦）中将战略顾问。
1966年1月	退为备役后出任台湾糖业公司顾问。
1976年12月	在台湾台北病逝。

宋式善（1887—1954）

生于1887年（清光绪十三年）。湖南长沙人，字谨予。日本东京商船学校航海科（留日第一届驾驶班）、日本横须贺海军炮术学校航海科（留日第二期）毕业。

1906 年 4 月	奉派日本留学。
5 月	入东京商船学校航海科（留日第一届驾驶班）学习。
1910 年 4 月	升入横须贺海军炮术学校航海科（留日第二期）深造。
1911 年 4 月起	先后在日本海军"严岛"、"津轻"舰见习。
11 月	学成归国后派在"海容"巡洋舰（舰长杜锡珪）服务。
1912 年 3 月	调任北京政府参谋部第 5 局（海军局，局长谢刚哲）第 3 科少校科长。
1913 年 7 月 16 日	授海军少校。
1920 年 1 月 26 日	晋授海军中校。
10 月	出任镇威上将军公署（镇威上将军张作霖）航警处中校处长。
1921 年 4 月 23 日	获颁五等嘉禾章。
1922 年 8 月	调任东三省保安总司令部（总司令张作霖）航警处（处长沈鸿烈）第 4 课中校课长。
1923 年 5 月 20 日	调任"利捷"炮舰中校舰长。
7 月	调升"威海"飞机母舰上校舰长。
1925 年 12 月	升任东三省保安总司令部航警处少将处长。
1927 年 7 月	调任联合舰队海防第 1 舰队（兼司令沈鸿烈）少将参谋长。
8 月 4 日	晋授海军少将。
8 月 11 日	获颁勋二等瑞宝章（日）。
1928 年 1 月 17 日	获颁二等文虎章。
12 月	调任东北边防军司令长官公署（司令长官张学良）航警处少将处长。
1929 年 1 月	兼任东北政务委员会（兼主委张学良）航政处处长。
1931 年 12 月	调任北平绥靖公署（主任张学良）海军处少将处长。
1932 年 8 月	调任军事委员会北平分会（代委员长张学良）第 1 处（处长王以哲）第 4 组（海空组）少将组长。
1935 年 12 月	调任军事参议院（院长陈调元）少将参议。
1945 年 10 月	调任东北行营（主任熊式辉）航警处少将处长。
1946 年 10 月	改任东北行辕（主任熊式辉）少将参议。
1947 年 3 月 10 日	离职。

| 3 月 14 日 | 叙任海军少将，并退为备役。 |
| 1954 年 | 在北京病逝。 |

睢友蔺（1906—1947）

生于 1906 年 4 月 29 日（清光绪三十二年四月初六日）。山西天镇人，字慕颜。中国国民党陆军军官学校第三期步兵科、中央陆军军官学校高等教育班第一期毕业。官号：1122。

1925 年 1 月	考入中国国民党陆军军官学校第三期步兵科学习。
1926 年 1 月	军校毕业后派任军校教导师（师长王柏龄）第 3 团（团长李杲）少尉排长。
2 月	所部改称第 20 师（师长王柏龄）第 60 团（团长李杲），仍任少尉排长。后历任中尉排长、上尉连长、少校营长。
1932 年 9 月	考入中央军校高等教育班第一期学习。
1933 年 4 月 27 日	高教班毕业后派任中央军校张北分校中校筹备员。
5 月 29 日	调任中央军校军官训练班（兼主任徐培根）第 2 大队（大队长马辉汉）第 12 队中校队长。
8 月	调任中央军校第十期第 2 总队（兼总队长桂永清）步兵大队中校大队长兼教导总队（总队长桂永清）军士营（营长胡启儒）第 3 连连长。
1935 年 4 月 2 日	调任中央军校教导总队（总队长桂永清）第 1 团（团长周振强）第 2 营少校营长（保留中校待遇）。
6 月 22 日	叙任陆军步兵少校。
1936 年 3 月 27 日	升任第 1 团中校团附。
10 月 2 日	晋任陆军步兵中校。
1937 年 11 月	升任教导总队第 2 旅（旅长胡启儒）第 4 团上校团长。
1938 年 3 月	所部改编为第 46 师时因未归队，为无职军官。
5 月	派任军事委员会战时干部训练团（教育长桂永清）第 2 总队上校总队长。

1939 年 10 月	升任第 2 总队少将总队长。
1941 年 6 月 3 日	晋任陆军步兵上校。
8 月	调任直属大队少将大队长。
1942 年 10 月	调任第 34 集团军（兼总司令胡宗南）总务处少将处长。
1945 年 10 月	调任第 1 战区司令长官部（司令长官胡宗南）少将高级参谋。
1946 年 10 月 24 日	调任海军总司令部（兼总司令陈诚）办公室少将主任。
10 月 10 日	获颁胜利勋章。
1947 年 2 月 6 日	在南京（现属江苏）病逝。
3 月 14 日	补颁忠勤勋章。

唐德炘（1874—1960）

生于 1874 年（清同治十三年）。福建闽侯（出生地现属福州）人，字雪樵。马尾船政后学堂第七届管轮班毕业。

1891 年 1 月	考入马尾船政后学堂第七届管轮班学习。
1896 年 8 月	船政后学堂毕业后在海军服务。
1912 年 1 月	出任"海筹"巡洋舰（舰长林颂庄）上尉副轮机长。
1913 年 2 月 27 日	授海军轮机上尉。
1914 年 5 月 25 日	晋授海军轮机少校。
9 月 28 日	获颁七等嘉禾章。
1917 年 11 月 22 日	升任"海筹"巡洋舰（舰长邓家骅）中校轮机长。
1918 年 10 月 19 日	获颁五等文虎章。
1919 年 6 月 6 日	调升海军第 2 舰队司令处（司令杜锡珪）上校轮机长。
9 月 7 日	晋授海军轮机中校。
1920 年 2 月 21 日	晋颁四等文虎章。
1923 年 3 月 6 日	晋授海军轮机上校。
5 月 25 日	晋颁三等文虎章。
1925 年 5 月 7 日	调升海军总司令公署（总司令杨树庄）轮机课少将课长。

7月15日	晋授海军轮机少将。
1927年3月12日	随部参加国民革命军,改任海军总司令部(总司令杨树庄)轮机处少将处长。
1930年2月24日	调任海军部(部长杨树庄)舰政司(辖四科)少将司长。
1936年11月12日	获颁国民革命军誓师十周年纪勋章。
1937年1月1日	获颁四等云麾勋章。
1938年1月	调任海军总司令部(总司令陈绍宽)少将候补员(因故滞留上海)。
1945年8月21日	调任海军总司令部舰政处少将处长。
12月26日	所部裁撤后赋闲。
1947年6月5日	叙任海军轮机少将,并予除役后定居上海。
1955年5月	当选上海市政协(主席柯庆施)委员。
1960年3月	在上海病逝。

田士捷(1887—1963)

生于1887年(清光绪十三年)。江苏江阴人,字沛卿。烟台海军学校第三届驾驶班毕业。官号:470002。

1903年3月	考入南洋海军雷电学堂学习。
1906年12月	转入烟台海军学校第三届驾驶班学习。
1909年11月	海校毕业后派任"楚谦"炮舰(管带王光熊)枪炮副。
1912年2月	调任"湖鹏"鱼雷艇(艇长陆伦坤)副长。
6月1日	调任"肇和"巡洋舰(舰长葛保炎)中尉军需副。
1913年4月20日	授海军中尉。
1915年11月20日	晋授海军上尉。
1916年1月3日	获颁六等文虎章。
2月	升任"肇和"巡洋舰(代舰长陈绍宽)上尉航海长。
1918年5月	随部南下广州参加护法运动,升任"肇和"巡洋舰(舰

长郑祖怡）少校协长。

1919 年 7 月 7 日	晋颁五等文虎章。
1920 年 12 月 10 日	升任"肇和"巡洋舰（舰长郑畴纲）中校副舰长。
1922 年 4 月 28 日	升任"肇和"巡洋舰上校舰长。
1923 年 2 月 1 日	率领"肇和"、"永丰"、"楚豫"三舰组成汕头临时舰队，任少将舰队司令兼"肇和"巡洋舰舰长。
3 月 12 日	调任广州军政府元帅府参军处少将海军参军。
1925 年 6 月	调任广州国民政府军事委员会中将高级参议。
1928 年 11 月 8 日	调任国民政府参军处（参军长何成浚）中将参军。
1931 年 12 月 19 日	兼任参军处（参军长贺耀组）总务局局长。
1936 年 11 月 12 日	获颁四等云麾勋章。
1941 年 5 月 19 日	调兼参军处（参军长吕超）典礼局局长。
1944 年 6 月 27 日	晋颁三等云麾勋章。
1945 年 7 月 9 日	获颁指挥官级军团荣誉勋章（美）。
10 月 10 日	获颁胜利勋章。
12 月 11 日	被免职。
1946 年 1 月 11 日	叙任海军中将，获颁忠勤勋章。
7 月 31 日	退为备役。
1963 年 1 月 21 日	在台湾台北病逝。

王崇文（1871—1935）

生于 1871 年（清同治十年）。福建闽侯人，原名王兆斌，字子翰。天津北洋水师学堂第五届驾驶班毕业。

1887 年 11 月	考入天津北洋水师学堂第五届驾驶班学习。
1891 年 10 月	水师学堂毕业后在海军服务。
1896 年	任海军练勇队队长。
1902 年 7 月	调任哈尔滨邮船局总办（候补道员）。

1911 年 10 月	离职南下。
1912 年 9 月 7 日	出任海军部(总长刘冠雄)总务厅(厅长汤芗铭)中校视察。
1913 年 1 月 17 日	授海军中校。
5 月 16 日	升任海军部军需司上校司长。
11 月 26 日	获颁六等嘉禾章。
10 月 27 日	调任海军部总务厅上校视察。
1914 年 5 月 25 日	晋授海军上校。
5 月 31 日	晋颁四等嘉禾章。
1915 年 12 月 17 日	兼任驻英国海军留学生监督处监督、驻美国海军留学生监督处监督。
1916 年 1 月 14 日	获颁三等文虎章。
6 月	调任海军部(总长程璧光)上校参事。
6 月 17 日	获颁帝国官佐级勋章（英）。
12 月 9 日	晋颁三等嘉禾章。
1917 年 10 月 9 日	晋颁二等嘉禾章。
1918 年 10 月 19 日	晋颁二等文虎章。
1919 年 6 月 16 日	晋授海军少将。
7 月 2 日	调任吉黑江防筹备处少将处长。
10 月 14 日	获颁三等宝光嘉禾章。
1920 年 1 月 1 日	获颁二等大绶宝光嘉禾章。
5 月 22 日	所部改编为海军吉黑江防司令部，改任少将司令。
1921 年 2 月 6 日	授勋五位。
4 月 23 日	获颁二等大绶嘉禾章。
1923 年 5 月 17 日	因涉嫌"报销不实"被东三省保安总司令部撤职后闲居北京、上海、马尾等地。
1929 年 8 月 30 日	出任国民政府海军部（部长杨树庄）少将候补员。
1935 年 7 月	在福建马尾病逝。

王兼知（1869—? ）

生于 1869 年（清同治八年）。福建闽侯（出生地现属福州）人，字子谦。天

151

津北洋水师学堂第三届驾驶班毕业。

1886 年 7 月	考入天津北洋水师学堂第三届驾驶班学习。
1890 年 6 月	水师学堂毕业后在海军服务。
1905 年	出任安徽省城高等学堂英文教授。
1909 年	出任烟台水师学堂（督办谢葆璋）庶务长。
1912 年 2 月	所部改称烟台海军学校（代校长江中清），仍任庶务长。
1913 年 1 月 17 日	授海军中校。
4 月 12 日	调任海军部（总长刘冠雄）中校视察。
1916 年 1 月 14 日	获颁五等嘉禾章。
1917 年 10 月 8 日	升任海军部军衡司（辖五科）上校司长。
10 月 20 日	晋授海军上校。
11 月 1 日	获颁三等文虎章。
1918 年 1 月 7 日	晋颁三等嘉禾章。
1919 年 10 月 14 日	晋颁二等文虎章。
11 月 25 日	晋授海军少将。
1921 年 2 月 8 日	晋颁二等嘉禾章。
1922 年 7 月 7 日	被免职。
1927 年 8 月 27 日	出任安国军政府军事部（部长何丰林）海军署（署长温树德）技正。
1928 年 10 月	离职。
1929 年 8 月 2 日	出任国民政府海军部（部长杨树庄）少将候补员。
1938 年 1 月	调任海军总司令部（总司令陈绍宽）少将候补员。
	后事不详。

王寿廷（1888—1944）

生于 1888 年 10 月 10 日（清光绪十四年九月初六日）。江苏镇江人，原名王敬椿，号漱汀，以字行。南京江南水师学堂第六届驾驶班毕业。

1901 年 12 月	考入南京江南水师学堂第六届驾驶班学习。
1908 年 11 月	水师学堂毕业后在海军服务。
1910 年	升任"联鲸"炮舰（管带许建廷）中尉驾驶大副。
1911 年 2 月	调任"湖鹏"鱼雷艇（管带陈伦仲）中尉驾驶副。
1912 年 3 月	调升海军右舰队（司令吴应科）上尉副副官。
12 月	右舰队改称第 2 舰队（司令徐振鹏），仍任上尉副副官。
1913 年 3 月 27 日	授海军上尉。
1914 年 5 月 25 日	晋授海军少校。
1915 年 2 月 9 日	调任"宿"字鱼雷艇少校艇长。
1916 年 12 月 31 日	获颁五等文虎章。
1918 年 1 月	调升"利绥"炮舰中校舰长。
7 月 22 日	晋授海军中校。
10 月 18 日	调任海军总司令公署（总司令蓝建枢）中校参谋。
1919 年 7 月	调任海军部（总长萨镇冰）中校一等参谋官。
10 月 14 日	晋颁三等文虎章。
1920 年 1 月 1 日	获颁四等嘉禾章。
1921 年 6 月 7 日	调升"永健"炮舰上校舰长。
1922 年 12 月 9 日	获颁五等宝光嘉禾章。
1923 年 6 月 3 日	因故被免职。
8 月 15 日	复任"永健"炮舰上校舰长。
10 月 9 日	晋颁二等文虎章。
1924 年 9 月 23 日	晋授海军上校。
1925 年 2 月 7 日	调往第 1 舰队司令部服务。
1926 年 7 月 10 日	调任"海容"巡洋舰上校舰长。
1927 年 3 月 12 日	率部参加国民革命军，仍任原职。
1928 年 4 月	当选海军国民党特别党部（兼主委杨树庄）委员。
1931 年 4 月 29 日	获颁五等宝鼎勋章。
1932 年 1 月 18 日	调升鱼雷游击队少将司令。
4 月 13 日	兼任军事委员会第 2 厅（代厅长陈仪）海军事务处处长。
1934 年 2 月 17 日	调升练习舰队少将司令。

1935 年 9 月 6 日	叙任海军少将。
1936 年 1 月 1 日	晋颁四等宝鼎勋章。
11 月 12 日	获颁国民革命军誓师十周年纪勋章。
1937 年 11 月	因病滞留上海。
1938 年 1 月	派任海军总司令部（总司令陈绍宽）少将候补员（派上海办事）兼海军作战训练研究室（兼主委陈训泳）研究员。
1944 年 9 月	在上海病逝。

王天池（1900—1979）

生于 1900 年 10 月 24 日（清光绪二十六年九月二日）。湖北黄陂人，原名王诜，以字行。烟台海军学校第十六届驾驶班、南京鱼雷枪炮学校毕业。

1924 年 11 月	海校毕业后入南京鱼雷枪炮学校学习。
1925 年 11 月	毕业后在海军服务，历任队长、副长、参谋、股长。
1930 年 5 月 7 日	调任航空署（署长张惠长）文书科中校科长。
1931 年 8 月 22 日	调升航空署中校秘书。
1933 年 4 月	调任电雷学校（校长欧阳格）训育课中校主任。
1938 年 6 月	调任海军总司令部（总司令陈绍宽）中校候补员，后调任中校组长。
1946 年 3 月 12 日	调升军政部（部长陈诚）海军署（兼署长陈诚）军务司（代司长华国良）作战组上校组长。
6 月	调任海军总司令部（兼总司令陈诚）第 3 署（计划作战署，署长宋锷）第 3 处（作战处）上校处长。
1947 年 2 月	兼代海军总司令部办公室主任。
5 月	免去办公室主任兼代职。
1948 年 2 月 9 日	调升海军总司令部办公室代将主任。
11 月 30 日	调任海军总司令部（总司令桂永清）第 3 署（辖三处）代将署长。
1949 年 9 月 21 日	调升海军第 4 军区司令部少将司令。
11 月 1 日	调任海军总司令部少将副参谋长。
1952 年 4 月 1 日	升任海军总司令部（总司令梁序昭）少将参谋长。

1956 年 11 月 1 日	调任海军总司令部作战计划委员会少将主任委员。
1958 年 4 月 28 日	调任高雄港务局局长。
1962 年 10 月 1 日	离休。
1979 年	在台湾病逝。

魏济民（1913—2001）

生于 1913 年 1 月 6 日。山东历城人，字树人。马尾海军学校第五届航海班、英国格林威治王家海军学院毕业。

1929 年 12 月	考入马尾海军学校第五届航海班学习。
1934 年 11 月	海校毕业后入水鱼雷营学习。
1935 年 6 月	奉派英国留学，入格林威治王家海军学院深造。
1939 年 2 月	回国。
3 月 15 日	派任宜巴区第 3 总台（总台长蒋斌）中尉附员。
10 月	所部改称巴万区第 1 台（台长蒋斌），仍任附员。
1940 年 2 月	调升海军长江中游布雷游击队（总队长刘德浦）上尉队附。
1942 年 8 月	调升军事委员会委员长侍从室少校海军参谋。
1943 年 1 月	带职入国防研究院第一期深造。
4 月	兼任中央训练团党政训练班第 1 大队（兼大队长王劲修）第 1 中队（中队长何英）中队附。
5 月	免去兼职。
1944 年 1 月	毕业后仍任原职。
1945 年 1 月	调升赴美接舰参战总队（兼总队长潘佑强）中校副总队长。
6 月	调升赴英接舰参战学兵总队（兼总队长潘佑强）上校副总队长。
9 月 1 日	调任军政部（部长陈诚）海军处（兼处长陈诚）办公室上校主任。
12 月 28 日	兼任接收海军总司令部舰政处接收员、京沪区接收专员。

1946 年 3 月 12 日	升任军政部海军署（兼署长陈诚）上校副署长。
5 月 26 日	调任海军舰队指挥部（兼指挥官陈诚）上校副指挥官兼参谋长。
10 月 4 日	调任海军总司令部（兼总司令陈诚）上校副参谋长。
1947 年 4 月 1 日	调任中央海军军官学校（兼校长蒋中正）上校署理副教育长。
7 月 13 日	实任上校副教育长。
12 月 1 日	升任中央海军军官学校上校校长。
1948 年 6 月 2 日	升任代将校长。
1949 年 5 月 8 日	因涉嫌"阴谋叛乱"和"盗卖军品"罪在上海被撤职关押。
1952 年 12 月 31 日	无罪开释后历任"总统府"参军处少将参军、"行政院"顾问兼第 2 组组长。
1962 年 2 月	调任"驻联合国代表团"顾问。
9 月	调任新闻官。
1970 年 5 月	调任"驻委内瑞拉公使馆"公使。
1972 年 2 月	卸任后移居美国。
2001 年 10 月 12 日	在美国纽约病逝。

吴光宗（1872—1933）

生于 1872 年（清同治十一年）。福建闽侯人。马尾船政后学堂第十二届驾驶班毕业。

1894 年	考入马尾船政后学堂第十二届驾驶班学习。
1899 年	船政后学堂毕业后派任"琛航"运船管驾。
1900 年	调升"镇涛"兵船管带。
1903 年	调任"绥靖"练船管带。
1905 年	调任"江大"练船管带。
1908 年	调任"宝璧"练船管带。

1909 年	调任"辰"字鱼雷艇管带。
1910 年	调任"同安"舰管带。
1912 年 4 月 1 日	出任海军总司令处（总司令黄钟瑛）少校军衡长。
1913 年 1 月 31 日	授海军少校。
2 月 7 日	升任海军总司令处（总司令李鼎新）中校一等参谋。
12 月 17 日	实任中校一等参谋。
1914 年 7 月 5 日	晋授海军中校。
1916 年 1 月 2 日	获颁三等文虎章。
2 月 14 日	调升海军练习舰队（司令曾兆麟）中校参谋长。
8 月 22 日	调任"同安"炮舰中校舰长。
1917 年 7 月 21 日	因"同安"炮舰参加护法舰队被迫离舰赋闲。
11 月 13 日	派任海军地方捕获审检厅中校评事。
1918 年 8 月 8 日	晋授海军上校。
9 月 14 日	获颁三等嘉禾章。
10 月 7 日	调升海军总司令公署（总司令蓝建枢）军衡课上校课长。
10 月 19 日	晋颁二等文虎章。
1920 年 1 月 1 日	晋颁二等嘉禾章。
9 月	调任海军租船处（监督杨敬修）副监督。
1922 年 10 月 17 日	调任海军第 2 舰队（司令甘联璈）上校参谋长。
1923 年 2 月 7 日	获颁三等宝光嘉禾章。
1924 年 4 月 4 日	免去租船处副监督兼职。
1925 年 7 月 15 日	晋授海军少将。
8 月 3 日	调任海军总司令公署（总司令杨树庄）少将代理参谋长。
1926 年 4 月	实任海军总司令公署（总司令杨树庄）少将参谋长。
1927 年 3 月 14 日	随部响应北伐，改任国民革命军海军总司令部（总司令杨树庄）少将总参议。
1928 年 3 月 28 日	兼任海军总司令部驻南京办事处处长。
1929 年 3 月	在上海遭到刺杀负伤后离职休养。
1930 年 2 月 4 日	出任海军部（部长杨树庄）少将参事兼海军引水传习所所长。

7 月 12 日	调任海军部海道测量局少将局长。
1933 年 6 月 2 日	在南京（现属江苏）病逝。

吴敬荣（1864—1931）

生于 1864 年（清同治三年）。安徽休宁人，字健甫。清政府留美学生第三届。

1874 年 9 月	官派美国留学。
1881 年 9 月	回国后在海军服务。
1889 年	出任"敏捷"练船管驾。
1892 年 4 月	调升"广甲"快船（管带刘恩荣）帮带大副。
12 月 9 日	升任"广甲"快船管带。
1895 年 4 月	因所部作战失力被撤职赋闲。
1899 年 4 月	派任"伏波"炮船管带。
1903 年	调任"建安"鱼雷快艇管带。
1908 年 12 月	调任"江利"炮舰管带，授副将。
1909 年	调任"宝璧"兵船管带。
1912 年 9 月	出任北洋政府总统府上校侍从武官。
11 月 29 日	授海军上校。
1916 年 10 月 27 日	晋授海军少将。
12 月 31 日	获颁三等嘉禾章。
1918 年 11 月 2 日	获颁二等文虎章。
1921 年 4 月 23 日	加中将衔。
1923 年 2 月 22 日	晋颁二等嘉禾章。
1924 年 4 月 17 日	晋授海军中将。
1929 年 8 月 2 日	出任国民政府海军部（部长杨树庄）中将候补员。
1931 年 11 月	病逝。

吴纫礼（1874—1963）

生于 1874 年 12 月 11 日（清同治十三年冬月初三日）。安徽肥东人，字佩之。威海水师学堂第一届驾驶班毕业。

1890 年 6 月	考入威海水师学堂第一届驾驶班学习。
1894 年 5 月	水师学堂毕业后在海军服务。
1899 年 11 月	升任"海圻"巡洋舰（管带程璧光）驾驶三副。
1900 年 5 月	升任"海圻"巡洋舰（管带萨镇冰）驾驶二副。
1902 年	调任陆军学校教训处检阅股委员。
1903 年起	历任保定陆军速成武备学堂(督办冯国璋)英文法文教习、监督，后奉派前往欧美等国考察。
1910 年 4 月 8 日	调任筹办海军事务处（大臣载洵）第 5 司（秘书军枢司，司长伍光健）秘书。
12 月 4 日	事务处扩编为海军部（大臣载洵），调任参赞厅二等参谋。
1912 年 2 月 1 日	离职。
9 月 6 日	出任海军部（总长刘冠雄）军械司（辖四科）上校司长。
12 月 30 日	授海军上校。
1913 年 11 月 26 日	获颁六等嘉禾章。
1914 年 5 月 25 日	晋授海军少将。
10 月 12 日	晋颁四等嘉禾章。
1916 年 10 月 9 日	获颁三等文虎章。
1917 年 10 月 9 日	晋颁二等文虎章。
1918 年 1 月 7 日	晋颁三等嘉禾章。
1919 年 10 月 14 日	晋颁二等嘉禾章。
1920 年 1 月 1 日	获颁四等宝光嘉禾章。
1921 年 4 月 23 日	晋颁三等宝光嘉禾章。
1922 年 9 月 12 日	获颁勋二等瑞宝章（日）。
1924 年 10 月 31 日	代理海军部总长。

1925 年 5 月 16 日	兼任军事善后会议海军委员。
1926 年 1 月 9 日	升任海军部（总长杜锡珪）中将次长兼总务厅厅长、编纂委员会会长。
2 月 2 日	晋授海军中将。
7 月 10 日	被免职赋闲。
1928 年 6 月 2 日	出任海军总司令部（总司令杨树庄）中将参议。
1929 年 8 月 2 日	出任海军部（部长杨树庄）中将候补员。
1938 年 1 月	改任海军总司令部（总司令陈绍宽）中将候补员。
1947 年 11 月 22 日	叙任海军中将，并予除役后返乡兴办教育。
1955 年 2 月	当选安徽省政协（主席曾希圣）委员，任安徽省文史研究馆馆员。
1963 年 3 月 10 日	在安徽合肥病逝。

吴应科（1860—？）

生于 1860 年（清咸丰十年）。广东四会（现属广宁）人，原名吴天保，字盈之。马尾船政后学堂第八届驾驶班毕业。

1873 年 6 月	管派美国留学。
1881 年	奉命回国后编入马尾船政后学堂第八届驾驶班学习。
1882 年	船政后学堂毕业后在海军服务。
1889 年 2 月 20 日	调升北洋水师（统领丁汝昌）提督都司，授把总。
1892 年	调任督队船大副，授游击。
1893 年 5 月 13 日	调任"定远"铁甲战列舰（管带刘步蟾）枪炮大副。
1895 年 4 月	因作战失利被免职赋闲。
1901 年	派任江南制造总局（督办李宗羲兼）船坞总办，授总兵。
1904 年 4 月 16 日	所部改称江南船坞，仍任总办。
1907 年 11 月 11 日	调任北京电报局总办。
1909 年 6 月	调任巡洋舰队统领。

10 月 16 日	升任巡洋长江舰队（统制萨镇冰）帮统。
1910 年 11 月	回任巡洋舰队统领。
12 月	授海军协都统衔。
1911 年 8 月	调任海军部（大臣载洵）一等参谋。
11 月 11 日	被湖北军政府委任为海军总司令，未到职。
11 月 26 日	出任苏沪联军海军总司令官。
1912 年 4 月 6 日	出任海军右司令部中将司令。
6 月 22 日	辞职赋闲。
1914 年 7 月 20 日	出任交通部综核司司长。
8 月 24 日	授海军中将。
10 月 9 日	获颁四等嘉禾章。
1916 年 1 月 30 日	晋颁三等嘉禾章。
9 月 13 日	调任海军部（总长程璧光）中将咨议。
1922 年 9 月 12 日	兼任接收威海卫海军委员。
1926 年	离职后寓居北京。
1929 年 8 月 2 日	出任国民政府海军部（部长杨树庄）中将候补员。
1938 年 1 月	改任海军总司令部（总司令陈绍宽）中将候补员。
	后事不详。

吴嵋（1883—1955）

生于 1884 年 3 月 27 日（清光绪十年二月十八日）。浙江奉化人，字桌明。日本东京商船学校（留日第二届驾驶班）、日本横须贺海军炮术学校航海科（留日第三期）毕业。

1908 年 4 月	奉派日本留学，入东京商船学校（留日第二届驾驶班）学习。
1910 年 11 月	升入横须贺海军炮术学校航海科（留日第三期）深造。
1911 年 11 月	回国后参加辛亥革命和二次革命。
1913 年 9 月	因二次革命失败避居日本。
1914 年	回国后出任江苏省水产学校航海教员。
1918 年	辞职返乡闲居。

1921 年 7 月	出任广州军政府上校谘议。
1923 年 4 月 18 日	调任大本营参军处（参军长李烈钧）上校副官。
1924 年 3 月	调任海军威远炮台上校总台长。
7 月 2 日	兼任黄埔军校上尉特别官佐。
1925 年 8 月	调任军事委员会海军局（局长斯米诺夫）给养科上校科长。
1926 年 4 月 16 日	调任"中山"炮舰上校舰长。
11 月	升兼国民革命军总司令部海军处（处长潘文治）少将副处长。
1928 年 1 月 21 日	被免职赋闲。
1929 年 1 月 1 日	派任国民政府驻日特派员。
1936 年 3 月 30 日	出任上海航政局局长。
1938 年 5 月 4 日	调任后方勤务部（部长俞飞鹏）船舶运输总司令部（兼总司令俞飞鹏）少将副总司令兼经理处处长。
12 月	调任军事参议院（院长陈调元）少将参议。
1946 年 5 月 16 日	叙任陆军少将，退为备役后返乡寓居。
1955 年 8 月	在浙江奉化病逝。

吴兆莲（1884—？）

生于 1884 年（清光绪十年）。浙江嘉兴人。日本东京商船学校航海科（留日第一届驾驶班）、日本横须贺海军炮术学校航海科（留日第二期）毕业。

1904 年	考入浙江武备学堂第四期学习。
1906 年 4 月	奉派日本留学。
5 月	入东京商船学校航海科（留日第一届驾驶班）学习。
1910 年 4 月	升入横须贺海军炮术学校航海科（留日第二期）深造。
1911 年 4 月	起先后在日本海军"严岛"、"津轻"舰见习。
11 月	学成归国。

1912 年 4 月	出任参谋部水路测量所象山港测量队少校队长。
1913 年 11 月 9 日	授海军少校。
1917 年 5 月 25 日	获颁五等文虎章。
1920 年 1 月 26 日	晋授海军中校。
1923 年 11 月	调任浙江外海水警厅中校督察长。
1926 年 8 月 14 日	获颁勋三等瑞宝章（日）。
1927 年 7 月 19 日	出任安国军政府联合舰队（兼总司令张作霖）上校参议。
8 月 5 日	调任"镇海"飞机母舰上校舰长。
1928 年 1 月	调任葫芦岛航警学校上校校长兼"镇海"飞机母舰舰长。
1932 年 4 月	因参与"崂山事件"被迫离职。
9 月 26 日	出任参谋本部（兼总长蒋中正）上校参谋。
1934 年 4 月 17 日	被免职赋闲。
1940 年 3 月 20 日	出任海军部（兼部长汪兆铭）军枢厅少将厅长（汪伪）。
9 月 17 日	调任海军部（兼部长任援道）军令处少将处长。
12 月 6 日	晋颁勋二等瑞宝章（日）。
1941 年 9 月 25 日	获颁勋三位柱国章（伪满）。
1943 年 1 月 7 日	调任军事参议院（院长萧叔宣）少将参议。
1944 年 3 月 30 日	叙任海军少将。
1945 年 9 月	离职。
	后事不详。

吴振南（1882—1961）

生于 1882 年 7 月（清光绪八年）。江苏仪征人，字锡九。南京江南水师学堂第三届驾驶班、英国格林威治王家海军学院毕业。

1895 年 3 月	考入南京江南水师学堂第三届驾驶班学习。
1902 年 2 月	水师学堂毕业后派任通济练习舰（管带施作霖）见习。
1903 年 8 月	调任江南水师学堂（总办蒋超英）教习。

1904 年 3 月	奉派英国远东舰队任航海见习士官。
1906 年 2 月	回国后派任"建威"鱼雷快艇（管带郑纶）帮带。
1907 年 12 月	派赴英国格林威治王家海军学院深造。
1909 年 6 月	回国后派任筹办海军处（筹办海军大臣载洵）三等参谋官兼军制司（司长蔡廷干）驾驶科科长。
1910 年 3 月	调升"通济"练习舰管带。
12 月	调任"楚观"炮舰管带，补授海军协参领（少校）。
1911 年 11 月 12 日	出任镇江都督府海军处处长兼"楚观"炮舰舰长。
1912 年 1 月 5 日	出任南京临时政府海军部（部长黄钟瑛）上校参事兼"楚观"炮舰舰长。
9 月 6 日	改任北京政府海军部（部长刘冠雄）参事厅上校参事兼"楚观"炮舰舰长。
12 月 30 日	授海军上校。
1913 年 11 月 26 日	获颁五等嘉禾章。
1914 年 5 月 25 日	晋授海军少将，获颁四等文虎章。
10 月 12 日	晋颁三等嘉禾章。
10 月 25 日	辞去舰长兼职。
1916 年 10 月 9 日	晋颁三等文虎章。
1917 年 8 月 6 日	兼任战时国防事务委员会海军委员。
10 月 9 日	晋颁二等文虎章。
10 月 13 日	兼任海军高等捕获审检厅评事。
1918 年 1 月 7 日	晋颁二等嘉禾章。
5 月 11 日	获颁军官级荣誉军团勋章（法）。
9 月 14 日	获颁三等宝光嘉禾章。
11 月 30 日	加二等大绶嘉禾章。
1920 年 1 月 1 日	获授勋五位。
1921 年 4 月 23 日	晋颁二等宝光嘉禾章。
1927 年 3 月 26 日	出任国民政府海军海岸巡防处（处长谢葆璋）少将副处长。
4 月	代理处长。

7 月	代理海道测量局少将局长。
1929 年 1 月 24 日	调任海军海岸巡防处少将处长。
1938 年 1 月	调任海军总司令部（总司令陈绍宽）少将候补员。
1945 年 9 月	调任海军总司令部少将海军接收专员。
1946 年 10 月	辞职后在上海定居。
1947 年 11 月 18 日	叙任海军少将，并予除役。
1949 年 9 月	聘任上海交通大学管理学院航管系主任教授。
1950 年 2 月	因病辞职。
1953 年 2 月	聘任上海市人民政府参事室参事。
1961 年 3 月 18 日	在上海病逝。著有《自传》。

吴子漪（1893—1960）

生于 1893 年 2 月 6 日（清光绪十八年腊月二十日）。浙江青田人，字润玉，号舜魁。中国国民党陆军军官学校下级干部训练班毕业。官号：775。

1923 年 11 月	出任广东陆军第 1 师（师李济深）第 2 旅（旅长陈济棠）第 3 团（团长邓演达）第 1 营第 3 连中尉军需。
1925 年 1 月	调任黄埔军校炮兵营（营长蔡忠笏）第 1 连（连长陈诚）中尉军需。
8 月	考入中国国民党陆军军官学校下级干部训练班学习。
12 月	干训班毕业后派任军校炮兵第 2 营（营长陈诚）上尉军需。
1926 年 1 月	调任军校炮兵大队（大队长陈诚）主任副官。
3 月	调升军校军医处（处长陈巍）总务科少校科长。
8 月	调任第 1 补充师（师长严重）第 3 团（团长陈诚）少校军需主任。
11 月	所部改称第 21 师（师长严重）第 63 团（团长陈诚），仍任少校军需主任。
1927 年 4 月	升任第 21 师（代师长陈诚）辎重大队中校大队长。

10 月	离职后返乡闲居。
1928 年 8 月	出任第 11 师（师长曹万顺）军需处少校军需。
1929 年 7 月	升任第 11 师（师长陈诚）军需处中校军需。
1930 年 2 月	调任第 11 师驻武汉办事处中校主任。
1931 年 2 月	调升第 14 师（兼师长陈诚）军需处上校处长。
9 月	调任第 18 军（军长陈诚）驻赣办事处上校处长。
1935 年 4 月	调任陆军整理处（兼处长陈诚）第 4 组上校副组长。
10 月	兼任宜昌行辕民众工程总监工、采购委员会主任委员。
1936 年 3 月 4 日	叙任陆军步兵上校。
9 月	调任广州行营（兼主任何应钦）武昌办事处上校主任。
1938 年 5 月	调任中央训练团经理处上校处长。
1939 年 10 月	调升第 6 战区司令长官部（兼司令长官陈诚）经理处少将处长。
1940 年 5 月	调升军事委员会政治部（部长陈诚）第 4 厅中将厅长。
1942 年 11 月	兼任湖北省政府（兼主席陈诚）驻渝办事处主任。
1944 年 1 月 1 日	获颁四等云麾勋章。
1945 年 2 月 20 日	晋任陆军少将。
4 月	调任军政部（部长陈诚）军需署（署长陈良）中将副署长。
5 月	兼任军政部采购委员会主任委员。
10 月 10 日	获颁忠勤勋章。
1946 年 5 月 5 日	获颁胜利勋章。
10 月 4 日	调任海军总司令部（代总司令桂永清）第 5 署（编组训练署）中将署长。
1947 年 5 月 6 日	调任第 4 署（支应署）中将署长。
1949 年 3 月 6 日	调任海军总司令部（总司令桂永清）中将高级参谋。
1952 年 7 月	当选国民党中央监察委员。
10 月 22 日	退为备役后出任台湾土地银行监察委员。
1960 年 1 月 1 日	在台湾台北病逝。

夏孙鹏（1887—1933）

生于 1887 年（清光绪十三年）。江苏江阴人，字应庚。南洋公学中院（高等预科）第五届毕业。

1899 年	入南洋公学中院（高等预科）第五届学习。
1905 年 8 月	官派英国学习舰船驾驶。
1910 年 7 月	回国后任南洋公学商船驾驶科科长。
1911 年 9 月	商船驾驶科扩建为邮传部高等商船学堂，改任教务长。
1912 年 3 月	所部改编为吴淞商船学校（校长萨镇冰），改任教务主任。
1913 年 8 月 14 日	代理校务。
1916 年 12 月 31 日	获颁五等文虎章。
1918 年 5 月 11 日	获颁勋三等旭日章（日）。
1919 年 5 月 15 日	授海军上校。
1927 年 3 月 14 日	出任国民革命军海军总司令部（总司令杨树庄）编译委员会少将主任委员。
1928 年 8 月 27 日	调任海军总司令部训练处少将处长兼海军新舰监造办公处主任委员。
1929 年 4 月	调任海军部（部长杨树庄）少将参事。
1930 年 1 月 3 日	调任马尾海军学校少将校长。
1931 年 7 月	因病辞职。
1932 年 5 月 28 日	出任吴淞商船学校校长。
1933 年 1 月 5 日	因病辞职。
1 月 17 日	在上海病逝。

萧西清（1911—? ）

生于1911年7月12日（清宣统三年六月十七日）。江西太和人，字公正。中央陆军军官学校第八期步兵科、陆军大学正则班第十五期毕业。

1930年5月	考入中央陆军军官学校第八期步兵科学习。
1933年5月	军校毕业后派任军校教导总队（总队长桂永清）第1团（团长周振强）第1营第2连少尉排长。
1934年7月	兼任复兴社护卫队干部训练班（兼主任桂永清）学员队（兼队长李昌龄）区队长。
1935年9月14日	叙任陆军步兵少尉。
9月19日	调升教导总队军士营（营长胡启儒）中尉排长。
1936年3月	调升第2师（代师长郑洞国）参谋处上尉参谋。
6月	调任驻赣绥靖公署（主任顾祝同）特务营上尉连长。
12月	考入陆军大学正则班第十五期深造。
1937年1月	离校出任西安行营（主任顾祝同）参谋处上尉参谋。
3月	返校学习。
1937年8月	离校出任教导总队参谋处（处长万成渠）第1课少校课长。
1938年2月	返校继续学业。
1939年3月	陆大毕业后派任第3战区司令长官部（司令长官顾祝同）少校侍从参谋。
1940年8月	升任参谋处第3课中校课长兼战区干部训练团将校班兵学教官。
1942年3月	调升独立第33旅（旅长王文）第697团上校团长。
1943年7月	调任军事委员会委员长侍从室上校参谋兼视察组视察官。
8月13日	晋任陆军步兵中校。
1944年12月	调升第201师（师长戴之奇）第602团少将团长。
1946年6月	调任陆军总司令部（总司令顾祝同）副官处少将处长。
1947年1月	调任整编第104旅（辖三团）少将旅长。

1947 年 3 月 14 日	获颁忠勤勋章。
8 月 11 日	获颁银质棕榈叶勋饰自由勋章（美）。
1948 年 9 月 22 日	晋任陆军步兵上校。
1949 年 1 月 13 日	调任国防部（部长徐永昌）副官处少将处长。
5 月 10 日	调任海军总司令部（总司令桂永清）第 1 署（人事署，辖四科）少将署长。
1950 年 4 月	调任"国防部"第 3 军官战斗团少将团长。
1952 年 11 月	调任"中国青年反共救国团"军训组少将组长。
1954 年 6 月	调任第 9 军（军长许朗轩）少将副军长。
1957 年 10 月	调任"国防部"行政学校少将校长兼军训室总教官。
1962 年 2 月	调升"国防部"福利总处中将处长。
1965 年 3 月	调任澎湖防卫司令部（司令官艾瑗）中将副司令官。
1967 年 10 月	调任金门防卫司令部（司令官尹俊）中将副司令官。
1969 年 9 月	退为备役。
1971 年 7 月 30 日	任台湾省政府政治顾问，后历任任台湾省政府经济建设动员委员会副主任委员、中兴纸业公司董事长。后事不详。

谢葆璋（1866—1940）

生于 1866 年 1 月 20 日（清同治四年腊月初四日）。福建闽侯（出生地现属福州）人，字镜如。天津北洋水师学堂第一届驾驶班毕业。

1880 年 12 月	考入天津北洋水师学堂第一届驾驶班学习。
1884 年 11 月	水师学堂毕业后派任"威远"练舰（管带方伯谦）见习。
1887 年	调升"来远"巡洋舰（管带邱宝仁）二副。
1888 年	兼代枪炮大副。
1892 年	升任枪炮大副。
1895 年 4 月	因所部作战失力被撤职赋闲。

1900 年 5 月	出任"海圻"巡洋舰（管带萨镇冰）帮带。
1902 年 11 月	调任北洋水师练营管带。
1909 年 11 月	调升烟台水师学堂监督、代理督办。
1910 年 9 月	辞职。
1911 年 8 月	出任海军部（大臣载洵）二等参谋官。
1912 年 4 月 7 日	出任海军总司令处（总司令黄钟瑛）中校二等参谋。
1913 年 7 月 16 日	授海军上校。
8 月 20 日	晋授海军少将。
10 月 10 日	升任海军部（总长刘冠雄）军学司（辖七科）少将司长。
11 月 26 日	获颁六等嘉禾章。
1914 年 10 月 12 日	晋颁四等嘉禾章。
1916 年 10 月 9 日	获颁三等文虎章。
1917 年 1 月 1 日	晋颁三等嘉禾章。
7 月 31 日	调任海军部（总长萨镇冰）少将参事。
1918 年 1 月 7 日	晋颁二等嘉禾章。
1919 年 10 月 14 日	晋颁二等文虎章。
1920 年 1 月 1 日	获颁四等宝光嘉禾章。
1921 年 4 月 23 日	晋颁三等宝光嘉禾章。
1923 年 8 月 5 日	获颁指挥官级荣誉军官勋章（法）。
1924 年 5 月 14 日	获颁勋二等瑞宝章（日）。
1926 年 8 月 21 日	升任海军部（总长杜锡珪）中将次长。
8 月 25 日	兼任总务厅（辖一处一科）厅长、编纂委员会会长。
1927 年 1 月 27 日	晋授海军中将。
3 月 6 日	代理海军部总长。
3 月 26 日	兼任领海道测量局局长、全国海岸巡防处处长。
6 月 18 日	免去厅长兼职。
7 月	张作霖改组海军部时离职赋闲。
1928 年 6 月 2 日	出任国民革命军海军总司令部（总司令杨树庄）海岸巡防处中将处长。
1929 年 1 月 14 日	调任海道测量局中将局长。

1930 年 7 月 12 日	调任海军部（部长杨树庄）顾问。
1938 年 1 月 1 日	改任海军总司令部（总司令陈绍宽）顾问。
1940 年 8 月 4 日	在北京病逝。

谢崇坚（1900—1974）

　　生于 1900 年（清光绪二十六年）。江西兴国人，曾用名谢泽民。烟台海军学校第十五届驾驶班毕业。

1919 年 9 月	考入烟台海军学校第十五届驾驶班学习。
1924 年 8 月	海校毕业后派任"永丰"炮舰（舰长欧阳琳）中尉航海副。
1925 年 4 月	所部改称"中山"炮舰（舰长欧阳琳），升任上尉大副。
1926 年 3 月 20 日	调升"自由"炮舰少校舰长。
1928 年 1 月	调任江苏省水上公安队队长。后调任民政所"钧和"舰舰长。
1940 年 4 月 1 日	出任国民政府参军处（参军长唐蟒）少将参军（汪伪）。
1943 年 10 月 13 日	兼任参军处总务局局长。
1944 年 3 月 30 日	叙任海军上校。
8 月 14 日	辞去局长兼职。
1945 年 9 月	离职避居。
1958 年	被逮捕后判处七年有期徒刑。
1962 年 6 月	获释后返乡定居。
1974 年	在江西兴国病逝。

谢刚哲（1885—1941）

　　生于 1885 年（清光绪十一年）。四川华阳（现双流）人，字樨洲。东京商船学校航海科（留日第一届驾驶班）、日本横须贺海军炮术学校航海科（留日第一期）毕业。

| 1904 年 | 入福州武备学堂第三期学习。 |
| 1906 年 4 月 | 奉派日本留学。 |

5 月	入东京商船学校航海科（留日第一届驾驶班）学习。
1909 年 11 月	升任日本横须贺海军炮术学校航海科（留日第一期）深造。
1910 年 11 月	起在日本海军"津轻"舰见习。
1911 年 5 月	学成归国。
6 月	派任海军统制部参谋，授正军校。
1912 年 1 月 5 日	出任南京临时政府海军总司令部（总司令黄钟瑛）军机处中校处长。
3 月 25 日	调任北京政府参谋部第 5 局（海军局）中校局长。
1913 年 7 月 16 日	授海军中校。
12 月 26 日	获颁三等文虎章。
1915 年 2 月 28 日	晋授海军上校。
1916 年 9 月 17 日	获颁勋三等瑞宝章（日）。
10 月 9 日	获颁二等嘉禾章。
1918 年 9 月 16 日	晋颁二等文虎章。
1920 年 11 月 15 日	获办法军官级荣誉军团勋章（法）、军功十字勋章（法）。
1921 年 12 月 19 日	晋授海军少将。
1922 年 8 月	出任东三省保安总司令部（总司令张作霖）航警处（处长沈鸿烈）第 3 科少将课长。
1923 年 1 月 21 日	获颁三等宝光嘉禾章。
1924 年 1 月 21 日	晋颁勋二等瑞宝章（日）。
1925 年 12 月	调任江海防指挥部（兼总指挥沈鸿烈）少将参谋长。
1926 年 1 月	所部改编为东北海军司令部（兼司令张作霖），仍任少将参谋长。
1927 年 7 月 19 日	升任联合舰队（兼司令张作霖）少将参谋长。
1929 年 1 月	调任东北海军总司令部（代总司令沈鸿烈）海军航空大队少将队长。
12 月	兼代江防舰队少将队长。
1930 年 9 月 13 日	实兼东北边防军江防舰队少将队长。
10 月 7 日	专任海军航空大队少将队长。
1932 年 4 月	调任东北海军总司令部（代总司令沈鸿烈）少将参谋长

	兼海军航空大队队长。
1933 年 6 月 27 日	所部改编为海军第 3 舰队，代理少将司令。
7 月 11 日	升任海军第 3 舰队中将司令。
1937 年 1 月 1 日	获颁四等云麾勋章。
12 月	兼任青岛防区总指挥部（兼总指挥沈鸿烈）副总指挥。
1938 年 2 月	第 3 舰队残部改编为江防要塞守备司令部（辖三守备总队），仍任中将司令。
10 月 1 日	调任军事参议院（院长陈调元）中将参议。
1941 年 10 月	在甘肃兰州病逝。

谢远灏（1901—1955）

生于 1901 年 4 月 7 日（清光绪二十七年二月十九日）。江西兴国人，字浩然。中国国民党陆军军官学校第一期步兵科、陆军大学将官班乙级第四期毕业。官号：3068。

1923 年起	历任广州大本营驻增城命令传达所少尉副官、军政部陆军讲武学校学生队中尉队长。
1924 年 3 月	考入军政部陆军讲武学校第二期步兵科学习。
11 月	并入中国国民党陆军军官学校第一期步兵科。
1925 年 2 月	军校毕业后历任军校教导第 2 团（团长王柏龄）中尉排长、第 1 师（师长何应钦）上尉连长、连上尉党代表、第 1 补充师（师长严重）少校营长、第 21 师（师长严重）少校营长、中校团附。
1928 年 2 月	调升第 2 师（师长徐庭瑶）政治训练处上校处长。
7 月	调任第 11 师（师长曹万顺）政治训练处上校处长。
1929 年 3 月	调任第 3 师（师长毛秉文）政治训练处上校处长。
9 月	调任第 3 师（师长陈继承）第 8 旅（旅长李玉堂）第 15 团上校团长。
1932 年 5 月	调升江西省保安第 1 旅少将旅长。

1933 年 5 月	调任军事委员会南昌行营少将监察专员。
1935 年 10 月	任中央各军事学校毕业生调查处（处长刘詠尧）少将主任秘书。
1937 年 1 月 6 日	叙任陆军步兵中校。
10 月	调任预备第 1 师（师长龙慕韩）少将副师长。
1938 年 2 月	调任中央各军事学校毕业省调查处少将副处长。
1940 年 7 月 19 日	晋任陆军步兵上校。
1944 年 2 月 11 日	升任少将处长。
6 月 27 日	获颁四等云麾勋章。
1945 年 11 月	调任军事委员会少将参议。
1946 年 7 月 5 日	获颁铜质棕榈叶勋饰自由勋章（美）。
7 月 31 日	调任中央训练团少将团员。
1947 年 11 月	保送陆军大学将官班乙级第四期深造。
1948 年 12 月	陆大毕业。
1949 年 1 月	派任国防部（部长何应钦）少将部员。
4 月	调任海军陆战队第 2 师（师长周雨寰）少将参谋长。
10 月	调升海军陆战队司令部（司令杨厚彩）少将参谋长。
1951 年 10 月	晋任陆军少将。
1953 年 1 月	升任海军陆战队司令部（司令周雨寰）少将副司令。
1955 年 1 月 23 日	在台湾台北病逝。
2 月 15 日	追晋陆军中将。

徐祖善（1890—1957）

生于 1890 年 6 月 28 日（清光绪十六年五月十二日）。江苏无锡人，原名徐仕彪，字燕谋，号师班。南京江南水师学堂第五届管轮班毕业。

1902 年 12 月	考入南京江南水师学堂第五届轮机班学习。
1909 年 11 月	水师学堂毕业后派任"海琛"巡洋舰（管带杨敬修）见习。

1910 年	调升海军提督侍从副官。
1911 年 8 月	奉派美国学习造船及潜艇技术。
1915 年 12 月	回国。
1916 年 3 月	派任欧洲观战团海军武官。
1917 年 8 月	调任驻英国公使官海军少校武官。
10 月 14 日	获颁勋五等旭日章（日）。
1919 年 9 月 23 日	获颁军功十字勋章（意）。
12 月 7 日	授海军造舰少监。
12 月 15 日	调任海军部（总长萨镇冰）军务司（司长陈恩焘）军事科（科长哈汉仪）科长上行走。
1921 年 2 月 27 日	调升航空署（署长丁锦）参事。
3 月 14 日	获颁军官级荣誉军团勋章（法）。
1922 年 12 月 29 日	调任接收青岛港务主任兼财政部胶州海关监督。
1924 年 11 月 7 日	调任财政部天津海关监督。
12 月 13 日	调任财政部北京办事处处长。
1928 年 3 月	调任陇海铁路局局长。
1930 年 6 月 14 日	调任外交部筹办接收威海卫事宜办事处特派员。
9 月	改任威海卫行政区管理专员。
1936 年 6 月 30 日	调任财政部宜昌关监督。
1937 年 6 月 30 日	调任江汉关监督。
1938 年 9 月 29 日	调任海军总司令部（总司令陈绍宽）少将高级参谋。
1939 年 4 月	调任桂林行营（兼主任白崇禧）江防少将处长。
1940 年 8 月	所部改编为粤桂江防司令部，仍任少将司令。
1941 年 4 月 25 日	辞职赋闲。
1942 年 8 月	调任海关总税务司署理海务巡工司。
1945 年 10 月	出任华中轮船公司常务董事兼船务处长。
1947 年 8 月 27 日	获颁银质棕榈叶勋饰自由勋章（美）。
1949 年	辞职后寓居无锡。
1957 年 7 月 2 日	在江苏无锡病逝。

许凤藻（1891—1953）

生于 1891 年（清光绪十七年）。江苏无锡人，字伯翔。南京江南水师学堂第六届驾驶班毕业。

1901 年 12 月	考入南京江南水师学堂第六届驾驶班学习。
1908 年 11 月	水师学堂毕业后在海军服务。
1909 年	升任"湖鹰"鱼雷艇（管带杨树庄）帮带。
1910 年 12 月 5 日	调任海军部（大臣载洵）军制司（司长蔡廷干）铨衡科科长。
1911 年 3 月	调升"联鲸"炮舰（管带许建廷）帮带。
11 月	率部起义，代理管带。
1912 年 1 月	改任"联鲸"炮舰上尉代理舰长。
4 月 5 日	调任海军第 2 舰队（司令蓝建枢）上尉副官。
1913 年 2 月 27 日	授海军上尉。
1914 年 5 月 25 日	晋授海军少校。
5 月 26 日	调升海军总司令处（总司令李鼎新）少校副官。
9 月 29 日	获颁七等嘉禾章。
1916 年 1 月 2 日	获颁六等文虎章。
10 月 9 日	晋颁六等嘉禾章。
1918 年 4 月 14 日	晋颁四等文虎章。
10 月 18 日	调升海军第 2 舰队（司令杜锡珪）中校参谋长。
11 月 10 日	晋授海军中校。
1920 年 1 月 1 日	晋颁四等嘉禾章。
10 月 21 日	获颁三级圣乔治勋章（白俄）。
12 月 8 日	调任"楚有"炮舰中校舰长。
12 月 11 日	获颁勋三等旭日章（日）。
1921 年 9 月 5 日	获颁四等宝光嘉禾章。
1922 年 3 月 11 日	晋颁三等文虎章。

1923 年 2 月 7 日	晋颁二等文虎章。
10 月 9 日	晋授海军上校。
12 月 3 日	调升海军总司令公署(总司令)上校署理参谋长兼"楚有"炮舰舰长。
1924 年 4 月 9 日	免去舰长兼职。
1925 年 2 月 22 日	调任海军部军务司署理司长。
1926 年 7 月 10 日	实任海军部(总长杜锡珪)军务司少将司长兼国务院(兼代总理杜锡珪)总务厅厅长,晋授海军少将。
11 月 13 日	调任海军部少将参事兼外交处处长。
1927 年 6 月 28 日	所部裁撤后离职赋闲。
12 月 19 日	出任国民政府外交部特派厦门交涉员。
1929 年 5 月 18 日	调任财政部厦门关监督。
6 月 12 日	调任海军部(部长杨树庄)军械司少将司长兼厦门关监督。
1930 年 2 月 24 日	调任海军部参事处(处长吕德元)少将参事兼厦门关监督。
1932 年 9 月 21 日	辞去厦门关监督兼职。
1935 年 9 月 3 日	调任财政部荆沙常关监督。
1940 年 1 月	兼任湘鄂区货运稽查处处长。
11 月 20 日	调兼第 5 战区司令长官(司令长官李宗仁)经济委员会主任委员。
1943 年 1 月	因涉嫌"补税舞弊"被撤职查办。
1945 年 9 月 15 日	出任财政部全国引水管理委员会驻沪办事处处长。
1947 年 1 月 4 日	调任输入临时管理委员会厦门区办事处处长。
11 月 11 日	所部改称输出入临时管理委员会华南分会厦门区办事处,仍任处长。
1948 年 6 月 29 日	因遭歹徒入室抢劫受伤而离职休养。
1953 年 8 月 24 日	在台湾台北病逝。

许继祥（1872—1942）

生于1872年（清同治十一年）。福建闽侯人，字翯屏。马尾船政后学堂第十二届驾驶班毕业。

1894年	考入马尾船政后学堂第十二届驾驶班学习。
1899年	船政后学堂毕业后在海军服务。
1912年4月	调任海军部（总长刘冠雄）副官处少校副官。
9月5日	升任海军部军法司（司长曾兆麟）中校总执法官。
1913年5月16日	调任海军部中校视察兼海军部福州行营办事员。
7月16日	授海军中校。
7月21日	兼任海军临时捕获审检局局长。
1914年5月25日	晋授海军上校，获颁四等文虎章。
7月20日	调任海军部军法司上校司长。
9月28日	获颁七等嘉禾章。
12月27日	辞职赋闲。
1916年10月1日	出任海军部军需司上校司长。
1917年1月18日	调任海军部上校谘议。
1917年6月	在上海从事护法活动。
9月14日	出任广州军政府元帅府参议兼海军部（总长程璧光）上校参事。
11月20日	调任上校参谋。
1919年10月	出任北京政府海军部（总长刘冠雄）航律委员会上校主任委员。
1921年6月26日	获颁四等宝光嘉禾章。
1922年4月21日	调升全国海道测量局少将局长。
7月29日	晋颁三等文虎章。
10月	兼任扬子江引港传习所所长。
1923年3月27日	晋授海军少将。

1924 年 6 月 17 日	兼署全国海岸巡防处处长
1925 年 7 月 23 日	实兼全国海岸巡防处处长。
1927 年 3 月 26 日	被免职赋闲。
1928 年 3 月 5 日	任国民革命军海军总司令部（总司令杨树庄）顾问。
12 月 26 日	调任海军署（署长陈绍宽）海政司少将司长。
1929 年 4 月	改任海军部（部长杨树庄）海政司少将司长。
1937 年 1 月 1 日	获颁四等云麾勋章。
1938 年 1 月	调任海军总司令部（总司令陈绍宽）少将候补员。
1940 年 3 月 30 日	出任海军部（兼部长汪兆铭）中将常务次长（汪伪）。
	同日被重庆国民政府明令通缉。
5 月 14 日	获颁指挥官级荣誉军团勋章（维希法）。
12 月 17 日	获颁勋二等旭日章（日）。
1941 年 10 月 27 日	调任军事参议院（代院长任援道）中将参议。
11 月 25 日	获颁勋二等瑞宝章（日）。
1942 年 4 月 8 日	在南京（现属江苏）病逝。
1943 年 9 月 13 日	追颁勋二位柱国章（伪满）。

许建廷（1887—1960）

生于 1887 年（清光绪十三年）。福建长乐人，字衡曾。福州马尾船政后学堂第十六届驾驶班、英国朴茨茅斯海军学院毕业。

1899 年 12 月	考入马尾船政后学堂第十六届驾驶班学习。
1904 年 11 月	船政后学堂毕业。
12 月	派往英国海军见习。
1905 年 8 月	入朴茨茅斯海军学院学习。
1909 年 7 月	回国。
8 月 7 日	派任"海琛"巡洋舰（管带杨敬修）教练官。
12 月	调升"海容"巡洋舰（管带李鼎新）鱼雷大副。

1910 年 6 月	调任"湖鹰"鱼雷艇管带。
12 月	授海军协参领。
1911 年 2 月	调升"联鲸"炮舰管带。
12 月	离职。
1912 年 4 月	出任海军部（总长刘冠雄）中校视察。
1913 年 1 月 17 日	授海军中校。
7 月 12 日	获颁五等文虎章。
11 月	调任"湖鹰"鱼雷艇中校艇长。
1914 年 9 月 28 日	获颁七等嘉禾章。
10 月 25 日	调升"联鲸"炮舰中校舰长。
1915 年 7 月 1 日	调任"建安"炮舰中校舰长。
1916 年 4 月 27 日	晋颁三等文虎章。
8 月 6 日	晋授海军上校。
12 月 31 日	晋颁六等嘉禾章。
1917 年 10 月 9 日	晋颁四等嘉禾章。
1919 年 1 月 4 日	晋颁三等嘉禾章。
1921 年 6 月 7 日	调任"靖安"运舰上校舰长。
9 月 14 日	获颁勋三等旭日章（日）。
9 月 26 日	获颁勋三等瑞宝章（日）。
1922 年 7 月 5 日	获颁四等宝光嘉禾章。
9 月 27 日	调升"海筹"巡洋舰上校舰长。
1923 年 3 月 27 日	晋授海军少将。
1925 年 2 月 1 日	兼任军事善后会议海军委员。
2 月 6 日	升任海军第 2 舰队少将司令。
1926 年 7 月 10 日	辞职赋闲。
1927 年 12 月 19 日	出任国民政府外交部特派福建交涉员兼财政部闽海关监督。
1929 年 1 月 14 日	专任闽海关监督。
1933 年 2 月 13 日	离职后闲居上海。
1934 年 7 月	出任吴淞商船学校校长。

12 月 30 日	辞职赋闲。
1939 年 7 月 1 日	出任维新政府绥靖部水巡司司长（冀东伪）。
1940 年 3 月 30 日	出任海军部（兼部长汪兆铭）高级顾问（汪伪）。
4 月 29 日	晋颁勋二等瑞宝章（日）。
5 月 8 日	调任军事委员会中将委员。
7 月 27 日	兼任南京要港司令。
1942 年 5 月 8 日	被重庆国民政府明令通缉。
9 月 1 日	调任军事委员会中将参谋次长。
12 月 21 日	获颁指挥官级王冠勋章（意）。
1943 年 3 月 29 日	获颁二级同光勋章。
4 月 29 日	晋颁勋二等旭日章（日）。
9 月 13 日	获颁勋二位景云章（伪满）。
10 月 10 日	叙任海军中将。
1945 年 6 月 7 日	调任海军部（部长凌霄）中将政务次长。
9 月	离职后避居上海，后返乡定居。
1956 年 8 月	当选长乐县政协（主席阎效忠）常务委员。
1960 年 12 月	在福建长乐病逝。

许世芳（1880—？）

生于 1880 年（清光绪六年）。福建闽侯人，字钟岳。北洋海军医学堂第八届毕业。医学堂毕业后历任山海关防疫委员、德州兵工厂总医官、学部名词馆医科编纂等职。

1912 年 8 月	派赴美国任军医大会代表。
1913 年 3 月	调任吴淞海军医院署理院长。
1914 年 5 月 25 日	获颁三等文虎章。
6 月 28 日	授海军军医大监。
9 月 28 日	获颁七等嘉禾章。
1915 年 1 月 16 日	实任吴淞海军医院院长。

1916 年 1 月 2 日	晋颁五等嘉禾章。
1918 年 1 月 7 日	晋颁四等嘉禾章。
10 月 7 日	兼任海军总司令公署（总司令蓝建枢）军医课课长。
1919 年 11 月 25 日	晋授海军军医主监。
1922 年 6 月 15 日	专任海军总司令公署军医课课长。
1923 年 4 月 10 日	出任上海海军领袖处（领袖林建章）军医课课长。
5 月 19 日	获颁勋二等旭日章（日）。
1924 年 9 月	回任海军总司令公署（总司令杜锡珪）军医课课长。
1925 年 9 月 2 日	兼任海岸巡防处（处长许继祥）军医课课长。
1927 年 3 月 14 日	随部响应北伐，任国民革命军海军总司令部（总司令杨树庄）军医处少将处长。
3 月 24 日	兼任海岸巡防处（处长谢葆璋）军医课课长。
1929 年 4 月	调任海军编遣办事处（主委杨树庄）军务局（局长任光宇）卫生课少将课长兼海岸巡防处（处长吴振南）军医课课长。
1930 年 3 月	专任海岸巡防处军医课少将课长。
1937 年 8 月	所部裁撤后离职。
	后事不详。

杨厚彩（1906--2002）

生于 1906 年 10 月 23 日（清光绪三十二年九月初六日）。湖南浏阳人，字文焕。中央陆军军官学校第六期步兵科毕业。官号：9554。

1926 年 10 月	考入中央陆军军官学校第六期步兵科学习。
1929 年 5 月	军校毕业后续入留学生预备班学习。
1930 年 5 月	奉派德国留学，旋因名额限制转奥地利军校学习。
1934 年	返回德国军校学习。
1935 年 3 月	回国。
4 月 2 日	派任中央军校教导总队（总队长桂永清）工兵连少校连长。

9 月	所部扩编为工兵营，升任少校营长。
1936 年 3 月 30 日	叙任陆军步兵少校。
1937 年 11 月	所部扩编为工兵团，升任中校团长。
1938 年 3 月	所部改编为第 46 师时因未归队，为无职军官。
5 月	派任军事委员会战时干部训练团（教育长桂永清）第 1 总队上校总队长。
1939 年 10 月	调任中央军校第七分校（兼主任胡宗南）军官教育队上校队长。
1943 年 1 月 23 日	晋任陆军步兵中校。
10 月	调升第七分校教导总队少将总队长。
1945 年 9 月	调任第 1 师（师长黄正诚）少将副师长。
1946 年 4 月	所部整编为第 1 旅（旅长黄正诚），改任少将副旅长。
5 月 10 日	晋任陆军步兵上校。
7 月 9 日	获颁铜质棕榈叶勋饰自由勋章（美）。
9 月 23 日	在浮山与解放军作战时兵败被俘。
10 月 10 日	获颁胜利勋章。
11 月 9 日	获颁忠勤勋章。同月获释后派任整编第 48 旅（旅长何奇）少将副旅长。
1947 年 5 月 7 日	调任海军总司令部（代总司令桂永清）少将高级参谋。
9 月	兼任海军陆战大队大队长。
1948 年 8 月 16 日	陆战大队扩编为海军陆战队第 1 团，仍兼任团长。
9 月 22 日	晋任陆军少将。
1949 年 3 月 16 日	陆战第 1 团扩编为海军陆战队第 1 师（辖三团），改任少将师长。
10 月	升任海军陆战队司令部（辖第 1 旅、第 2 旅）少将司令。
1950 年 7 月 27 日	调任海军总司令部（总司令桂永清）办公室少将主任。
1954 年 2 月	调任陆军工兵学校少将校长。
1960 年 7 月	调升工兵署中将署长。
1968 年 8 月 26 日	退为备役。
2002 年 4 月 20 日	在台湾台北病逝。

杨敬修（1874—1950）

　　生于1874年7月27日（清同治十三年六月十四日）。福建闽侯（出生地现属福州）人，字己三。威海水师学堂第一届驾驶班毕业。

1890年6月	考入威海水师学堂第一届驾驶班学习。
1894年5月	水师学堂毕业后历任"康济"练舰驾驶二副、"海龙"鱼雷艇帮带。
1908年	升任"飞鹰"猎舰管带。
1910年10月22日	调升"海琛"巡洋舰管带，授副参领衔。
1911年4月12日	调海军部服务，派美国监造军舰。
11月	离职回国。
1913年3月24日	出任"应瑞"巡洋舰上校署理舰长。
7月16日	授海军上校。
1914年10月25日	实任"应瑞"巡洋舰上校舰长。
1915年11月12日	获颁三等文虎章。
1916年1月2日	获颁四等嘉禾章。
10月9日	晋颁二等文虎章。
1917年10月9日	晋颁三等嘉禾章。
11月27日	晋授海军少将。
1918年10月18日	晋给二等嘉禾章。
1920年1月16日	获颁二等大绶嘉禾章。
6月	兼任闽疆海军警备司令。
10月	免去兼职。
12月22日	调任海军租船处少将监督。
1921年8月12日	调任海军练习舰队少将司令。
10月11日	获颁勋三等旭日章（日）。
1922年1月30日	获颁二等宝光嘉禾章。
11月30日	授勋五位。

1923 年 5 月 5 日	被免职。
9 月 6 日	出任财政部厦门海关监督。
12 月 1 日	被免职赋闲。
1927 年 8 月 27 日	出任国民政府财政部闽海关监督。
12 月 29 日	被免职赋闲。
1929 年 8 月 30 日	调任国民政府海军部（部长杨树庄）少将候补员。
1938 年 1 月	调任海军总司令部（总司令陈绍宽）少将候补员。
1947 年 11 月 22 日	叙任海军少将，并予除役。
1950 年 11 月 14 日	在福建福州病逝。

杨庆贞（1886—？ ）

生于1886年（清光绪十二年）。福建闽侯（出生地现属福州）人，字镜汀。南京江南水师学堂第五届驾驶班毕业。

1899 年 5 月	考入南京江南水师学堂第五届驾驶班学习。
1906 年 4 月	水师学堂毕业后派任"通济"练舰（管带叶大鋆）见习，旋升驾驶二副。
1907 年	调任"海容"巡洋舰（管带李鼎新）驾驶二副。
1908 年	调任"海圻"巡洋舰（管带沈寿堃）驾驶二副。
1909 年	调升"海琛"巡洋舰（管带杨敬修）驾驶大副。
1911 年 11 月 13 日	升任"海琛"巡洋舰（代管带林永谟）帮带。
1912 年 1 月	改任"海琛"巡洋舰（舰长林永谟）少校副舰长。
6 月 1 日	调任"肇和"巡洋舰（舰长葛保炎）少校副舰长。
12 月 3 日	调任"江鲲"炮舰少校舰长。
1913 年 1 月 31 日	授海军少校。
1914 年 1 月	兼代"同安"驱逐舰舰长。
5 月 25 日	晋授海军中校。
5 月	免去代理兼职。

9 月 28 日	获颁七等嘉禾章。
10 月 25 日	调任"肇和"巡洋舰（舰长黄鸣球）中校副舰长。
1916 年 1 月 4 日	调任"建中"炮舰中校舰长。
7 月 24 日	获颁五等文虎章。
1918 年 4 月 14 日	晋颁四等文虎章。
1921 年 10 月 22 日	晋颁四等嘉禾章。
10 月 28 日	调任"建康"炮舰中校舰长。
1922 年 3 月 11 日	晋颁三等文虎章。
9 月 27 日	调任"楚谦"炮舰中校舰长。
1925 年 12 月 4 日	晋授海军上校。
1927 年 3 月 14 日	率部参加国民革命军，仍任"楚谦"炮舰上校舰长。
7 月 7 日	调任"通济"练舰上校舰长。
1928 年 2 月 1 日	调任宁福海军警备司令部（司令郁邦彦）上校参谋长。
1929 年 4 月 12 日	调升海军部（部长杨树庄）军务司少将司长。
1930 年 2 月 24 日	兼任海军部（部长陈绍宽）军衡司司长。
1934 年 2 月 13 日	调任海军部总务司少将司长。
1935 年 7 月 17 日	兼任军衡司司长。
1936 年 9 月 14 日	获颁勋三等瑞宝章（日）。
11 月 12 日	获颁四等云麾勋章、国民革命军誓师十周年纪勋章。
1937 年 8 月	辞去兼职。
1938 年 1 月 1 日	调任海军总司令部（总司令陈绍宽）参谋处少将处长兼海军作战训练研究室（兼主委陈训泳）研究员。
1939 年 2 月	兼代舰械处处长。
1941 年 10 月	辞去兼代职。
1942 年 9 月	因病辞职。
1945 年 10 月 10 日	获颁忠勤勋章。
1946 年 2 月 21 日	派任军政部（部长陈诚）海军处（代处长陈诚）中将参事。
3 月	所部改组为军政部海军署（兼署长陈诚），仍任中将参事。
5 月 5 日	获颁胜利勋章。
7 月 11 日	获颁银质棕榈叶勋饰自由勋章（美）。

| 1947年2月18日 | 叙任海军少将，并予除役后定居福州。 |
| | 后事不详（1963年在世）。 |

 ## 杨树庄（1882—1934）

生于1882年5月11日（清光绪八年三月二十四日）。福建闽侯人，字幼京。黄埔水师学堂第八届驾驶班毕业。

1898年12月	考入黄埔水师学堂第八届驾驶班学习。
1903年11月	水师学堂毕业后在"海圻"巡洋舰（管带萨镇冰）服务。
1909年	调升"湖鹰"鱼雷艇管带。
1912年1月	改任"湖鹰"鱼雷艇中校艇长。
1913年1月17日	授海军中校。
11月	调升"飞霆"炮舰上校舰长。
1914年5月25日	晋授海军上校。
9月28日	获颁七等嘉禾章。
10月25日	调任"永翔"炮舰上校舰长。
1915年10月6日	调任"飞鹰"驱逐舰上校舰长。
1916年1月3日	获颁五等文虎章
1917年1月1日	晋颁四等文虎章。
4月25日	调任"通济"练舰上校舰长。
1918年1月19日	晋颁四等嘉禾章。
10月19日	晋颁三等文虎章。
1920年1月16日	晋颁三等嘉禾章。
10月	兼任闽江海军警备司令。
11月	改兼闽夏海军警备司令。
12月22日	调任"应瑞"巡洋舰少将舰长兼闽夏海军警备司令。
1921年11月7日	晋授海军少将。
1923年5月5日	调升海军练习舰队少将署理司令兼闽夏海军警备司令。

5月25日	晋颁二等文虎章。
10月9日	授将军府将军。
12月6日	实任海军练习舰队少将司令兼闽夏海军警备司令。
11月29日	颁授七狮军刀。
1924年5月5日	晋授海军中将。
9月20日	兼任海军总司令公署（总司令杜锡珪）副司令。
9月27日	授胜威将军。
12月21日	升任海军总司令公署代理总司令。
1925年2月6日	实任海军总司令公署上将总司令。
9月17日	获颁勋一等瑞宝章（日）。
10月	兼任海军陆战大队大队长。
1927年3月14日	率部响应北伐，出任国民革命军海军总司令部上将总司令。
5月1日	兼任福建省政府主席。
1929年2月5日	海军总司令部裁撤后专任福建省政府主席。
2月27日	兼任海军编遣办事处上将主任委员。
4月12日	调兼国民政府海军部上将部长。
1930年1月1日	获颁一等宝鼎勋章。
4月22日	获颁勋一等旭日章（日）。
1931年12月30日	辞去海军部部长兼职，改兼海军部（部长陈绍宽）高等顾问。
1932年12月7日	因病辞职。
1934年1月10日	在上海病逝。

杨廷纲（1890—1973）

生于 1890 年（清光绪十六年）。福建福州人，字幼康。烟台海军学校第六届驾驶班毕业。

1908 年 7 月	考入烟台海军学校第六届驾驶班学习。
1911 年 6 月	海校毕业后派任"飞鹰"炮舰（管带林颂庄）见习。
1912 年 1 月	升任"飞鹰"炮舰（舰长林颂庄）中尉航海副。
1913 年 5 月 20 日	授海军中尉。
1915 年 11 月 20 日	晋授海军上尉。
1917 年 9 月	出任广州护法军政府（大元帅孙中山）上尉侍从武官。
1919 年 7 月 7 日	获颁五等文虎章。
1922 年 9 月	调升海军陆战队统带部（统带杨砥中）第 1 营（营长林忠）上尉营附。
1923 年 5 月	调任第 8 营少校营长。
6 月 2 日	统带部改编为海军陆战队第 1 混成旅（旅长杨砥中），调任第 1 团（团长马坤贞）第 3 营少校营长。
10 月 9 日	升任第 1 团中校团附兼第 3 营营长。
1924 年 4 月 25 日	调任独立第 7 营中校营长。
1925 年 10 月	混 1 旅整编为海军陆战大队（兼大队长杨树庄），改任第 2 支队（支队长林知渊）中校参谋长。
1926 年 1 月	所部改称海军陆战队第 1 混成旅（兼旅长杨树庄）第 2 旅（旅长林知渊），仍任中校参谋长。
11 月	所部改编为国民革命军闽厦海军（指挥官林知渊），升任上校参谋长。
1927 年 3 月	调升海军总司令部（总司令杨树庄）少将高级参谋。
1928 年 12 月	调任军政部（部长冯玉祥）海军署（署长陈绍宽）少将高级参谋。
1929 年 3 月	辞职赋闲后定居福州。
1934 年 9 月 26 日	出任参谋本部（兼总长蒋中正）少将参谋。
10 月 1 日	降任参谋本部第 2 厅（厅长徐培根）第 4 处（处长郑绍成）上校课长。
1942 年 11 月 26 日	调升军事参议院（院长陈调元）少将参议。
1946 年 7 月 31 日	叙任陆军少将，并退为备役后以任教为生。
1947 年 3 月 14 日	改任海军少将，仍予退为备役。

1949 年 9 月 15 日	出任人民解放军华东军区（兼司令员陈毅）海军研究委员会（主委曾以鼎）委员。
1950 年 5 月	所部改组为人民解放军海军司令部（司令员肖劲光）研究委员会（主任曾以鼎），仍任委员。
1953 年 2 月	离休后聘任福建省文史研究馆（馆长陈培锟）馆员。
1961 年 10 月	兼任福利研究小组组员。
1973 年 3 月	在福建福州病逝。著有《自传》。

杨廷英（1891—? ）

生于 1891 年（清光绪十七年）。福建闽侯（出生地现属福州）人，字俊雄。保定陆军军官学校第二期步兵科毕业。

1914 年 2 月	考入保定陆军军官学校第二期步兵科学习。
1916 年 5 月	保定军校毕业后在福建陆军服务，曾任福建省清乡司令部中尉参谋。
1918 年 1 月 30 日	授陆军步兵少尉。
1920 年 6 月 18 日	晋授陆军步兵中尉加上尉衔。
1924 年 10 月 4 日	晋授陆军步兵少校加中校衔。
1927 年 4 月	出任国民革命军海军总司令部(总司令杨树庄)中校参议。
8 月	调升海军陆战队步兵第 2 旅（旅长林寿国）第 2 团上校团长。
11 月	所部改称海军陆战队第 2 混成旅（旅长林寿国）第 4 团，仍任上校团长。
1928 年 11 月	所部改称海军陆战队第 2 独立旅（旅长林寿国）第 4 团，仍任上校团长。
1931 年 3 月 27 日	调任海军部（部长杨树庄）军务司（司长杨庆贞）运输科上校科长。
1932 年 3 月 14 日	调升海军陆战队第 1 独立旅（辖两团）少将旅长。
1933 年 11 月	因参加"闽变"被免职。
1934 年 2 月	出任第 1 集团军（总司令陈济棠）少将高级参谋。
1936 年 7 月	改任第 4 路军（总指挥余汉谋）少将高级参谋。

1937 年 1 月 20 日	叙任陆军步兵上校。
1938 年 10 月	调任第 4 战区司令长官部（司令长官张发奎）少将高级参谋。
1940 年 8 月	调任第 7 战区司令长官部（司令长官余汉谋）少将高级参谋。
1945 年 6 月 25 日	调任平和县县长。
1947 年 2 月 6 日	晋任陆军少将，并退为备役后定居福州。后事不详（1966 年在世）。

杨宣诚（1890—1962）

生于 1890 年 5 月 17 日（清光绪十六年三月二十九日）。湖南长沙人，原名杨宣德，字朴园，号札桐。日本东京商船学校（留日第二届驾驶班）、日本横须贺海军炮术学校航海科（留日第三期）毕业。官号：470004。

1908 年 4 月	奉派日本留学，入东京商船学校（留日第二届驾驶班）学习。
1910 年 11 月	升入横须贺海军炮术学校航海科（留日第三期）深造。
1911 年 11 月	回国后派任"楚泰"炮舰（管带马焜钰）枪炮大副。
1912 年 1 月	升任"楚泰"炮舰上尉枪炮长。
1913 年 2 月	奉派美国留学。
10 月	因官费中断，先后在苏联、日本游学。
1916 年 8 月	回国后出任湖南高等师范学校英语教师。
1918 年 7 月	聘任海军部驻海参崴海军代将处（代将林建章）军事联络员（周仲玉）随员。
1920 年 10 月	代将处撤消后赋闲。
12 月	出任湖南省政府（省长赵恒惕）交涉股股长。
1921 年 4 月 23 日	获颁七等嘉禾章。
1922 年 11 月 14 日	改任湖南省政府交涉司司长。
1923 年 3 月 18 日	晋颁三等嘉禾章。

1927 年 10 月 20 日	出任国民政府外交部驻湖北特派交涉员。
11 月 14 日	免职赋闲。
1929 年 3 月	出任驻日公使馆海军上校武官。
1932 年 9 月 26 日	调升参谋本部（兼总长蒋中正）少将高级参谋。
1933 年 2 月 25 日	调任参谋本部第 2 厅（厅长徐培根）第 1 处少将处长兼驻外武官训练班主任。
1937 年 1 月 1 日	获颁四等云麾勋章。
8 月 20 日	调任大本营第 1 部（部长黄绍竑）情报组中将处长兼第 5 部（部长陈公博）对敌宣传组组长。
11 月 16 日	辞去对敌宣传组组长兼职。
1938 年 3 月	调升军令部（部长徐永昌）中将特级高级参谋。
8 月	兼任军事委员会调查统计局（兼局长钱大钧）特种情报所所长。
1939 年 5 月	调任军令部第 2 厅中将厅长。
1940 年 12 月 5 日	叙任海军少将。
1942 年 7 月 4 日	获颁大十字级荣誉军团勋章（自由法）。
1943 年 12 月 11 日	获颁帝国指挥官级勋章（英）。
1944 年 1 月 1 日	获颁三等景星勋章。
4 月	调任国防外事局中将局长。
6 月 27 日	晋颁三等云麾勋章。
7 月 12 日	获颁指挥官级军团荣誉勋章（美）。
10 月	调任军事委员会中将高级参谋兼委员长侍从室高级武官。
1945 年 9 月 2 日	在日本东京湾参加受降仪式。
9 月 5 日	调任北平市政府（市长何思源）秘书长。
10 月 10 日	获颁忠勤勋章。
12 月 11 日	获颁二级卫国战争勋章（苏）。
1946 年 5 月 5 日	获颁胜利勋章。
7 月 31 日	晋任海军中将，并退为备役。
9 月 10 日	获颁金质棕榈叶勋饰自由勋章（美）。
1948 年 12 月	聘任台湾省政府（兼主席陈诚）顾问兼农林公司董事长。

| 1962 年 3 月 23 日 | 在台湾台北病逝。 |

杨元忠（1908—2004）

生于 1908 年 11 月 3 日（清光绪三十四年十月初十日）。广东潮安人，字静德。葫芦岛航警学校第三届航海班毕业。

1928 年 9 月	考入葫芦岛航警学校第三届航海班学习。
1931 年 8 月	航警学校毕业后历任少尉航海二副、中尉航海长。
1933 年 3 月 12 日	调任青岛海军军官学校（校长黄绪虞）中尉炮术教官。
1935 年 6 月 6 日	调升"镇海"运输舰（舰长汪于洋）上尉航海副。
1936 年 12 月	调升"永翔"炮舰（舰长李信侯）少校副舰长。
1938 年 3 月	调任青岛海军军官学校（校长王时泽）少校教官。
1941 年 12 月	调升驻美国公使馆海军中校副武官。
1944 年 12 月	升任驻美国公使馆海军中校代理武官。
1945 年 11 月 14 日	获颁六等云麾勋章。
12 月 28 日	调升接收海军总司令部训练机关上校接收专员、中央海军学校接收员。
1946 年 2 月 22 日	调任军政部（部长陈诚）海军处（兼处长陈诚）训练组上校组长。
3 月 13 日	所部改编为军政部海军署（兼署长陈诚）训练司（代司长欧阳宝）训练组上校组长。
4 月 6 日	晋颁五等云麾勋章。
5 月	调任中央海军军官学校筹备处上校主任。
9 月	所部改编为中央海军军官学校（兼校长蒋中正），改任上校教育长。
1947 年 5 月 1 日	调任海军总司令部（代总司令桂永清）第 5 署（编组训练署，署长吴子漪）上校副署长。
5 月 7 日	兼代第 5 署（辖三处）署长。

7 月 19 日	获颁银质棕榈叶勋饰自由勋章（美）。
1948 年 4 月 30 日	调升海军第 4 军区司令部代将司令。
1949 年 7 月 11 日	调升东南军政长官公署（长官陈诚）少将副参谋长。
1952 年 10 月 14 日	获颁指挥官级军团荣誉勋章（美）。
1950 年 5 月	调任金（门）马（祖）海军司令部少将司令。
1954 年 3 月	调任大陈海军司令部少将司令。
1955 年 10 月 1 日	调任海军总司令部（总司令梁序昭）少将副参谋长。
1958 年 3 月	调任"国防部"（部长俞大维）人事助理参谋次长。
1967 年	退为备役后移居美国。
2004 年 9 月 1 日	在美国纽约病逝。

杨仲雅（1907—? ）

生于 1907 年（清光绪三十三年）。福建闽侯人，字挺胥。海军陆战队讲武学校第一期、陆军大学特别班第五期毕业。

1923 年 4 月	考入海军陆战队讲武学校第一期学习。
1927 年 3 月	讲武学校毕业后在海军陆战队服务。
1930 年 6 月 12 日	升任海军陆战队第 2 旅(旅长林寿国)第 3 团(团长林秉周)第 3 营上尉营附。
1931 年 1 月 1 日	升任海军陆战队第 2 旅（旅长林秉周）第 3 团（团长林鋈）第 3 营少校营长。
1936 年 2 月 27 日	调任海军陆战队第 2 旅(旅长李世甲)第 4 团(团长陈名扬)第 2 营少校营长。
1937 年 1 月	调升第 3 团（团长尹家勋）中校团附。
1940 年 7 月	考入陆军大学特别班第五期深造。
1942 年 7 月	陆大毕业。
7 月 15 日	派任海军陆战队第 1 旅（兼旅长李世甲）上校参谋长。
1946 年 5 月	调升海军陆战队第 2 旅（辖两团）少将旅长。
8 月	所部交由陆军整编后离职赋闲。
	后事不详（1963 年在世）。

姚葵常（1885—? ）

生于 1885 年（清光绪十一年）。湖北罗田人，字秋武。日本东京商船学校航海科（留日第一届驾驶班）、日本横须贺海军炮术学校航海科（留日第二期）毕业。

1906 年 4 月	奉派日本留学。
5 月	入东京商船学校航海科（留日第一届驾驶班）学习。
1910 年 4 月	升入横须贺海军炮术学校航海科（留日第二期）深造。
1911 年 4 月	起先后在日本海军"严岛"、"津轻"舰见习。
11 月	学成归国。
1912 年 1 月 1 日	调任南京临时政府海军部（部长黄钟瑛）参谋兼北伐舰队（司令汤芗铭）参谋。
4 月	调任北京政府海军部（部长刘冠雄）军械司（司长吴纫礼）兵器科少校科长。
1913 年 1 月 31 日	授海军少校。
8 月 11 日	晋授海军中校。
1914 年 5 月 25 日	获颁四等文虎章。
1918 年 9 月 14 日	获颁四等嘉禾章。
1919 年 5 月 15 日	晋授海军上校。
1920 年 1 月 1 日	晋给三等文虎章。
1922 年 10 月 31 日	获颁五等宝光嘉禾章。
1926 年 1 月 1 日	升任军部（总长杜锡珪）军械司上校代理司长。
3 月 25 日	署理海军械司司长。
5 月 14 日	获颁勋二等瑞宝章（日）。
7 月 10 日	晋授海军少将。
11 月 13 日	实任海军部军械司少将司长。
1927 年 8 月 6 日	改任安国军政府军事部（部长何丰林）海军署（署长温树德）军械司少将司长兼东北海事编译局局长。
12 月 1 日	调任海道测量局少将局长兼全国海岸巡防处处长。

1929 年 1 月	调兼东北海军总司令部（代总司令沈鸿烈）秘书长。
8 月 12 日	兼任海军编遣办事处（主委杨树庄）委员。
1930 年 3 月 3 日	调兼东北海军总司令部（代司令沈鸿烈）副官长。
7 月 12 日	专任东北海军总司令部少将副官长。
1933 年 6 月	所部改编为海军第 3 舰队（司令谢刚哲），仍任少将副官长。
1938 年 2 月	所部裁撤后离职。
	后事不详。

叶可松（1893—？）

生于 1893 年（清光绪十九年）。福建闽侯人，字寿南。烟台海军学校第九届驾驶班毕业。

1912 年 10 月	考入烟台海军学校第九届驾驶班学习。
1915 年 9 月	海校毕业后派任海军部（总长刘冠雄）军需司（司长林葆纶）少尉科员。
1918 年 7 月 22 日	授海军少尉。
1919 年 5 月 19 日	改授三等军需官。
1921 年 10 月	调升海军部（总长李鼎新）海道测量局（局长陈恩焘）绘图员。
1922 年 5 月	升任海道测量局（局长许继祥）测量员。
1924 年 6 月 26 日	晋授海军上尉。
1925 年 10 月	奉派日本学习制绘测量技术。
1926 年 1 月	回国后仍任原职。
1927 年 3 月 14 日	随部响应北伐，仍任海道测量局上尉测量员。
1930 年 5 月 23 日	调升"庆云"测量艇少校艇长。
1931 年 4 月 23 日	调升海军部（部长杨树庄）海道测量局（局长吴光宗）潮讯课中校课长。
1938 年 1 月	调任海军总司令部（总司令陈绍宽）中校候补员。
1940 年 4 月 13 日	出任海军部（兼部长汪兆铭）水路测量局少将局长（汪伪）。
1942 年 5 月 8 日	被重庆国民政府明令通缉。

1943 年 3 月 29 日	获颁三级同光勋章。
10 月 10 日	叙任海军少将。
1945 年 1 月	调任建设部水利署署长。
9 月	离职。
	后事不详。

叶裕和（1895—1973）

生于 1895 年 3 月 30 日（清光绪二十一年三月五日）。广东惠阳人，字崇仁。烟台海军学校第十一届驾驶班毕业。

1914 年 12 月	考入烟台海军学校第十一届驾驶班学习。
1917 年 12 月	海校毕业后在海军服务。
1921 年 1 月 23 日	授海军少尉。
10 月	奉派上海海关巡船实习测量。
1925 年 7 月	奉派美国学习测量技术。
1926 年 1 月	回国。
3 月	派任海道测量局（局长许继祥）中尉测量员。
9 月	升任测量队（兼队长刘德浦）上尉副队长。
1928 年 9 月 30 日	调任"甘露"测量舰（舰长江宝容）上尉测量正。
1930 年 5 月 21 日	调任海道测量局（局长吴光宗）测量课（课长陈志秉）上尉课员。
1931 年 12 月 21 日	调任"景星"测量艇上尉艇长。
1933 年 5 月 16 日	调任海军部（陈绍宽）海政司（司长许继祥）设计科（科长曾昭武）上尉科员。
8 月 12 日	兼任浙洋测量队队长。
10 月 14 日	获颁勋五等旭日章（日）。
1935 年 5 月 22 日	升任少校科员。
1936 年 6 月 8 日	调任"青天"测量舰少校舰长。

1938 年 1 月 1 日	调任海军第 2 舰队（司令曾以定）少校附额官佐。
1939 年 6 月	调任海军布雷测量第 1 队少校队长。
1940 年 6 月	升任海军布雷测量队中校队长。
1945 年 12 月 24 日	调升海军第 2 舰队（司令方莹）上校参谋长。
1946 年 8 月 1 日	升任江防舰队上校舰队长。
1947 年 1 月 7 日	改任江防舰队上校司令。
7 月 19 日	获颁银质棕榈叶勋饰自由勋章（美）。
7 月 23 日	升任代将司令。
1949 年 8 月 17 日	升任少将司令。
11 月 30 日	在重庆率部起义。
1950 年 5 月	调任人民解放军海军司令部（司令员肖劲光）研究委员会（主任曾以鼎）委员。
1963 年 9 月	离休后寓居北京。
1973 年 1 月 24 日	在北京病逝。

尹祚乾（1887—1964）

生于 1887 年（清光绪十三年）。湖南芷江人，字健庵。日本东京商船学校航海科（留日第一届驾驶班）、日本横须贺海军炮术学校航海科（留日第二期）毕业。

1906 年 4 月	奉派日本留学。
5 月	入东京商船学校航海科（留日第一届驾驶班）学习。
1910 年 4 月	升入横须贺海军炮术学校航海科（留日第二期）深造。
1911 年 4 月起	先后在日本海军"严岛"、"津轻"舰见习。
11 月	学成归国。
11 月 10 日	出任沪军都督府（都督陈其美）海军陆战队（指挥官王时泽）大队长。
11 月 13 日	升任代理指挥官。
1912 年 4 月	调任海军部（总长刘冠雄）军衡司（司长林文彬）典制科（科

长马国宾）少校科员。

1913 年 1 月 31 日	授海军少校。
1920 年 4 月	调任"江平"炮舰少校舰长。
12 月 30 日	调任"利济"炮舰少校舰长。
1923 年 2 月 7 日	获颁四等文虎章。
12 月	调任"利捷"炮舰少校舰长。
1925 年 1 月	调升"江亨"炮舰中校舰长。
12 月	调任江海防总指挥部（总指挥沈鸿烈）中校副官长。
1926 年 1 月	所部改称东北海军司令部（兼司令张作霖），仍任中校副官长。
1927 年 3 月	调任联合舰队海防第 1 舰队（兼司令沈鸿烈）中校副官长。
1927 年 7 月 23 日	晋授海军中校。
1929 年 1 月	东北海防第 1 舰队（司令凌霄）中校副官长。
12 月	调任海军陆战队补充大队中校大队长。
1931 年 11 月 5 日	升任江防舰队上校代理舰队长。
1932 年 2 月 6 日	率部参加伪满政权。
3 月	出任江防舰队少将署理司令官。
8 月 24 日	授任海军少将，实任江防舰队司令官。
1933 年 4 月 27 日	获颁勋一等瑞宝章（日）。
9 月 13 日	获颁勋一位景云章。
1934 年 5 月 9 日	授勋三位景云章。
1935 年 8 月 1 日	晋任海军中将。
1936 年 10 月 4 日	获颁勋一位柱国章、龙光大绶章。
1940 年 10 月 14 日	获颁勋二等旭日章（日）。
1941 年 3 月 3 日	调任军事谘议官。
9 月 13 日	调南京汪伪政权，任军事委员会中将委员。
1942 年 1 月 20 日	辞伪满军队官职。
5 月 14 日	晋颁勋一等旭日章（日）。
10 月 2 日	调任南京要港中将司令。
1943 年 3 月 29 日	获颁三级同光勋章。

10 月 10 日	叙任海军中将。
1944 年 4 月 20 日	调任南京内河轮船公司经理。
1945 年 9 月	离职后隐居。
1949 年	移居台湾。
1964 年	在台湾病逝。

郁邦彦（1881—？）

生于 1881 年（清光绪七年）。江苏吴县（现属苏州）人，字硕辅。南京江南水师学堂第三届驾驶班毕业。

1895 年 3 月	考入南京江南水师学堂第三届驾驶班学习。
1902 年 2 月	水师学堂毕业后在海军服务，后升任"镜清"练舰（管带吴世忠）驾驶大副。
1904 年	调任"保民"炮舰驾驶二副。
1905 年	调任"海圻"巡洋舰（管带李鼎新）驾驶三副。
1906 年	调任"张"字鱼雷艇管带。
1911 年 2 月	调升"江元"炮舰管带。
1912 年 1 月	调任"江亨"炮舰中校舰长。
1913 年 1 月 17 日	授海军中校。
8 月 8 日	晋授海军上校。
1914 年 10 月 16 日	获颁四等文虎章。
10 月 25 日	调任"建威"炮舰上校舰长。
1916 年 1 月 1 日	晋颁三等文虎章。
7 月 10 日	获颁四等嘉禾章。
1917 年 10 月 9 日	晋颁三等嘉禾章。
1919 年 3 月 1 日	获颁五等宝光嘉禾章。
10 月 14 日	晋颁二等文虎章。
1921 年 8 月 27 日	晋颁二等嘉禾章。
1922 年 9 月 27 日	调任"通济"练舰上校舰长。
1924 年 3 月 13 日	因病辞职。
4 月	派任海军总司令公署（总司令杜锡珪）上校参事。

1925 年 7 月 15 日	晋授海军少将。
1927 年 3 月 14 日	随部响应北伐，改任国民革命军海军总司令部（总司令杨树庄）少将参议兼马尾银圆局局长。
8 月	兼任宁福海军警备司令。
1928 年 4 月 14 日	调任海军马尾要港少将司令兼宁福警备司令、海军国民党特别党部（兼主委杨树庄）委员。
1931 年 8 月	因病辞职。
10 月 1 日	派任海军部（部长杨树庄）少将候补员。
1938 年 1 月	调任海军总司令部（总司令陈绍宽）少将候补员。
	后事不详。

袁方乔（1894—1964）

生于 1894 年（清光绪二十年）。山东荣成人，字宇南。烟台海军学校第四届驾驶班毕业。

1907 年 8 月	考入烟台海军学校第四届驾驶班学习。
1910 年 7 月	海校毕业后在海军服务。
1913 年 5 月 20 日	授海军少尉。
1915 年 11 月 20 日	晋授海军中尉。
1917 年 7 月	参加护法运动，任"海琛"巡洋舰（舰长程耀垣）中尉军需副。
1922 年 4 月	调升广州军政府海军舰队司令部（司令温树德）上尉副官。
1923 年 12 月	所部改编为北洋政府渤海舰队（司令温树德），仍任上尉副官。
1924 年 10 月	调升"海圻"巡洋舰（舰长田炳章）少校副舰长。
1925 年 2 月 11 日	升任"海圻"巡洋舰中校代理舰长。
1927 年 3 月 29 日	北上加入东北海军后升任"海圻"巡洋舰上校舰长。
7 月 23 日	晋授海军上校。

8月1日	升任联合舰队(兼总司令张作霖)海防第2舰队少将司令。
1929年1月	所部改编为东北海军司令部(代司令沈鸿烈)海防第2舰队,改任少将舰队长。
1933年7月15日	调任青岛港务局局长。
1938月1月	辞职后寓居上海。
1959年	在上海病逝。

曾国奇(1901—?)

生于1901年(清光绪二十七年)。福建长乐人。烟台海军学校第十三届驾驶班毕业。

1916年4月	考入烟台海军学校第十三届驾驶班学习。
1921年3月	海校毕业后派任"通济"练舰(舰长周兆瑞)见习。
9月	升任少尉候补副。
1922年8月11日	授海军少尉。
1924年3月25日	晋授海军中尉。
3月	升任"通济"练舰(舰长饶涵昌)中尉航海副。
1932年9月	调升"宁海"轻巡洋舰(舰长林惠平)上尉鱼雷正。
1933年12月	调升练习舰队(司令陈训泳)上尉副官。
1934年6月	调任"勇胜"炮艇少校艇长。
1936年11月	调任"湖鹰"鱼雷艇少校艇长。
1937年5月17日	调任"仁胜"炮艇少校艇长。
1938年11月12日	调任海军总司令部(总司令陈绍宽)少校候补员。
1940年7月	出任海军部(兼部长任援道)舰政司(兼司长郑世璋)上校科长(汪伪)。
1941年9月20日	被海军总司令部通缉。
1942年9月18日	调任海军部军衡司(司长冯稷雨)上校科长。
1944年12月13日	升任海军部军枢司少将司长。
1945年9月	离职。
	后事不详。

曾国晟（1899—1979）

生于 1899 年 9 月 17 日（清光绪二十五年八月十三日）。福建长乐人，字拱北。烟台海军学校第十三届驾驶班毕业。

1916 年 4 月	考入烟台海军学校第十三届驾驶班学习。
1921 年 3 月	海校毕业后在海军服务。
1925 年 2 月	升任海军总司令公署（总司令杨树庄）中尉副官。
1927 年 10 月 15 日	调升"楚有"炮舰（舰长林元铨）上尉副舰长。
1929 年 4 月	调任海军新舰监造处（处长佘振行）上尉舰装设计监造官。
1931 年 7 月 20 日	兼任"逸仙"巡洋舰（舰长陈宏泰）副舰长。
1932 年 5 月 2 日	免去副舰长兼职。
1933 年 10 月 20 日	获颁勋五等旭日章（日）。
1934 年 12 月 28 日	调升"海筹"巡洋舰（舰长陈宏泰）少校副舰长。
1936 年 9 月 1 日	兼任海军新舰监造处舰装设计监造官。
11 月 9 日	调任"江鲲"炮舰少校舰长。
1937 年 10 月	兼任海军新舰监造处处长。
1938 年 1 月 1 日	调升海军总司令部（总司令陈绍宽）军衡处（处长林国赓）铨叙科（科长蔡世澡）中校科员。
1939 年 4 月 12 日	兼任海军水雷制造所所长、海军学校（校长高宪申）舰课班主任。
6 月	免去水雷制造所所长兼职。
1940 年 1 月	复兼海军水雷制造所所长、海军工厂管理委员会主任委员。
4 月	兼任海军汉浔区布雷游击队（辖七队）总指挥。
7 月 8 日	获颁五等云麾勋章。
11 月	辞去管委会主委兼职。
1941 年 1 月	升任海军总司令部舰械处（处长杨庆贞）雷务科上校科

长兼海军水雷制造所所长、汉浔区布雷游击队总指挥。

9月	辞去汉浔区布雷游击队总指挥兼职。
1945年8月18日	调升接收长江敌伪海军少将专员兼接收日本三菱造船所专员。
9月16日	调任接收海军工厂少将专员。
1946年7月9日	获颁银质棕榈叶勋饰自由勋章（美）。
10月10日	获颁胜利勋章。
10月16日	调任海军总司令部（总司令桂永清）第4署（支应署，辖四处）少将署长。
1947年5月6日	调任海军总司令部第6署（技术署，辖四处）少将署长。
1948年9月22日	叙任海军少将。
1949年1月1日	调任海军总司令部上校部属附员（保留少将待遇）。
6月	前往上海"国民党海军人员办事处"登记。
7月	出任人民解放军华东军区(兼司令员陈毅)海军司令部(司令员张爱萍)后勤司令部（司令员陈玉生）副司令员兼技术部部长。
9月15日	兼任华东军区海军研究委员会(主委曾以鼎)副主任委员。
11月	兼任华东军区海军司令部舰艇调查修装委员会主任委员。
1950年5月	研委会改组为人民解放军海军司令部（司令员肖劲光）研究委员会（主任曾以鼎），任副主任。
1958年10月	退休后定居福州。
1964年4月	当选福建省政协（兼主席叶飞）委员。
1979年8月31日	在福建福州病逝。

曾万里（1902—1944）

　　生于1902年4月16日（清光绪二十八年三月初九日）。福建长乐人，字鹏飞，号玉生。烟台海军学校第十七届航海班、英国朴茨茅斯海军学院、英国格林威治王家海军学院毕业。

1919 年 8 月	考入烟台海军学校第十七届航海班学习。
1925 年 7 月	海校毕业后派任"永绩"炮舰（舰长李孟斌）见习。
1926 年 8 月	升任"永绩"炮舰（舰长高宪申）少尉枪炮副。
1927 年 4 月	升任中尉航海副。
1931 年 3 月	奉派英国留学，先后在朴茨茅斯海军学院、格林威治王家海军学院深造。
1934 年 4 月	回国后派任"应瑞"巡洋舰（舰长林元铨）上尉教练官兼航海官。
1935 年 8 月	调任"自强"炮舰（舰长方莹）上尉副舰长。
1936 年 1 月	调任"通济"练习舰（舰长孟琇椿）上尉教练官兼航海官。
4 月 16 日	调任"宁海"轻巡洋舰（舰长高宪申）上尉航海长。
11 月 25 日	升任少校枪炮长。
1937 年 1 月	兼任练习舰队（司令王寿廷）总教练官。
1938 年 1 月	调任海军总司令部（总司令陈绍宽）少校候补员（派武汉卫戍总司令部田壁工程处服务）。
1939 年 4 月 12 日	调任海军水雷制造所（所长曾国晟）运输课上尉课长兼海军学校（校长高宪申）舰课班（主任曾国晟）教官。
1940 年 9 月	兼任第 9 战区司令长官部湘资沅澧四江封锁委员会设计股股长。
1941 年 3 月	调任海军浔鄂区布雷游击队（兼总指挥曾国晟）第 1 队少校队长。
9 月	所部改称海军第 1 布雷总队（总队长陈宏泰）第 1 队，升任中校队长。
1942 年 1 月 1 日	调升海军总司令部派驻东南亚盟军总部上校海军联络官。
1944 年 4 月 14 日	在印度孟买视察船坞时遇货船爆炸身亡。
8 月 25 日	追赠海军少将。
1947 年 9 月 14 日	追颁优异服务十字勋章（英）。

曾以鼎（1892—1957）

生于 1892 年 1 月 19 日（清光绪十七年十二月二十日）。福建闽侯（出生地现属福州）人，字省三。烟台海军学校第二届驾驶班、英国格林威治王家海军学院、英国朴茨茅斯海军学院、陆军大学将官班甲级第二期毕业。

1905 年 3 月	考入烟台海军学校第二届驾驶班学习。
1908 年 2 月	海校毕业后派任"海圻"巡洋舰（管带沈寿堃）见习。
1909 年 8 月	奉派英国留学，入格林威治王家海军学院深造。
1913 年 3 月	回国后派任"应瑞"巡洋舰（舰长杨敬修）上尉教练官。
1914 年 5 月 30 日	授海军上尉。
1915 年 10 月	奉派英国朴茨茅斯海军学院深造。
1917 年 11 月 27 日	晋授海军少校。
1918 年 3 月 28 日	派任"永健"炮舰中校舰长。
10 月 19 日	获颁六等文虎章。
1920 年 1 月 8 日	晋颁五等文虎章。
1921 年 6 月 7 日	调任"江利"炮舰中校舰长。
9 月 5 日	获颁四等宝光嘉禾章。
12 月 18 日	晋授海军中校。
1922 年 6 月 27 日	被免职后前往天津投靠段祺瑞，并策划海军"永绩"、"海筹"两舰在上海独立。
8 月 29 日	晋颁三等文虎章。
1923 年 4 月 9 日	出任上海海军领袖处暨独立舰队（领袖林建章）上校参谋长。
1924 年 5 月 7 日	调任"靖安"运输舰（舰长张日章）上校副舰长。
1925 年 1 月 30 日	晋授海军上校。
2 月 11 日	调任"海容"巡洋舰上校舰长。
1926 年 7 月 10 日	调往第 1 舰队（司令陈季良）服务。
1927 年 3 月 12 日	随部参加国民革命军。

9 月	调升鱼雷游击队代将司令。
1928 年 4 月	当选海军国民党特别党部（主委杨树庄）委员。
1929 年 2 月 27 日	兼任海军编遣办事处（主委杨树庄）委员。
1930 年 1 月 1 日	获颁四等宝鼎勋章。
1931 年 1 月 1 日	晋颁三等宝鼎勋章。
1932 年 1 月 18 日	调升海军第 2 舰队少将司令。
1935 年 9 月 6 日	叙任海军少将。
1936 年 7 月 9 日	获颁国民革命军誓师十周年纪勋章。
11 月 12 日	获颁四等云麾勋章。
1937 年 8 月	兼任长江江防总司令部（兼总司令刘兴）副总司令。
10 月	兼任海军鄂赣区炮队总队长。
1944 年 6 月 27 日	晋颁三等云麾勋章。
12 月	保送陆军大学将官班甲级第二期深造。
1945 年 4 月 12 日	调升海军总司令部（总司令陈绍宽）中将参谋长。
6 月 28 日	晋任海军中将。
6 月	陆大毕业后仍任参谋长原职。
9 月 10 日	兼任海军上海总接收专员。
10 月 10 日	获颁忠勤勋章。同月调任海军总接收中将专员。
1946 年 2 月 21 日	调任军政部（部长陈诚）海军处（兼处长陈诚）中将参事。
3 月 12 日	海军处扩编为海军署（兼署长陈诚），仍任中将参事。
5 月 5 日	获颁胜利勋章。
1947 年 2 月 18 日	退为备役后定居上海。
7 月 19 日	获颁金质棕榈叶勋饰自由勋章（美）。
1949 年 9 月 15 日	出任人民解放军华东军区（兼司令员陈毅）海军研究委员会主任委员。
1950 年 4 月 14 日	所部改组为人民解放军海军司令部（司令员肖劲光）研究委员会，任主任。
1957 年 11 月 2 日	在北京病逝。

张斌元（1865—1935）

生于 1865 年（清同治四年）。福建长乐人，字心如。马尾船政后学堂第四届管轮班毕业。

1885 年	考入马尾船政后学堂第四届管轮班学习。
1890 年	船政后学堂毕业后在海军服务，后升任"来远"巡洋舰（管带邱宝仁）三管轮。
1895 年 2 月	因所部作战失利被免职赋闲。
1896 年	出任"宝璧"练舰（管带吴光宗）总管轮。
1912 年 1 月	改任"宝璧"练舰（舰长穆普书）少校总管轮。
1913 年 1 月 11 日	授海军轮机中校。
4 月 1 日	调升海军总司令处（总司令李鼎新）中校轮机员。
1914 年 5 月 25 日	晋授海军轮机上校。
1916 年 1 月 1 日	获颁四等文虎章。
12 月 31 日	获颁五等嘉禾章。
1917 年 3 月	改任海军临时司令部（总司令萨镇冰）上校参谋。
10 月	兼任地方捕获审检厅评事。
1918 年 1 月 15 日	调任福州海军学校上校校长。
10 月 19 日	晋颁三等文虎章。
12 月 7 日	晋颁四等嘉禾章。
1920 年 1 月 1 日	晋颁三等嘉禾章。
1922 年 1 月 11 日	晋授海军轮机少将。
1923 年 10 月 9 日	晋颁二等文虎章。
1926 年 3 月 12 日	离职赋闲。
1929 年 8 月 2 日	出任国民政府海军部（部长杨树庄）少将候补员。
1935 年 9 月	在福建长乐病逝。

张承愈（1891—? ）

　　生于 1891 年 11 月 18 日（清光绪十七年十月十七日）。江苏江宁人，字季良。南京江南水师学堂第七届驾驶班毕业。官号：470020。

1904 年 2 月	考入南京江南水师学堂第七届驾驶班学习。
1911 年 1 月	水师学堂毕业后派任"建威"炮舰（管带吴振南）候补副。
1912 年 9 月 8 日	升任海军部（总长刘冠雄）军需司（司长吕德元）司计科（科长王会同）中尉科员。
1913 年 4 月 20 日	授海军中尉。
1914 年 5 月 25 日	晋授海军上尉。
1916 年 3 月 31 日	兼任海军练习舰队（司令曾兆麟）军需长。
5 月 28 日	免去军需长兼职。
1917 年 1 月 27 日	升任海军部（总长程璧光）军需司（司长林葆纶）司计科上尉科长。
1920 年 1 月 26 日	晋授海军少校。
1924 年 7 月 19 日	晋授海军中校。
1927 年 6 月	所部改组为安国军政府军事部（部长何丰林）海军署（署长温树德）军需司（司长莫嵩福）司计科，仍任中校科长。
1928 年 10 月	离职。
1929 年 6 月	出任国民政府海军部（部长杨树庄）总务司（司长李世甲）管理科（科长陈景芗）中校科员。
1930 年 7 月 7 日	调升经理处（处长罗序和）会计科上校科长。
1938 年 1 月 1 日	所部改称海军总司令部（总司令陈绍宽）军需处（处长罗序和）会计科，仍任上校科长。
1943 年 3 月	升任军需处（辖三科）少将处长。
1945 年 10 月 10 日	获颁忠勤勋章。
1946 年 2 月 21 日	调任军政部（部长陈诚）海军处（兼处长陈诚）少将参事。
3 月 12 日	所部扩编为海军署（兼署长陈诚），调任经理处少将处长。

5 月 5 日	获颁胜利勋章。
6 月	所部改组为海军总司令部（兼总司令陈诚）第 4 署（署长曾国晟）第 2 处（料件补给处），仍任少将处长。
1948 年 9 月 1 日	升任第 4 署少将副署长。
9 月 22 日	叙任海军少将。
1949 年 5 月	兼任海军服务总社总干事。
1952 年 10 月 22 日	退为备役。
1955 年 1 月	当选高雄市议会副议长。
1958 年 2 月	离休。
1964 年	在台湾台北病逝。

张佺（1897—1971）

生于 1897 年 3 月 2 日（清光绪二十三年正月二十九日）。安徽休宁人，字尧仙。烟台海军学校第八届驾驶班毕业。官号：470017。

1910 年 8 月	考入烟台海军学校第八届驾驶班学习。
1913 年 7 月	海校毕业后在海军服务，曾任海军部编译员。
1919 年 9 月 7 日	授海军中尉。
1922 年 6 月	升任"楚观"炮舰（舰长陈永钦）中尉枪炮副，后升任上尉枪炮正。
1929 年 3 月	调升参谋本部（兼总长何应钦）少校参谋。
1932 年 12 月 21 日	升任参谋本部（兼总长蒋中正）中校参谋。
1936 年 6 月 12 日	升任参谋本部（总长程潜）总务厅（厅长陈焯）第 5 处（处长朱伟）第 2 课中校课长。
1938 年 2 月	调升军令部（部长徐永昌）上校参谋兼长江上游引水管理委员会（兼主委卢寿汶）委员。
1940 年 4 月 5 日	升任军令部少将高级参谋。
7 月 19 日	叙任海军轮机上校。

1942 年 6 月	调任军令部第 1 厅（厅长张秉钧）第 2 处少将科长。
1946 年 1 月	调任北平防空司令部第 4 区（河南区）防空支部（兼司令刘茂恩）少将副司令。
1947 年 3 月	调任国防部（部长白崇禧）少将部员。
1948 年 7 月	调任国防部第 3 厅（厅长郭汝瑰）办公室少将主任。
1949 年 12 月 22 日	在云南曲靖向人民解放军投诚后入人民解放军西南军政大学学习。
1950 年 8 月	派任第五步兵学校训练研究室研究员。
1952 年 9 月	所部改编为第三步兵学校，改任训练部空军战术教员。
1955 年 4 月	转业后派任云南省文史研究馆馆员。
1971 年	在云南昆明病逝。

张日章（1889—1965）

生于 1889 年 1 月 31 日（清光绪十五年正月初一日）。福建闽侯人，字吾毅。南京江南水师学堂第七届驾驶班毕业。

1904 年 2 月	考入南京江南水师学堂第七届驾驶班学习。
1911 年 1 月	水师学堂毕业后在海军服务。
1912 年 1 月	调任"海筹"巡洋舰（舰长林颂庄）中尉军需长。
1913 年 4 月 20 日	授海军中尉。
1914 年 5 月 25 日	晋授海军上尉。
1917 年 9 月	调升"飞鹰"炮舰（舰长汪肇元）上尉航海副，后升任上尉鱼雷正、航海正。
1922 年 2 月 4 日	获颁四等文虎章。
10 月	调升海军第 2 舰队（司令甘联璈）少校副官。
1923 年 3 月 6 日	晋授海军少校。
4 月 17 日	出任上海海军领袖处（领袖林建长）少校副官。
1924 年 4 月 15 日	调任"列"字鱼雷艇少校艇长。

9月25日	调任调任"辰"字鱼雷艇少校艇长。
1925年1月30日	晋授海军中校。
8月3日	调任海军第2舰队(司令许建廷)中校参谋长。
1927年3月14日	随部响应北伐,仍任海军第2舰队(司令陈绍宽)中校参谋长。
4月	兼任海军支应局(局长叶龙骧)三都支应分局局长。
1930年1月1日	调任"皦日"测量舰中校舰长。
5月13日	调任"建康"驱逐舰中校舰长。
11月11日	调任"联鲸"炮舰中校舰长。
1931年4月23日	调任"咸宁"炮舰中校舰长。
1933年3月11日	调任"江贞"炮舰中校舰长。
1935年12月19日	调任"自强"炮舰中校舰长。
1937年8月23日	奉命自沉"自强"炮舰。
1938年1月1日	调任"楚谦"炮舰中校舰长。
1939年3月15日	调升宜巴区第4总台上校总台长。
10月	所部改称巴万区第2总台,仍任上校总台长。
1944年10月	调任海军第1布雷总队上校总队长。
1947年5月9日	调升海军总司令部(总司令桂永清)代将高级参谋。
1949年5月	辞职后返乡闲居。
1956年4月	当选福建省政协(主席曾镜冰)委员。
1965年	在福建福州病逝。

张学良（1901—2001）

生于 1901 年 6 月 3 日（清光绪二十七年四月十七日）。辽宁海城人,字汉卿,号毅庵。张作霖长子。东三省陆军讲武堂第一期步兵科毕业。官号：8。

1919年5月	考入东三省陆军讲武堂第一期步兵科学习。
7月17日	授陆军炮兵上校。

11 月 11 日	获颁三等文虎章。
12 月 17 日	在学派任暂编奉天陆军第 3 混成旅第 2 团上校团长。
1920 年 4 月	讲武堂毕业后仍任原职。
6 月 2 日	升任暂编奉天陆军第 3 混成旅（辖两团）少将旅长。
10 月 10 日	授勋五位。
11 月 25 日	晋授陆军少将。
1921 年 3 月 26 日	晋颁二等文虎章。
5 月 4 日	获颁指挥官级荣誉军团勋章（法）。
1922 年 3 月 16 日	获颁勋二等瑞宝章（日）。
4 月 17 日	升任镇威军（总司令张作霖）东路军（兼总司令张作霖）第 2 梯队（辖三旅）中将司令兼第 3 混成旅旅长。
6 月 23 日	兼任东三省军士教练所所长。
7 月 3 日	升任东三省保安总司令部（总司令张作霖）东三省陆军整理处（统监孙烈臣）中将参谋长兼暂编奉天陆军第 3 混成旅旅长、东三省军士教练所所长。
8 月 9 日	军士教练所改称东三省陆军军士教导队，仍兼任队长。
9 月	暂编奉天陆军第 3 混成旅改称东三省陆军第 2 混成旅（辖三团），仍兼任旅长。
10 月 9 日	升兼东三省陆军整理处（统监姜登选）副监。
1923 年 2 月 28 日	兼任东三省陆军讲武堂（兼堂长张作霖）监督。
9 月	兼任东北航空处总办、航空学校校长。
1924 年 4 月 28 日	升任东三省陆军第 27 师（辖两旅）中将师长兼东三省陆军讲武堂监督、东三省陆军军士教导队队长。
9 月 15 日	升任镇威军第 3 军中将司令兼第 27 师师长、讲武堂监督、军士教导队队长。
11 月 4 日	兼任津榆驻军司令。
12 月 4 日	兼任航空大队（辖三队）大队长。
1925 年 3 月 23 日	兼任航空大队飞鹏队队长。
4 月 2 日	晋授陆军中将。
5 月	调任东北陆军第 4 师（辖两旅）中将师长、讲武堂监督、

	军士教导队队长、航空大队大队长、飞鹏队队长。
7月5日	兼任东北航空署总办。
11月6日	升任镇威军第3军团上将军团长兼镇威军第8军军长、东北陆军第4师师长、讲武堂监督、东北航空署总办、军士教导队队长、飞鹏队队长。
1926年1月	改任镇威军第3方面军团上将军团长兼讲武堂监督、东北航空署总办、飞鹏队队长。
7月	兼任东北陆军军官教导队队长。
8月19日	加陆军上将衔，授良威将军。
1927年7月8日	获颁一等大绶宝光嘉禾章。
7月13日	镇威军第3方面军团改称陆军第3方面军团。
7月21日	兼任陆军大学监督。
8月4日	晋颁一等文虎章。
10月9日	晋授勋三位。
1928年6月19日	升任奉天督军公署上将督军兼陆军第3方面军团军团长、讲武堂监督、航空学校监督、军官教导队队长。
7月3日	改任东三省保安总司令部上将总司令兼奉天省保安司令。
7月19日	兼任东北临时保安委员会委员长、东北海军总司令、东北讲武堂高等军学研究班监督。
8月16日	兼任东北大学校长。
12月31日	改任东北边防司令长官公署上将司令长官兼东北海军（辖海防第1舰队、海防第2舰队、江防舰队）总司令、东北讲武堂监督、军学研究班监督、东北大学校长、东北政务委员会主席。
1929年3月	兼任国防委员会委员。
1930年1月1日	获颁青天白日章、一等宝鼎章。
1月21日	获颁勋一等旭日章（日）。
3月31日	兼任东北航空司令。
6月21日	兼任陆海空军副总司令。
11月7日	当选国民党中央委员。

1931 年 3 月 26 日	兼任国民党东北党务指导委员会主任委员。
3 月 30 日	兼任东北大学委员会委员长。
4 月	兼任边防军司令长官公署训练委员会（辖六组）委员长。
12 月 15 日	调任北平绥靖公署上将主任。
1932 年 3 月 5 日	兼任军事委员会委员。
8 月 16 日	调任军事委员会北平分会上将副委员长、代理委员长。
1933 年 2 月	兼任第 1 集团军（辖第 1 军团、第 2 军团、第 3 军团、第 4 军团）总司令、第 105 师（辖三旅）师长。
3 月 12 日	因指挥长城抗战失利引咎辞职。
1934 年 2 月 7 日	调任豫鄂皖三省"剿匪"总司令部（兼总司令蒋中正）上将副司令。
1935 年 3 月 1 日	调任军事委员会委员长武昌行营上将主任。
4 月 2 日	叙任陆军一级上将。
10 月 2 日	调任西北"剿匪"总司令部上将副总司令、代总司令。
1936 年 1 月 7 日	获颁一等云麾勋章。
7 月 9 日	获颁国民革命军誓师十周年纪勋章。
12 月 12 日	发动西安事变。
12 月 14 日	改任抗日联军临时西北军事委员会上将主任委员。
12 月 30 日	因率部兵变被军事法庭判处十年有期徒刑，剥夺公民权五年。
1937 年 1 月 4 日	被特赦。
1 月 13 日	软禁于奉化。
10 月	转禁于萍乡。
1938 年 1 月	转禁于郴州。
3 月	转禁于沅陵。
1939 年 12 月	转禁于修文。
1941 年 5 月	转禁于贵阳。
1942 年 2 月	转禁于开阳。
1944 年 11 月	转禁于桐梓。
1946 年 11 月 2 日	转禁于重庆，旋转禁于新竹。

1990 年 6 月 1 日	获得自由。
1993 年 11 月	移居台北。
1994 年 4 月	移居美国夏威夷。
2001 年 10 月 15 日	在美国夏威夷病逝。

张之英（1891—1954）

生于1891年（清光绪十七年）。广东钦县（现广西钦州）人，原名张海忠，字余生。广东陆军速成学校第三期甲班步兵科毕业。

1912 年 3 月	考入广东陆军速成学校第三期甲班步兵科学习。
11 月	速成学校毕业后在广东陆军服务。
1913 年 9 月	参加"二次革命"失败后在广西陆军服务，任见习、少尉排长。
1916 年 7 月	起先后在广东省警卫军、广东陆军服务，历任上尉连长、少校团附。
1926 年 3 月	升任国民革命军第 13 师（师长徐景唐）第 39 团（团长陈章甫）中校团附。
1929 年 5 月	改任第 8 路军（总指挥陈济棠）警卫大队中校大队长。
1930 年 5 月	所部扩编为独立第 4 团，升任上校团长。
1931 年 6 月	所部改称第 1 集团军（总司令陈济棠）独立第 4 团，仍任上校团长。
8 月 21 日	调升第 1 集团军（总司令陈济棠）第 1 教导师（兼师长缪培南）少将副师长。
1932 年 7 月 12 日	调升第 1 集团军海防舰队少将司令司令。
1935 年 6 月 10 日	所部编入第 1 集团军江防舰队（兼司令陈济棠），改任少将常务副司令。
10 月 10 日	升任第 1 集团军江防舰队少将司令。
12 月 16 日	所部改编为第 1 集团军舰务处，改任少将处长。

| 1936 年 7 月 18 日 | 辞职赋闲，先后在广州、香港、阳江、广州、香港闲居。 |
| 1954 年 10 月 | 在香港病逝。 |

招桂章（1889—1953）

生于 1889 年（清光绪十五年）。广东南海人，字文犀。黄埔水师学堂第十四届管轮班毕业。

1908 年 12 月	考入黄埔水师学堂第十四届管轮班学习。
1913 年 11 月	水师学堂毕业后在海军服务。
1917 年 7 月	升任"楚豫"炮舰（舰长郑祖怡）上尉航海副。
1920 年 7 月	参加广东海军起义驱逐莫荣新。
1921 年 5 月	出任广东航政局（局长陈策）少校副局长。
12 月	调任抚河船务管理局（局长陈策）护航第 1 营少校营长。
1922 年 4 月 30 日	调升"楚豫"炮舰中校舰长。
8 月 9 日	随孙中山离职。
1923 年 3 月	出任西江巡舰舰队处上校主任。
1924 年 8 月 7 日	调升建国粤军总司令部(总司令许崇智)舰政处少将处长。
1925 年 5 月 23 日	兼任大本营暂编舰队正指挥。
8 月 20 日	因涉嫌廖仲恺被刺案被逮捕审查，获释后避居香港。
1932 年 5 月 3 日	出任"广金"炮舰上校舰长。
1933 年 6 月 4 日	调任铁道部路警管理局驻道清铁路警察署署长。
1939 年 10 月	出任华南水上巡查队司令（伪）。
1940 年 4 月 11 日	出任军事委员会中将委员（汪伪）。
4 月 23 日	兼任军事委员会驻广州办事处(主任李讴一)海军组组长、广东江防筹备处处长。
5 月 14 日	改兼广东江防司令。
1941 年 7 月 5 日	获颁指挥官级王冠勋章（意）。
11 月 15 日	江防司令部改组为广州要港司令部，仍兼任司令。

1942 年 10 月 1 日	升任海军部（兼部长任道援）中将次长。
1943 年 3 月 29 日	获颁三级同光勋章。
4 月 29 日	获颁勋二等瑞宝章（日）。
9 月 29 日	晋颁二级同光勋章。
10 月 10 日	叙任海军中将。
1944 年 4 月 20 日	兼任南京要港司令部司令。
5 月 17 日	获颁勋二等旭日章（日）。
10 月 1 日	获颁勋二位景云章（伪满）。
12 月 13 日	调兼任广州要港司令部司令。
1945 年 1 月 17 日	专任广州要港司令部中将司令。
8 月 19 日	接受重庆国民政府改编为广州先遣军，任中将司令。
12 月	在广州被逮捕。
1947 年 2 月	判处十五年有期徒刑，关押于广州市第一监狱。
1949 年 6 月	保外就医后移居香港。
1953 年 3 月	在香港病逝。

郑世璋（1892—? ）

生于 1892 年（清光绪十八年）。福建闽侯人，字达人。烟台海军学校第六届驾驶班、南京海军军官学校第一届枪炮班毕业。

1908 年 7 月	考入烟台海军学校第六届驾驶班学习。
1911 年 6 月	海校毕业后派任"通济"练舰见习。
1913 年 1 月	考入南京海军军官学校第一届枪炮班学习。
5 月 20 日	授海军少尉。
12 月	毕业后仍在海军服务。
1915 年 10 月	调升"宿"字鱼雷艇（艇长王寿廷）中尉副艇长。
11 月 20 日	晋授海军中尉。
1918 年 6 月	奉派美国留学。
7 月 22 日	晋授海军上尉。
1921 年 6 月	回国后仍在海军服务。
1924 年 4 月 2 日	晋授海军少校。

1926 年 7 月 13 日	调任海军总司令公署（总司令杨树庄）少校副官。
10 月	调任少校参谋。
1927 年 3 月 14 日	随部响应北伐，任国民革命军海军总司令部（总司令杨树庄）少校参谋。
1929 年 3 月	调升海军第 1 舰队（司令陈季良）中校参谋。
1932 年 5 月 2 日	调任"江元"炮舰中校舰长。
1936 年 11 月 9 日	调任"民生"炮舰中校舰长。
1938 年 10 月 30 日	"民生"炮舰奉命自沉时擅自离舰。
1939 年 2 月 28 日	被海军总司令部明令通缉。
1940 年 7 月 27 日	出任海军部（兼部长任援道）军械司少将司长兼署舰政司司长。
1942 年 5 月 8 日	被重庆国民政府明令通缉。
9 月 18 日	调任海军部军务司少将司长。
1943 年 3 月 29 日	获颁三级同光勋章。
4 月 29 日	获颁勋三等瑞宝章（日）。
9 月 14 日	获颁勋三位景云章（伪满）。
9 月 15 日	调任海军部军衡司少将司长。
10 月 10 日	叙任海军少将。
1944 年 12 月 13 日	调升海军南京要港司令部中将司令。
1945 年 1 月 17 日	获颁勋三等旭日章（日）。
9 月	离职。
	后事不详。

郑星槎（1896—? ）

生于 1896 年 12 月 15 日（清光绪二十二年冬月十一日）。广东中山人，字鹈舟。黄埔海军学校第十五届驾驶班、中央陆军军官学校高等教育班第三期毕业。

1911 年	考入黄埔海军学校第十五届驾驶班学习。

1917 年	海校毕业后在海军服务。
1922 年 5 月	升任"飞鹰"炮舰（舰长何瀚澜）上尉副舰长。
1923 年 1 月	调升"江平"炮舰少校舰长。
10 月 14 日	因潜逃被通缉。
11 月 26 日	撤消通缉。后派任"广安"炮舰少校舰长。
1929 年 11 月 16 日	调任"平江"炮舰少校舰长。
1931 年 6 月	转投陆军，出任第 78 师（师长区寿年）特务营少校营长。
1932 年 7 月	调升第 19 路军（总指挥蒋光鼐）补充旅（旅长谭启秀）第 3 团中校团长。
1933 年 11 月	所部改编为福建人民革命军第 8 师（师长谢琼生）第 23 团，升任上校团长。
1934 年 1 月	所部被中央军改编后赋闲。
10 月	考入中央军校高教班第三期学习。
1935 年 10 月	毕业后派任军事委员会上校参谋（加入军统）。
1936 年 5 月 18 日	叙任陆军步兵中校。
1938 年 12 月	派往江门从事海军相关情报工作，升任调查统计局少将专员。
1940 年 4 月	因"违反组织纪律"被逮捕后关押在贵州息烽集中营。
1943 年 10 月	出任集中营（主任周养浩）生产组组长。
1945 年 2 月	获释后派往广州从事策反工作。
3 月	派任广州军事特派员公署（兼特派员陈策）沦陷区军事情报处（处长陈籍）少将副处长。
9 月 28 日	兼任广州市电力管理处经理。
1946 年 10 月	改任国防部保密局（兼局长郑介民）广东站（站长郑鹤影）少将副站长。
1948 年 12 月	升任广东站少将站长。
1949 年 10 月	转入澳门从事情报工作。
1952 年 10 月 22 日	以陆军步兵上校官位退为备役。
	后事不详。

郑滋樨（1869—1944）

生于1869年（清同治八年）。福建闽侯（出生地现属福州）人，字露湘。天津北洋水师学堂第六届管轮班、英国格林威治皇家海军学院毕业。

1894年8月	考入天津北洋水师学堂第六届管轮班学习。
1899年7月	水师学堂毕业后在北洋水师提督衙门服务。
1901年	奉派英国留学。
1902年	入格林威治皇家海军学院学习。
1905年	起历任驻英国使馆英文总文案、参赞等职。
1912年	受商务印书馆聘请，主持东方印刷所机械修理厂。
5月	负责办理炼钢事务。
7月	襄办江阴长山建筑弹药库工程。
9月	赴大沽造船所主持制造机关炮事务。
1913年5月	出任海军部（总长刘冠雄）技正。
7月16日	授海军造械大监。
12月	兼任上海高昌庙海军军械所所长。
1914年5月25日	晋授海军造舰主监，获颁三等文虎章。
9月28日	获颁四等嘉禾章。
1915年10月5日	调兼南京海军雷电学校（校长刘秉镛）枪炮教官、烟台海军枪炮练习所（所长曾瑞祺）总教官。
1917年1月1日	晋颁三等嘉禾章。
11月19日	调任南京海军鱼雷枪炮学校（校长郑纶）枪炮正教官。
1918年1月7日	晋颁二等文虎章。
1919年5月13日	晋授海军造械总监。
1923年2月18日	晋颁二等嘉禾章。
1927年3月14日	响应北伐，出任国民革命军海军总司令部（总司令杨树庄）造舰总监。
1929年6月	调任海军部（部长杨树庄）技监室少将技监。

1934 年 2 月 3 日	兼任海军军械处处长。
1935 年 2 月 4 日	免去处长兼职。
1937 年 11 月	因病滞留上海。
1938 年 1 月	调任海军总司令部（总司令陈绍宽）少将候补员（仍滞留上海养病）。
1944 年 6 月	在上海病逝。

郑祖怡（1881—? ）

生于 1881 年 6 月 20 日（清光绪七年五月二十四日）。江苏江宁（现属南京）人，字次垣。南京江南水师学堂第三届驾驶班毕业。

1895 年 3 月	考入南京江南水师学堂第三届驾驶班学习。
1902 年 2 月	水师学堂毕业后在海军服务。
1910 年	升任"海圻"巡洋舰（管带谭学衡）帮带。
1911 年 6 月	随部参加英皇乔治五世加冕礼，随后访问美国。
1912 年 5 月	随部回国后改任"海圻"巡洋舰（舰长汤廷光）中校署理副舰长。
1913 年 1 月 17 日	授海军中校。
5 月 9 日	给予五等文虎章。
1914 年 5 月 25 日	晋授海军上校，获颁四等文虎章。
9 月 28 日	获颁七等嘉禾章。
10 月 25 日	实任"海圻"巡洋舰上校副舰长。
1916 年 10 月 9 日	晋颁六等嘉禾章。
1917 年 1 月 1 日	晋颁三等文虎章。
4 月 25 日	调任"楚豫"炮舰上校舰长。
7 月 23 日	率部参加护法运动。
9 月 24 日	出任广州军政府元帅府上校海军参军兼"楚豫"炮舰舰长。
1918 年 5 月 18 日	调任"肇和"巡洋舰上校舰长。
5 月 20 日	升任军政府海军部（总长程璧光）军衡司少将司长兼"肇和"巡洋舰舰长。
1919 年 7 月 7 日	晋颁二等文虎章。

1920 年 1 月 5 日	晋授海军少将。
1922 年 4 月 27 日	改组海军时被免职扣押，获释后避居香港。
1928 年 8 月 27 日	出任国民革命军海军总司令部（总司令杨树庄）上校港务长。
1929 年 6 月 20 日	调任海军部（部长杨树庄）军务司（司长杨庆贞）军港科上校科长。
1931 年 3 月 27 日	调任海军马尾要港司令部（司令郁邦彦）上校参谋长。
8 月	兼代司令。
1932 年 4 月 28 日	调任海军部（部长陈绍宽）上校候补员。
1938 年 1 月	改任海军总司令部（总司令陈绍宽）上校候补员。
1947 年 12 月 30 日	叙任海军少将，并予除役。
	后事不详。

周广佐（1885—1946）

生于 1885 年（清光绪十一年）。福建长乐人，原名周光祖，字箴吾。马尾船政后学堂第九届管轮班、日本东京商船学校航海科（留日第一届驾驶班）毕业。

1900 年 12 月	考入马尾船政后学堂第九届管轮班学习。
1905 年 11 月	船政后学堂毕业后派赴日本留学。
1906 年 5 月	入东京商船学校航海科（留日第一届驾驶班）学习。
1907 年 7 月	回国后在海军服务。
1912 年 9 月 8 日	调任海军部（总长刘冠雄）军衡司（司长曾兆麟）赏赍科少校科长。
11 月 19 日	任军学司（司长施作霖）编译科少校科长。
1913 年 1 月 31 日	授海军少校。
4 月 12 日	调任海军部总务厅（厅长汤芗铭）副官处少校副官。
1914 年 5 月 25 日	晋授海军中校，获颁四等文虎章。
10 月 3 日	调任军衡司（司长蒋拯）赏赍科中校科长。
1919 年 5 月 15 日	晋授海军上校。
10 月 14 日	晋颁三等文虎章。
1921 年 2 月 8 日	获颁四等嘉禾章。

11 月 23 日	调任海军部（总长李鼎新）上校视察。
1928 年 5 月	出任国民革命军海军总司令部（总司令杨树庄）编译委员会（主委夏孙鹏）上校委员。
1929 年 4 月	所部改编为海军部（部长杨树庄）编译处（处长吕德元），改任上校编辑。
1933 年 3 月 1 日	调任海军部军衡司（司长杨庆贞）典制科上校科长。
1934 年 1 月 24 日	调任海军部（部长陈绍宽）上校参事。
1938 年 1 月	改任海军总司令部（总司令陈绍宽）上校候补员。
1940 年 7 月 27 日	出任海军部（兼部长任援道）上校参事（汪伪）。
12 月 21 日	升任少将参事。
1941 年 1 月 24 日	调任驻日本国（武官长凌霄）海军少将武官。
10 月 14 日	回任海军部少将参事。
1943 年 1 月 7 日	调任军事参议院（院长萧叔宣）少将参议。
1944 年 3 月 30 日	叙任海军少将。
4 月 29 日	获颁勋三等瑞宝章（日）。
1945 年 10 月	在上海被逮捕。
1946 年 8 月 5 日	在南京（现属江苏）因"通敌贪污罪"被执行枪决。

周宪章（1897—？）

生于 1897 年 9 月 2 日（清光绪二十三年八月初六日）。安徽当涂人，字显承。烟台海军学校第十届驾驶班毕业。官号：470281。

1913 年 1 月	考入烟台海军学校第十届驾驶班学习。
1916 年 12 月	海校毕业后派任"通济"练舰（舰长甘联璈）见习。
1920 年 8 月 17 日	授海军少尉。
1922 年 6 月	调升"定安"运输舰（舰长刘永诰）中尉候补副。
10 月 22 日	晋授海军中尉。
1927 年 1 月 15 日	调升"楚有"炮舰（舰长林元铨）上尉副舰长。

1928 年 12 月	调任 "海鸟" 鱼雷艇上尉艇长。
1929 年 11 月	奉派英国留学,先后在格林威治皇家海军学院、朴茨茅斯海军学院学习。
1933 年 4 月 22 日	派任 "海筹" 巡洋舰(舰长贾勤)少校副舰长。
6 月	调海军部(部长陈绍宽)服务。
1934 年 11 月 8 日	调升海军部(部长陈绍宽)军务司(司长贾勤)军事科中校科员。
1935 年 12 月 21 日	调任海军第 1 舰队(司令陈季良)中校参谋。
1938 年 1 月 1 日	调任马尾海军学校(校长李孟斌)中校训育主任。
1940 年 10 月	调升海军总司令部(总司令陈绍宽)军衡处(处长林国赓)铨叙科上校科长。
1942 年 3 月	调任海军第 1 布雷总队上校总队长。
1943 年 6 月 24 日	调任赴英海军参战受训总队上校领队官。
7 月 20 日	获颁六等云麾勋章。
1945 年 9 月 4 日	调任军政部(部长陈诚)海军处(兼处长陈诚)上校副处长。
1946 年 1 月 22 日	获颁帝国指挥官级勋章(英)。
3 月 12 日	所部改组为军政部海军署(兼署长陈诚),升任少将副署长。
6 月 29 日	所部改组为海军总司令部(兼总司令陈诚),改任少将参谋长。
8 月 26 日	获颁忠勤勋章。
1947 年 3 月 14 日	晋颁四等云麾勋章。
4 月 19 日	获颁银质棕榈叶勋饰自由勋章(美)
1948 年 9 月 22 日	叙任海军少将。
1949 年 1 月 1 日	获颁四等宝鼎勋章。
6 月 14 日	调任国防部(部长阎锡山)中将部员。
1954 年 7 月 9 日	获颁指挥官级军团荣誉勋章(美)。
1956 年 6 月 1 日	调任海军指挥参谋学校中将校长。
1958 年 5 月	离职。
	后事不详。

周应骢（1900—1985）

生于1900年2月18日（清光绪二十六年正月十九日）。福建闽侯人。烟台海军学校第十三届驾驶班毕业。

1916年4月	考入烟台海军学校第十三届驾驶班学习。
1921年3月	海校毕业后派任"通济"炮舰（舰长陈绍宽）见习。
1921年3月	调任"楚同"炮舰（舰长陈训泳）少尉候补副。
1923年10月	调升"永绩"炮舰（舰长蒋斌）中尉枪炮副。
1925年7月	调任"永绩"炮舰（舰长李孟斌）中尉航海副。
1926年10月2日	调升海军第1舰队（司令陈季良）上尉副官兼闽厦海军警备司令部（兼司令陈季良）副官处处长。
1927年3月12日	随部参加国民革命军，改任第1舰队上尉正副官兼闽厦海军警备司令部副官处处长。
1929年11月	奉派英国留学。
1933年2月	回国后派任"海容"巡洋舰（舰长欧阳绩）少校航海正。
1934年7月21日	调任"通济"练习舰少校舰长。
1935年1月12日	调任"应瑞"练习舰（舰长林元铨）少校教练官。
1月17日	调任"海容"巡洋舰（舰长欧阳绩）少校副舰长。
1936年1月1日	调任驻英公使馆海军正武官。
7月13日	调任第2舰队（司令曾以鼎）中校参谋长。
1937年4月5日	获颁六等云麾勋章。
9月1日	调任海军新舰监造处（处长曾国晟）中校舰装设计监造官。
12月3日	调任练习舰队（司令王寿廷）中校参谋长。
1938年1月	调任海军总司令部（总司令陈绍宽）少校候补员（派新舰监造处服务）。
1939年4月13日	调任海军水雷制造所（所长曾国晟）香港办事处中校主任。
6月	升任海军水雷制造所中校所长。
1940年1月	调任海军总司令部军衡处（处长林国赓）铨叙科（科长

	蔡世淶）中校科员。
2 月	兼任水雷工厂管理委员会（主委曾国晟）委员。
10 月 10 日	调任军事委员会上校高级参谋。
1944 年 6 月 27 日	晋颁五等云麾勋章。
1946 年 2 月 10 日	调升军政部（部长陈诚）少将高级参谋。
6 月 12 日	调任参谋本部（总长顾祝同）少将高级参谋。
8 月 9 日	获颁铜质棕榈叶勋饰自由勋章（美）。
10 月	兼任外交部派驻联合国安理会军事参谋团首席秘书、海军代表。
1947 年 1 月 22 日	获颁帝国官佐级勋章（英）。
1949 年 3 月 1 日	调任海军总司令部（总司令桂永清）第 5 署（编组训练署，辖两处）少将署长。
5 月 1 日	调任海军总司令部驻上海办事处少将主任。
6 月	前往上海"国民党海军人员办事处"登记后出任上海交通大学管理学院航管系教授。
1950 年 9 月	航管系并入上海航务学院，改任航海系教授。
1953 年 6 月	航务学院并入大连海运学院，仍任航海系教授。后又曾担任交通部参事、国务院参事。
1979 年 4 月	当选中国航海学会理事。
1985 年 4 月 21 日	在北京病逝。著有《旧海军生活见闻》。

周雨寰（1911—1955）

生于 1911 年 10 月 24 日（清宣统三年九月初三日）。四川忠县人，字艾芹。中央陆军军官学校第八期工兵科毕业。

1930 年 5 月	考入中央陆军军官学校第八期工兵科学习。
1933 年 5 月	军校毕业后奉派德国留学。
1935 年 3 月	回国。

4 月	派任中央军校教导总队（总队长桂永清）工兵连（连长杨厚彩）中尉连附。
9 月 16 日	叙任陆军工兵少尉。同月所部扩编为工兵营（营长杨厚彩），升任上尉营附。
1937 年 11 月	所部扩编为工兵团（团长杨厚彩），升任少校团附。
1938 年 3 月	所部改编为第 46 师时因未归队，为无职军官。
5 月	派任军事委员会战时干部训练团（教育长桂永清）第 1 总队（总队长杨厚彩）少校总队附。
1939 年 10 月	调升中央军校第七分校（兼主任胡宗南）军官教育队（队长杨厚彩）中校队附。
1943 年 10 月	调任炮兵第 52 团上校团长。
1944 年 12 月	调任中央军校第七分校机械化训练班上校主任。
1945 年 3 月 9 日	晋任陆军工兵中校。
1947 年 8 月	调任整编第 13 旅（旅长张洁）第 38 团上校团长。
12 月	调升整编第 208 师（师长段沄）第 2 旅（辖三团）上校旅长。
1948 年 2 月 2 日	调任整编第 208 师第 3 旅（辖三团）上校旅长。
8 月	所部改编为新编第 35 师（辖三团），改任上校师长。
9 月	所部改称第 222 师（辖三团），仍任上校师长。
9 月 22 日	晋任陆军工兵上校。
1949 年 4 月 20 日	调任海军陆战队第 2 师（辖三团）上校师长。
8 月 1 日	升任少将师长。
10 月	所部编入海军陆战队司令部（司令杨厚彩），改任少将副司令兼第 2 旅（辖三团）旅长。
1950 年 7 月 27 日	升任海军陆战队司令部（辖第 1 旅、第 2 旅）少将司令。
1952 年 10 月 22 日	晋任陆军少将。
1953 年 7 月 12 日	获颁军官级军团荣誉勋章（美）。
1955 年 3 月 1 日	在美国华盛顿病逝。
7 月 2 日	追晋陆军中将。

周兆瑞（1876—？）

生于 1876 年（清光绪二年）。福建闽侯人，字伯莹。江南水师学堂第一届驾驶班毕业。

1893 年	考入江南水师学堂第一届驾驶班学习。
1896 年	水师学堂毕业后在海军服务，"镜清"练舰（管带吴世忠）驾驶二副。
1903 年	调任"列"字鱼雷艇管带。
1905 年	调任"南琛"练舰（管带汤芗铭）驾驶大副。
1906 年	调升"江贞"炮舰（管带甘联璈）驾驶大副。
1908 年	升任"江贞"炮舰帮带。
1911 年 11 月 13 日	升任"江贞"炮舰代理管带。
1912 年 1 月	改任"江贞"炮舰中校署理舰长。
1913 年 1 月 17 日	授海军中校。
1914 年 10 月 16 日	获颁五等文虎章。
10 月 25 日	实任中校舰长。
1916 年 1 月 2 日	晋颁四等文虎章。
1917 年 1 月 1 日	晋颁三等文虎章。
8 月 28 日	调升"南琛"运舰上校舰长。
11 月 27 日	晋授海军上校。
1919 年 1 月 4 日	获颁四等嘉禾章。
1 月 7 日	另候任用。
10 月 7 日	派任"海容"巡洋舰上校舰长。
1920 年 12 月 22 日	兼任"通济"练舰舰长。
1921 年 8 月 27 日	晋颁三等嘉禾章。
1922 年 6 月 29 日	升任海军第 1 舰队署理少将司令兼"通济"练舰舰长。
6 日	晋授海军少将。
9 月 27 日	辞去舰长兼职。

11 月 30 日	授勋五位。
1923 年 4 月 9 日	出任上海海军领袖处（领袖林建章）独立舰队少将司令。
1924 年 9 月 21 日	复任海军第 1 舰队少将司令。
1925 年 2 月 6 日	调任海军总司令公署（总司令杨树庄）少将军需监。
1927 年 3 月 14 日	随部响应北伐，任国民革命军海军总司令部（总司令杨树庄）少将军需监。
1929 年 3 月 13 日	调任海军编遣办事处（主委杨树庄）经理处少将处长。
6 月 1 日	调任海军部（部长杨树庄）顾问。
1938 年 1 月 1 日	改任海军总司令部（总司令陈绍宽）顾问。
1947 年 11 月 22 日	叙任海军少将，并予除役。
	后事不详。

朱天森（1880—1961）

生于 1880 年（清光绪六年）。江苏扬州人，字懋庵。南京江南水师学堂第四届驾驶班、英国格林威治王家海军学院毕业。

1898 年 4 月	考入南京江南水师学堂第四届驾驶班学习。
1905 年 3 月	水师学堂毕业后奉派英国远东舰队任航海见习士官。
1906 年 2 月	回国后派任海军候补副。
1907 年 12 月	派赴英国格林威治王家海军学院深造。
1909 年 6 月	回国后派任烟台海军水师学堂（督办谢葆璋）正教习。
1910 年 12 月 5 日	调升海军部（大臣载洵）军学司（司长曹汝英）教育科科长兼参赞厅三等参谋官。
1911 年 4 月 29 日	调任"江利"炮舰管带。
1912 年 1 月 5 日	出任临时政府海军部（部长黄钟瑛）中校科长兼"江利"炮舰舰长。
1913 年 1 月 17 日	授海军中校。
8 月 8 日	晋授海军上校。

9 月 16 日	获颁四等文虎章。
1916 年 12 月 31 日	获颁五等嘉禾章。
1917 年 10 月 9 日	晋颁四等嘉禾章。
1918 年 1 月 7 日	晋颁三等文虎章。
4 月 14 日	晋颁二等嘉禾章。
1921 年 6 月 7 日	调任"建安"炮舰上校舰长。
1922 年 9 月 27 日	调任"靖安"运输舰上校舰长。
1923 年 9 月 22 日	调升海军总司令部（总司令杜锡珪）少将顾问。
1925 年 1 月 30 日	晋授海军少将。
1927 年 3 月 12 日	随部参加国民革命军，任海军总司令部（总司令杨树庄）上校参谋。
1928 年 3 月	出任国民革命军海军总司令部（总司令杨树庄）驻南京办事处（处长吴光宗）上校副处长。
1930 年 2 月 24 日	调任海军部(部长杨树庄)参事处(处长吕德元)上校参事。
1933 年 7 月	调升军事委员会军令处（处长陈策）少将副处长。
1934 年 3 月 10 日	调任马尾海军学校少将校长。
1935 年 6 月 5 日	被免职赋闲。
1938 年 1 月	派任海军总司令部（总司令陈绍宽）少将候补员。
1945 年 10 月	调任海军接受南京区少将专员。
1947 年 6 月 5 日	叙任海军少将，并予除役。
1955 年 10 月	当选扬州市政协（主席赵延林）委员。
1961 年 3 月	在江苏扬州病逝。

朱伟（1886—? ）

生于 1886 年（清光绪十二年）。江苏江都人，字石夫。日本东京商船学校航海科（留日第二届驾驶班）、日本横须贺海军炮术学校航海科（留日第三期）、日本海军大学（留日第一期）毕业。

1908 年 4 月	奉派日本留学。
5 月	入商船学校航海科（留日第二届驾驶班）学习。
1910 年 11 月	升入日本海军炮术学校航海科（留日第三期）深造。

1911 年 11 月	毕业回国。
1912 年 3 月	出任海军部（总长刘冠雄）军需司（司长吕德元）中尉科员。
1913 年 9 月 1 日	升任军需司经理科上尉科长。
1918 年 9 月	派赴日本海军大学（留日第一期）深造。
1919 年 5 月 15 日	授海军少校。
1920 年 1 月 8 日	获颁五等文虎章。
6 月	回国后派任海军部（总长萨镇冰）少校副官。
1922 年 11 月 18 日	调升海军部（总长李鼎新）军学司（司长曾宗巩）轮机科中校署理科长。
1923 年 10 月 16 日	实任轮机科中校科长。
12 月 16 日	晋授海军中校。
1927 年 3 月	辞职赋闲。
1928 年 11 月 23 日	出任国民政府总参谋部（总参谋长李济深）第 1 厅（厅长刘光）第 4 科上校科长。
1929 年 3 月	所部改称参谋本部（兼总长何应钦）第 1 厅（厅长刘光）第 4 科，仍任上校科长。
1932 年 9 月 26 日	升任参谋本部（兼总长蒋中正）第 1 厅（厅长黄慕松）第 5 处少将处长。
1937 年 1 月 1 日	获颁四等云麾勋章。
1938 年 3 月 28 日	调任军令部（部长徐永昌）少将高级参谋。
1946 年 7 月 31 日	叙任陆军少将，并退为备役。
	后事不详。

附录一：海军官至上校职或任官上校者一览
（本表所列职务皆为上校职）

姓名	籍贯	学籍	职务
鲍鸿逮	安徽芜湖	马尾船政后学堂第 14 届管轮班	1945 年任接收海军总司令部上海工厂接收员 1947 年任海军总司令部第 6 署技正
常光球	山东	烟台海军学校第 6 届驾驶班	1927 年 12 月 31 日授海军上校（安国） 1929 年任海军编遣办事处军务局执法课课长
常朝干	福建闽侯	马尾船政后学堂第 8 届管轮班	1935 年任海军部军械司设备科科长 1939 年任海军总司令部候补员 1947 年 3 月 15 日任海军上校，除役
曹仲渊	浙江玉环	电雷学校无线电班	1946 年任海军总司令部第 6 署第 2 处处长 1948 年任海军总司令部第 3 署第 1 处处长
陈长钧	福建闽侯	福州海军飞潜学校第 3 届机器	1945 年任马公造船所所长
陈大咸	福建闽侯	烟台海军学校第 1 届驾驶班	1931 年任海军部技正 1933 年任海军部军械处检验课课长 1937 年任海军部军械司兵器科科长 1938 年任海军总司令部候补员
陈洪	福建闽侯	马尾海军学校第 1 届航海班	1947 年任海军总司令部第 4 署第 1 处副处长 1948 年任海军总司令部第 4 署第 1 处处长
陈精文	辽宁义县	葫芦岛航警学校第 2 届轮机班	1946 任青岛海军工厂厂长兼青岛造船所所长 1949 年任基隆造船所所长
陈可潜	福建	英国杜伦大学机械工程	1930 年任海军部舰政司电务科科长 1938 年任海军总司令部候补员 1947 年任海军无线电总台第 1 区台台长 1949 年任海军研究委员会委员（解放军）
陈立芬	江苏镇江	烟台海军学校第 10 届驾驶班	1947 年任海军总司令部编纂处第 1 科科长 1948 年 9 月 22 日任海军上校 1952 年 10 月 22 日退役
陈书麟	福建长乐	马尾海军学校第 1 届航海班 英国格林威治皇家海军学院	1946 年任海军总司令部第 6 署副署长 1948 年任海军总司令部第 6 署署长 1949 年任海军研究委员会委员（解放军）
陈文惠	河北定县	葫芦岛航警学校第 3 届航海班	1947 年任汉口巡防处炮艇队队长 1949 年 5 月 24 日阵亡
陈文麟	福建厦门	江南水师学堂第 3 届管轮班	1935 年任海军厦门航空处处长 1938 年任海军总司令部候补员 1947 年任海军厦门造船所所长

姓名	籍贯	学籍	职务
陈锡乾	广东防城	黄埔海军学校第15届驾驶班	1929年任海军第4舰队参谋长 1942年任粤桂江防司令部参谋长 1945年任粤桂江防布雷总队总队长 1947年11月25日任海军上校，退役
陈香圃	广东湛江	烟台海军学校第15届航海班	1932年任黄埔海军学校教育长 1934年5月2日船难身亡
陈翼宸	福建闽侯	马尾船政后学堂第4届管轮班	1918年任海军总司令部公署电务课长（北洋） 1923年任上海海军领袖处电务课课长（北洋） 1924年任海军总司令部公署电务课长（北洋） 1919年5月15日授海军轮机上校（北洋） 1929年任海军候补员
陈永钦	福建闽侯	烟台海军学校第1届驾驶班	1936年任"应瑞"巡洋舰舰长 1938年任海军马当炮台总台长、海军马当区炮队队长、海军田家镇北岸炮台总台长 1946年任海军舰队指挥部高级参谋 1947年任海军总司令部军官大队队员
陈藻藩	福建闽侯		1925年任福州海军制造学校校长（北洋） 1925年4月23日授海军造舰大监（北洋） 1926年任江南造船所副所长（北洋） 1939年任海军总司令部候补员 1945年任海军接收江南造船所专员 1947年任江南造船所副所长 1948年4月28日任海军造船兵上校，除役
陈志	福建	烟台海军学校第4届驾驶班	1929年任海军编遣办事处总务局会计课课长 1938年任海军总司令部候补员
程法侃	福建闽侯	烟台海军学校地第18届驾驶班	1946年任江防舰队指挥部参谋长 1947年任江防舰队司令部参谋长 1949年11月30日起义 （解放军海军中校，1955年9月23日）
戴锡经	福建闽侯	烟台海军学校第6届驾驶班	戴锡侯之子 1948年任国防部第5厅海军处航海科科长
戴修鉴	湖南常德	日本横须贺海军炮术学校航海科（留日第2期）	1940年任中央海军军官学校教育长（汪伪） 1943年任江阴基地队司令（汪伪） 1943年11月1日任海军上校（汪伪）
邓兆祥	广东肇庆	烟台海军学校第14届驾驶班 黄埔海军学校第16届驾驶班	1945年任赴英接舰参战学兵总队第1大队长 1946年任海军总司令部附员、"重庆"巡洋舰舰长 1949年2月25日率部起义 （解放军海军少将，1955年9月23日）
丁国忠	江苏东台	江南水师学堂第7届驾驶班	1947年任海军总司令部法规委员会委员

姓名	籍贯	学籍	职务
丁培龙	广东丰顺	黄埔水师学堂第 14 届驾驶班	1936 年任广东省江防司令部参议 1945 年任粤桂江防布雷总队附员 1947 年 7 月 4 日任海军上校，退役
丁其璋	浙江新昌	葫芦岛航警学校第 1 届航海班	1946 年任军政部海军署海事处处长 1947 年任海军总司令部第 2 署副署长 1948 年任海军第 5 补给站站长 1948 年 9 月 22 日任海军上校 1952 年 10 月 22 日退役
杜宗凯	福建闽侯	天津水师学堂第 5 届驾驶班	1917 年任"江贞"炮舰舰长（北洋） 1918 年 4 月 14 日授海军上校（北洋） 1924 年任"建安"炮舰舰长（北洋） 1929 年任海军部候补员 1938 年任海军总司令部候补员 1947 年 11 月 22 日任海军轮机上校，除役
范熙申	湖北武汉	日本横须贺海军炮术学校航海科（留日第 3 期）	1940 年任海军部军枢厅处长、军令处组长（汪伪） 1941 年任驻日本国海军辅佐武官、海军部军令处组长（汪伪） 1943 年任军事参议院谘议（汪伪） 1944 年 3 月 30 日任海军上校（汪伪）
方阜鸣	福建闽侯		1923 年 12 月 16 日授海军上校（北洋） 1927 年任军事部海军署科长（安国） 1929 年任海军部候补员
方念祖	广东潮安	日本横须贺海军炮术学校航海科（留日第 2 期）	1919 年任参谋部第 6 司科长（北洋） 1920 年 1 月 26 日授海军上校（北洋） 1923 年任葫芦岛航警学校教育长（北洋） 1927 年任"镇海"飞机母舰舰长（安国） 1929 年任东北海军海防第 1 舰队参谋长 1932 年任"福安"运舰舰长 1933 年任"福安"炮舰舰长 1934 年任"海圻"巡洋舰舰长 1935 年任"肇和"巡洋舰舰长 1937 年 11 月 15 日因指挥作战失利被枪决
冯启聪	广东番禺	黄埔海军学校第 19 届航海班	1949 年任海军第 1 军区司令部司令 （台湾海军二级上将，1966 年 12 月）
傅成	福建闽县	烟台海军学校第 12 届驾驶班	1946 年任"长治"驱逐舰舰长 1947 年入中央海校补充军官训练班学习 1948 年 1 月 26 日任海军航海兵上校，退役
傅德同	江苏江宁	江南水师学堂第 6 届管轮班	1947 年任海军总司令部第 6 署设计组技正 1948 年 9 月 22 日任海军轮机上校 1952 年 10 月 22 日退役

姓名	籍贯	学籍	职务
高鸿藩	广东顺德	黄埔海军学校第 15 届驾驶班	1940 年任西江第 2 守备总队总队长 1945 年任粤桂江防布雷总队附员 1947 年 7 月 4 日任海军上校，退役
顾维翰	上海	烟台海军学校第 10 届驾驶班	1946 年任海道测量局局长 1948 年 9 月 22 日任海军上校 1952 年 10 月 22 日退役
关秉衡	广西	黄埔海军学校第 16 届航海班	1934 年任第 1 集团军粤海舰队参谋处处长 1945 年任海军总司令部驻桂林行营附员 1947 年 7 月 4 日任海军上校，退役
郭发鳌	湖北汉川	电雷学校第 1 届航海班	1947 年任中央海军军官学校学生总队总队长 1949 年任中央海军军官学校校长
郭子桢		福州海军飞潜学校第 2 届造舰	1946 年任江南造船所设计处造船课课长
哈鲁衡			1940 年任华北绥靖军官学校教官（汪伪） 1943 年 11 月 1 日任海军上校（汪伪）
何达公			1940 年任广东江防司令部秘书长（汪伪） 1942 年任广州要港缉私处处长（汪伪） 1943 年 11 月 1 日任海军上校（汪伪）
何兆湘	江苏江宁	江南水师学堂第 5 届驾驶班	1922 年任海军部军学司航海科科长（北洋） 1923 年 12 月 16 日授海军上校（北洋） 1927 年任军事部海军署科长（安国） 1930 年任海军部总务司统计科科长 1936 年任海军部统计室主任 1938 年任海军总司令部候补员 1947 年 11 月 22 日任海军轮机上校，除役
胡晓溪	安徽绩溪	烟台海军学校第 10 届驾驶班	1929 年任海军编遣办事处总务局人事课课长 1930 年任"江清"炮舰舰长 1933 年任海军第 3 舰队参谋处处长 1947 年任海军总司令部第 3 署副署长 1948 年 9 月 22 日任海军上校 1952 年 10 月 22 日退役
胡轩	广东中山	黄埔水师学堂第 14 届驾驶班	1945 年任粤桂江防布雷总队附员 1947 年 7 月 4 日任海军上校，退役
华国良	江苏无锡	烟台海军学校第 9 届驾驶班	1946 年任军政部海军署军务司副司长、代理司长 1947 年任海军总司令部第 2 署第 3 处处长 1948 年任海军总司令部第 2 署副署长 1948 年 9 月 22 日任海军上校 1952 年 10 月 22 日退役
黄忠璟	福建闽侯	烟台海军学校第 4 届驾驶班	1947 年任海军总司令部第 4 署第 3 处第 8 科科长

姓名	籍贯	学籍	职务
江大荣	福建永泰	马尾船政后学堂第 6 届管轮班	1929 年任海军部候补员 1938 年任海军总司令部候补员
江绍荣		烟台海军学校第 10 届驾驶班	1947 年 8 月 9 日任海军上校，退役
姜鸿澜	湖北襄阳	日本横须贺海军炮术学校航海科（留日第 1 期）	1919 年 5 月 15 日授海军上校（北洋） 1927 年任军事部海军署科长（北洋） 1929 年任海军部候补员
蒋弼庄	福建闽侯	马尾船政前学堂第 8 届制造班	1940 年任军事委员会参谋、海军部参事（汪伪） 1942 年任参赞武官公署参赞武官（汪伪） 1944 年任海军部副处长处长（汪伪）
蒋斌	福建闽侯	烟台海军学校第 2 届驾驶班	1925 年 1 月 30 日授海军上校（北洋） 1925 年任"永绩"炮舰舰长（北洋） 1930 年任海军部军械司设备科科长 1932 年任海军部军学司士兵科科长 1938 年任海军总司令部候补员 1939 年任海军宜巴区第 3 总台总台长、海军巴万区第 1 总台总台长 1946 年 10 月 19 日任海军上校，退役
蒋家声			1946 年 1 月 1 日任海军上校
蒋元俊		烟台海军学校第 8 届驾驶班	1941 年任海军部水陆测量局士官技术养成所所长（汪伪） 1943 年任参赞武官公署参赞武官（汪伪） 1944 年 3 月 30 日任海军上校（汪伪）
康肇祥		葫芦岛航警学校第 1 届航海班	1938 年任江防要塞守备第 3 总队总队长 1947 年任海军厦门巡防处处长、中央海军训练团副主任 1948 年任福建省海防处长
黎钜镠	广东番禺	黄埔水师学堂第 13 届驾驶班	1936 年任广东省江防司令部参谋长
李景澧	福建闽县	马尾船政后学堂第 17 届驾驶班	1930 年任海军部经理处总务科科长 1935 年任海军部军需司储备科科长 1938 年任海军总司令部候补员
李静	湖南桂阳	日本横须贺海军炮术学校航海科（留日第 3 期） 海军鱼雷枪炮学校第 1 届	1929 年任海军编造办事处总务局文书课课长 1938 年任江防要塞守备司令部武汉办事处长 1947 年任海军总司令部高级参谋 1948 年 9 月 22 日任海军上校
李少亨	广西苍梧	黄埔海军学校第 14 届驾驶班	1939 年任西江第 1 守备总队总队长 1945 年任粤桂江防布雷总队附员 1947 年 7 月 4 日任海军上校，退役
李英杰		黄埔海军学校第 15 届驾驶班	1926 年任国民革命军总司令部海军处参谋长 1943 年 2 月 19 日追赠海军上校

姓名	籍贯	学籍	职务
梁大浩			1943 年 11 月 1 日任海军上校（汪伪）
梁坦			1944 年 3 月 30 日任海军上校（汪伪）
梁同怡	福建闽侯	烟台海军学校第 11 届驾驶班	1947 年任海军总司令部第 2 署第 2 处第 5 科科长
林秉诚		马尾船政后学堂第 11 届驾驶班	1929 年任海军部候补员 1938 年任海军总司令部候补员 1947 年 11 月 22 日任海军轮机上校，除役
林秉衡	福建闽侯	马尾船政后学堂第 18 届驾驶班	1934 年任海军部舰政司材料科科长 1938 年任海军总司令部候补员 1946 年任海军驻广州专员办公处副官室附员
林焕铭	福建闽侯	烟台海军学校第 1 届驾驶班	1925 年 1 月 30 日授海军上校 1930 年任海军部军学士兵科长（32 年病退） 1938 年任海军总司令部候补员 1947 年 11 月 22 日任海军轮机上校，除役
林惠平	福建闽侯	马尾船政后学堂第 12 届管轮班	1939 年任海军工厂厂长 1940 年兼任海军水雷制造工厂会计课课长 1944 年任赴美造舰服务团团员 1946 年任江南造船所生产处处长 1948 年任江南造船所副所长、代理所长
林镜寰	福建闽侯	马尾船政后学堂第 18 届驾驶班	1932 年任"靖安"运舰舰长 1933 年任"华安"运舰舰长 1936 年任"克安"运舰舰长 1937 年任"海筹"巡洋舰舰长、海军镇江区炮队队长 1938 年任海军总司令部候补员 1947 年 12 月 30 日任海军航海兵上校，除役
林榘藩		烟台海军学校第 3 届驾驶班	1930 年任海军部军械司设备科科长
林培堃	福建闽侯	烟台海军学校第 6 届驾驶班	1938 年任海军总司令部军衡处恤赏科科长 1947 年任海军总司令部第 1 署第 2 科科长
林文彧	福建闽侯	天津水师学堂第 3 届管轮班	1921 年任海军部总务厅副官（北洋） 1923 年 12 月 16 日授海军轮机上校（北洋） 1929 年任海军部候补员
林宗庆	福建闽侯	江南水师学堂第 3 届驾驶班	1916 年任练习舰队参谋长（北洋） 1921 年 10 月 22 日授海军上校（北洋） 1929 年任海军部候补员 1938 年任海军总司令部候补员 1947 年 11 月 22 日任海军上校，除役
刘广凯	辽宁海城	葫芦岛航警学校第 3 届航海班	1949 年任海防第 1 舰队司令 （台湾海军二级上将，1965 年 2 月）

姓名	籍贯	学籍	职务
刘乃沂	山东	葫芦岛航警学校第1届学兵班	1945 任接收大沽造船所专员、大沽造船所长 1947 年 1 月 16 日因贪污被枪决
刘世桢	福建闽侯	烟台海军学校第10届驾驶班	1947 年任海军总司令部第 2 署第 2 处处长 1948 年任海军厦门要港司令部司令 1948 年 9 月 22 日任海军上校 1952 年 10 月 22 日退役
刘武	江苏江都	江南水师学堂第5届管轮班	1946 年任江南造船所生产处监修课课长
刘襄	河北望都	烟台海军学校第14届航海班	1933 年任青岛海军学校校长 1947 年 4 月 4 日任海军上校，退役
刘孝鋆	福建闽侯	烟台海军学校第10届驾驶班	1946 年任海军舰队指挥指挥官兼巡洋舰队舰队长、"长治"驱逐舰舰长 1947 年任海防第 2 舰队司令
刘义宽	广东	马尾船政后学堂第2届管轮班	1914 年任广南船坞局局长（北洋） 1914 年 8 月 24 日授海军轮机上校（北洋） 1929 年任海军部候补员
柳鹤图	江苏镇江	马尾海军学校第5届航海班	1947 年任海军总司令部第 6 署第 3 处处长 1948 年任江南造船所生产处总工程师 1949 年任驻美国海军代表处正武官、海军总司令部第 6 署署长
龙荣轩	广东连县	日本横须贺海军炮术学校航海科（留日第2期）	1937 年任驻英大使馆海军武官 1941 年 9 月 28 日病逝
卢东阁	河北遵化	葫芦岛航警学校第3届航海班	1948 年任海军总司令部第 3 署第 3 处处长
卢淦	江西南康	烟台海军学校第8届驾驶班	1947 年任海军总司令部总务处第 1 科科长 1948 年任海军第 5 补给站站长
吕富永	天津	天津水师学堂第5届驾驶班	1922 年任海军部军衡司典制科科长 1923 年 12 月 16 日授海军上校（北洋） 1927 年任军事部海军署科长（安国） 1929 年任海军部候补员 1938 年任海军总司令部候补员 1947 年 11 月 22 日任海军轮机上校，除役
吕桐阳		烟台海军学校第15届驾驶班	1933 年任第 1 集团军粤海舰队参谋长
罗之彦	福建闽侯	福建船政后学堂第10届驾驶班	1914 年任海军部军法司法学科科长（北洋） 1919 年 5 月 15 日授海军上校（北洋） 1929 年任海军部候补员 1938 年任海军总司令部候补员 1947 年 11 月 22 日任海军轮机上校，除役

姓名	籍贯	学籍	职务
马德建	福建闽侯	马尾船政后学堂第12届管轮班	1947年任海军总司令部第6署技正 1949年任海军总司令部第6署副署长、代理署长
马熙瑶			1940年任军事委员会参谋、海军部专员（汪伪） 1942任海军威海卫基地司令部参谋长 1943年任海军威海卫基地队司令（汪伪） 1943年11月1日任海军上校（汪伪）
毛镇才	福建闽侯	烟台海军学校第3届驾驶班	1928年任海军闽口要塞司令部司令 1930年任海军闽口要塞总台总台长 1946年1月1日任海军上校 1947年6月9日改任海军轮机上校，退役
孟慕超	江苏江宁	江南水师学堂第5届驾驶班 英国格林威治皇家海军学院	1928年任军事委员会参谋厅第1局第3科科长、海军署军务司军事科科长 1929年任海军部军务司军事科科长 1938年任海军总司令部参谋处军务科科长 1945年任海军总司令部总务处军务科科长 1947年11月25日任海军上校，除役
欧阳宝	福建闽侯	烟台海军学校第17届驾驶班 英国格林威治皇家海军学院	1946年任军政部海军署训练司副司长、代理司长 1948年任海军总司令部第2署副署长
欧阳勋	福建闽侯	烟台海军学校第2届驾驶班	1930年任"靖安"运舰舰长 1932年任"海容"巡洋舰舰长 1947年11月22日任海军轮机上校，除役
潘子腾	福建晋江	烟台海军学校第13届驾驶班	1947年任海军第3补给站站长
彭瀛	福建闽侯	黄埔水师学堂第9届驾驶班	1931年任海军厦门要港司令部参谋长 1936年任海军部军械司设备科科长 1937年任长江江防司令部参谋长 1938年任海军田家镇区炮队队长 1945年任海军接收台澎区参谋长、海军接收台北区专员、海军台澎要港司令部参谋长、台北办事处处长 1948年1月22日任海军驾驶兵上校，除役
齐粹英	福建闽侯	烟台海军学校第6届驾驶班	1942年任海军部军枢司科长（汪伪） 1943年11月1日任海军上校（汪伪）
邱崇明	辽宁沈阳	葫芦岛航警学校第2届轮机班	1946年任大沽造船所所长
邱世忠	福建闽侯	黄埔水师学堂第10届驾驶班	1934年任"逸仙"巡洋舰舰长 1939年任海军湖口炮台总台长、湖口区炮队队长 1943年任海军部军枢司科长（汪伪） 1943年11月1日任海军上校（汪伪）

姓名	籍贯	学籍	职务
冉鸿翮	四川巴县	烟台海军学校第15届驾驶班	1933年任"肇和"练舰舰长 1934年任"海圻"巡洋舰舰长、第1集团军粤海舰队参谋长 1935年任第1集团军粤海舰队总教练官、电雷学校军务课主任 1939年任海军总司令部候补员 1947年任海军总司令部第3署第2处处长 1948年任海军总司令部第3署第1处处长、第2处处长
荣志		昆明湖水师学堂第1届驾驶班	1915年任海军部副官(北洋) 1917年4月2日授海军上校(北洋) 1929年任海军部候补员 1938年任海军总司令部候补员
萨本炘	福建闽侯	马尾船政后学堂第12届管轮班	1930年任马尾海军造船所工务长 1936年任江南造船所工务处处长
邵新	福建	烟台海军学校第6届驾驶班	1932年4月任海军马尾要港司令部参谋长 1938年任海军总司令部参谋处训练科科长 1947年1月7日任海军上校,退役
孙承泗	浙江山阴	黄埔水师学堂第9届驾驶班	1928年任海军总司令部驻武汉办事处处长 1929年任海军部总务司文书科科长 1942年任参赞武官公署参赞武官(汪伪)
汤文城	福建闽侯	天津水师学堂第1届管轮班	1919年5月15日授海军轮机上校(北洋) 1921年任海军部军衡司考核科科长 1927年任军事部海军署科长(安国) 1929年任海军部候补员
唐静海		葫芦岛航警学校第1届航海班	1935年任"海圻"巡洋舰舰长 1938年任江防要塞守备第1总队总队长 1939年任海军总司令部候补员 1945年任接收海军总司令部青岛区接收专员、海军青岛要港司令部司令、中央海军训练团筹办 1946年任海军第2基地司令部司令
唐擎霄	福建闽侯	马尾船政后学堂第13届管轮班	1943年任海军总司令部参谋处文书科科长 1945年任海军总司令部总务处文书科科长
唐玉鉴	福建闽侯	江南水师学堂第6届驾驶班	1934年任海军部械司兵器科科长 1938年任海军总司令部候补员
田樾曾	河北霸县	葫芦岛航警学校第3届航海班	1947年任海军总司令部第1署第3科科长 1948年任海军总司令部第5署第1处处长

姓名	籍贯	学籍	职务
汪克东	江苏江宁	江南水师学堂第3届驾驶班	1913年任海军第2舰队参谋（北洋） 1914年5月25日授海军上校（北洋） 1921年任海军总司令公署副官（北洋） 1929年任海军部候补员 1938年任海军总司令部候补员
汪于洋	江苏上元	江南水师学堂第7届驾驶班	1934年任"镇海"飞机母舰舰长 1938年任江防要塞守备司令部军需长
汪肇元	福建鸣县	马尾船政后学堂第19届驾驶班	1934年任海军部军务司运输科科长 1938年任海军总司令部舰械处兵器科科长
王传炯	安徽无为	江南水师学堂第4届驾驶班	1918年2月23日授海军上校（北洋） 1923年任海军部军学司编译科科长（北洋） 1927年任军事部海军署科长（安国） 1928年任海军总司令参事 1929年任海军部舰政司机务科科长 1930年任海军部军衡司恤赏科科长 1934年任海军部军衡司军法科科长 1935年1月科长任上病逝
王会同	广东花县	黄埔水师学堂第8届驾驶班	1917年任海军部军衡司司长（北洋） 1917年4月2日授海军上校（北洋） 1920年任海军部视察（北洋） 1926年任海军部军衡司司长（北洋） 1927年任军事部海军署科长（安国） 1929年任海军部候补员 1938年任海军总司令部候补员 1948年1月9日任海军航海兵上校，除役
王经武			1938年任鲁东行署参谋长 1943年任驻日本国海军副武官（汪伪） 1943年11月1日任海军上校（汪伪）
王荣瑛	福建闽侯	福州海军飞潜学校第3届机器	1948年任江南造船所设计处造船课课长
王如璋	浙江慈溪	天津水师学堂第1届管轮班	1914年任海军部视察（北洋） 1919年5月15日授海军轮机上校（北洋） 1927年任军事部海军署技正（安国） 1929年任海军部候补员
王世英		烟台海军学校第6届驾驶班	1946年10月29日任海军上校，退役
王孝藩	江苏	江南水师学堂第4届管轮班	1929年任葫芦岛海军无线电台台长 1930年任海军部军学司轮机科科长 1947年11月22日任海军轮机上校，除役
王学海		海军军官学校第1届枪炮班	1943年任海军总司令部舰械处兵器科科长 1945年9月因"敲诈复员军人"被枪决

姓名	籍贯	学籍	职务
王学曾		北洋水师学堂第1届驾驶班	1916年6月4日授海军上校（北洋） 1929年任海军编遣办事处经理处会计课课员 1938年任海军总司令部候补员
王燕猛		烟台海军学校第16届驾驶班	1946年10月29日任海军上校，退役
王兆麟	安徽当涂	烟台海军学校第8届驾驶班	1947年任海军第2补给站站长 1948年9月22日任海军上校 1952年10月22日退役
王致光	福建闽侯	烟台海军学校第12届驾驶班	1938年任海军总司令部参谋处文书科科长 1940年任海军工厂管理委员会总务科科长
魏春泉	山东历城	江南水师学堂第5届驾驶班	1923年12月16日授海军上校（北洋） 1924年任海军部总务厅副官（北洋） 1927年任军事部海军署副官（安国） 1934年任海军部军衡司典制科科长 1938年任海军总司令部候补员 1947年11月22日任海军轮机上校，除役
魏子浩	福建闽侯	马尾船政后学堂第17届驾驶班	1912年任"楚有"炮舰舰长 1913年8月20日授海军上校（北洋） 1915年任海军部军衡司典制科科长（北洋） 1917年任"永丰"炮舰舰长（北洋） 1918年任海军部军务司司长、"海琛"巡洋舰舰长（军政府） 1919年4月10日授海军少将（22年退伍） 1929年任海军部候补员 1938年任海军总司令部候补员
卫启贤	山西沁水	烟台海军学校第15届驾驶班	1945年任海军总司令部驻桂林行营附员 1946年任海军驻广州专员办公处附员 1947年7月4日任海军上校，退役
吴建彝	福建闽侯	烟台海军学校第13届驾驶班	1943年任海军第3工厂厂长 1946年任运输舰队队长 1948年任海军第1基地军务课课长
吴希周	广东顺德	黄埔海军学校第16届航海班	1945年任粤桂江防布雷总队附员 1947年7月4日任海军上校，退役
夏新		马尾海军学校第4届轮机班	1947年任左营造船所所长
谢浩恩	江苏	江南水师学堂第5届管轮班	1935年任海军部舰政司机务科科长 1938年任海军总司令部候补员、海军马尾要港司令部轮机课课长 1941年任海军部参事（汪伪） 1944年9月25日任海军轮机上校（汪伪）

姓名	籍贯	学籍	职务
谢克峻	福建闽侯	天津水师学堂第4届驾驶班	1918年任烟台海军练营营长（北洋） 1926年7月13日授海军上校（北洋） 1929年任海军部候补员 1938年任海军总司令部候补员
谢为良	福建长乐	烟台海军学校第6届驾驶班	1942年任海军部军枢司科长（汪伪） 1943年任海军部总务司科长（汪伪） 1943年11月1日任海军上校（汪伪） 1944年任南京基地队司令、定海特别基地队司令（汪伪）1945年接收改编后以中校任用
徐时辅	湖北天门	青岛海军学校第4届航海班	1949年任海军总司令部办公室主任 1949年5月2日起义
徐锡邕	浙江	烟台海军学校第15届驾驶班	1945年任塘沽港工程局局长 1947年任大沽巡防处处长 1949年任海军第2军区司令部司令、海军总司令部第3署署长
徐肇文		葫芦岛航警学校第2届轮机班	1948年任海军总司令部第6署第1处处长
徐泽铭			1942年任参赞武官公署参赞武官（汪伪） 1944年3月30日任海军上校（汪伪）
许秉贤	江苏武进	烟台海军学校第2届驾驶班	1926年任烟台海军学校校长（北洋） 1930年任海军部军学制造科科长 1938年任海军总司令部候补员 1947年任巡防艇队第1巡防艇队队长
许孝焜	福建闽侯	马尾船政后学堂第13届管轮班	1947年任海军总司令部第6署设计组主任 1948年任海军总司令部第6署副署长 1948年9月22日任海军轮机上校 1952年10月22日退役
薛家声	福建闽县	烟台海军学校第11届驾驶班	1943年任海军总司令部军需处会计科科长 1944年任海军第3布雷总队总队长 1945年任海军总司令部军衡处恤赏科科长 1946年任海道测量局家属主任
严鼎元	福建闽侯		1925年任海军部军法司典狱科科长（北洋） 1929年任海军部候补员
杨超伦		葫芦岛航警学校第1届航海班	1933年任"肇和"巡洋舰舰长 1934年任"海圻"巡洋舰舰长 1935年任黄埔海军学校教官

姓名	籍贯	学籍	职务
杨道钊	福建闽侯	烟台海军学校第10届驾驶班	1940年任海军宜万区第2总台总台长 1945年任海军舟山区接收专员、海军舟山接收办公处主任 1946年任海军总司令部接舰处处长 1947年任海军总司令部第6署第3处处长
杨镜湖			1940年任海军部科长（汪伪） 1941年任中央海军学校总队长、教育长（汪伪） 1943年任威海卫练兵营营长（汪伪） 1943年11月1日任海军上校（汪伪） 1944年任威海卫要港芝罘基地队司令（汪伪）
杨逾	福建晋江	马尾船政后学堂第10届管轮班	1928年任海军署海政司警备科科长 1929年任海军部海政司警备科科长 1938年任海军总司令部候补员 1947年11月22日任海军轮机上校，除役
杨哲人			1940年任海军部副官（汪伪） 1941年任海军江阴基地队司令（汪伪）
姚汝钰		烟台海军学校第15届驾驶班	1946年任海军驻西沙南沙群岛舰队筹备主任、海军总司令部第2署第2处第4科科长 1947年任黄埔巡防处处长
姚玙	福建闽侯	烟台海军学校第17届驾驶班	1946年任海军舰队指挥部高级参谋 1948年任海军第1军区司令部港务课课长
叶芳哲	福建闽侯	烟台海军学校第1届驾驶班	1930年任马尾海军造船所工务长 1932年任江南造船所统计课主任 1944年任海军赴美造舰服务团秘书 1946年任海军工厂总务室主任 1948年任江南造船所总务室主任
叶在馥	广东番禺	黄埔水师学堂第9届驾驶班	1927年任江南造船所造船课课长 1930年任马尾造船所工务长
袁晋	福建闽侯	江南水师学堂第5届管轮班	1927年任马尾海军造船所工务长 1928年任马尾海军造船所所长
曾冠瀛	福建长乐	烟台海军学校第6届驾驶班	1939年任海军宜巴区第2总台总台长 1948年1月27日任海军航海兵上校，退役
曾宗巩	福建长乐	天津水师学堂第4届驾驶班	1923年10月9日授海军上校（北洋） 1926年任海军部军学司士兵科科长（北洋） 1927年任烟台海军学校校长（北洋） 1932年任海军部军学司航海科科长 1938年任海军总司令部候补员

姓名	籍贯	学籍	职务
张凤仁	辽宁鞍山	葫芦岛航警学校第 1 届航海班	1935 年任"海琛"巡洋舰舰长 1938 年任江防要塞守备第 1 总队总队附、田家镇南岸炮台总台长 1939 年任海军总司令候补员 1946 年任第 1 炮艇队队长
张浩		天津水师学堂第 1 届驾驶班	1920 年 6 月 22 日授海军上校（北洋） 1924 年任海军部军衡司考核科科长（北洋） 1929 年任海军部候补员
张嘉燨	福建闽侯	马尾船政后学堂第 11 届管轮班	1936 年任海军部舰政司修造科科长 1947 年任海军总司令部第 6 署第 4 处处长 1948 年任海军总司令部设计研究室副主任
张仁民	福建	烟台海军学校第 9 届驾驶班	1943 年任海军总司令部军需处储备科科长
张廷翰	广东	天津海军医学校第 8 届	1934 年任海军部军务司医务科科长
张锡杰	安徽祁门	烟台海军学校第 8 届驾驶班	1946 年任上海港口司令部副司令 1947 年任海军第 1 补给站站长 1948 年 9 月 22 日任海军上校 1952 年 10 月 22 日退役
张衍学	山东	烟台海军学校第 4 届驾驶班	1938 年任鲁东行署参谋处处长 1945 年任海军接收青岛日伪海军专员
张义忠		葫芦岛航警学校第 1 届航海班	1947 年任海军第 4 补给站站长
赵培钧			1940 年任海军部参事（汪伪） 1941 年任海军威海卫基地司令部司令（汪伪）
赵士淦	福建	黄埔水师学堂第 8 届驾驶班	1930 年任海军部军衡司铨叙科科长 1938 年任海军总司令候补员 1947 年 11 月 22 日任海军轮机上校，除役
赵正昌	安徽来安	电雷学校第 1 届航海班	1947 年任海军第 5 补给站站长
郑衡	福建闽侯	烟台海军学校第 1 届驾驶班	1935 年任海军部军械司保管科科长 1938 年任海军总司令候补员
郑玑	福建闽侯	马尾船政后学堂第 8 届管轮班	1936 年任海军厦门要港司令部参谋长 1938 年任海军总司令部候补员
郑亢			1943 年 11 月 1 日任海军上校（汪伪）
郑礼庆	福建闽侯	日本横须贺海军炮术学校航海科（留日第 1 期）	1913 年 8 月 11 日授海军上校（北洋） 1920 年任海军部军务司军事科科长（北洋） 1929 年任海军编遣办事处军务局兵器课课长 1930 年任海军部军学司航海科科长 1932 年任海军部军衡司军港科科长 1938 年任海军总司令部候补员

姓名	籍贯	学籍	职务
郑耀恭	福建闽县	烟台海军学校第 6 届驾驶班	1942 年任海军总司令部军衡处铨叙科科长
郑友益	福建福清	马尾船政后学堂第 10 届管轮班	1914 年任海军部军械司机器科科长兼总务厅印刷所所长 1921 年 1 月 7 日授海军轮机上校（北洋） 1938 年任海军总司令部候补员 1947 年 11 月 22 日任海军轮机上校，除役
郑沅	福建闽侯	烟台海军学校第 6 届驾驶班	1936 年任海军厦门要港司令部参谋长 1941 年任海军部水路测量局士官技术养成所所长（汪伪） 1944 年任海军部水路测量局课长（汪伪）
周亨甫	福建闽侯	福州海军飞潜学校第 2 届造舰	1946 年任海军工厂生产处处长 1948 年任江南造船所生产处处长
周烜	福建浦城	马尾船政后学堂第 12 届管轮班	1947 年任海军总司令部第 6 署第 1 处处长
周泽华			1945 年任粤桂江防布雷总队附员 1947 年 7 月 4 日任海军上校，退役
邹镇澜	江西南昌	烟台海军学校第 15 届驾驶班	1936 年任黄埔海军学校教育长
朱保清	江苏江宁	江南水师学堂第 5 届轮机班	1946 年任舰队指挥部高级参谋 1947 年 3 月 15 日任海军上校，除役

附录二：民国时期海军军官教育相关机构同学录（含清末时期）

福州马尾船政前学堂制造班

第一届

魏 瀚	陈兆翱	郑清濂	林怡游	李寿田	吴德章	杨廉臣	陈林璋	罗臻禄
池贞铨	林庆升	梁炳年	张金生	林日章	陈季同	郑 诚	汪乔年	游学诗
林钟玑	陈平国	苏汝灼						

第二届

王庆端	李芳荣	魏 暹	陈才鍴	王福昌	王迴澜	陈伯璋	黄 庭	林鸣埙
黄成观	胡维镶	李联奎	曾宗瀛	林介圭	陈功奎	古之诚	陈继成	王 新
林桂昌	叶锡三							

第三届

王寿昌	陈庆平	高而谦	游学楷	陈长龄	林 藩	李大受	郑守箴	林振峰
卢守孟	叶芋寅	王维桢	李寿萱	王韶聪	杨济成	林志荣	许寿仁	柯鸿年
葛绍绥								

第四届

施恩孚	林福贞	黄德椿	卢学孟	曾仰东	李译诗	李寿川	石 琛	陈振家
胡有文	林钟钦	刘冠同	许赞周	陈锡周	陈海瑞	吴德潜	丁平澜	郑守钦
魏子京	王庆安	陈兆翥	孙庆芳	高庄凯	陈宝暄	董廷瑞	薛启昌	陈心楷
林 蠡	蒋树藩	林蓬春	林芬荣					

第五届

许尚坚	高开成	林兆炳	陈炳年	董朝钰	高 讲	方兆鼎	郑以撰	周文郁
张发义	姚绍鏐	杨承襄	周锡昌	乐耀贤	姚济川	陈常棣	黄步沄	卢则贤
陈伯成								

第六届

李世中　李孟实　李向瀗　沈觐扆　沈觐宸　萧　宽　郑镕宽　郑秉谦　王思斌
陈锡龄　陈挺元　曾广昌　杨葆谦　陈贞海　王鸿金　张　沁　陈为干　杨茂贞
黄曾溶　张大榕　王宜汉　苏方杰　廖宗和　贾　勷　林绍亭

第七届

周葆燊　郑颖孚　陈德湜　林福臻　苏宝崇　王愫昌　杨俶谦　陈大龄

第八届

郭仲铮　廖能容　方尚德　张　功　魏子琅　张宝骐　叶燕贻　陈立庠　郑义莹
林家铖　林铿然　丁振荣　何　健　阮兆鳌　吴仲森　吴奋图　陈兆良　杨齐洛
陈世杰　汪继泗　郑寿彭　姚英华　金廷槐　黄　勋　汪培元　陈自奇　柯文琪
张士森　蒋弼庄　严文福　李毓英　王怀纲　张宗渠　何尔燧　陈声芸

福州马尾船政后学堂驾驶班

第一届

罗丰禄　何心川　蒋超英　刘步蟾　叶伯鋆　方伯谦　林同书　郑文成　林泰曾
李达璋　严　复　沈有恒　邱宝仁　陈毓淞　林永升　叶祖珪　陈锦荣　黄　煊
许寿山　林承谟　柴卓群　郑溥泉　黄建勋　张　成　林国祥　叶　富　吕　翰
黎家本　邓世昌　李　田　李　和　梁梓芳　卓关略

第二届

萨镇冰　叶　琛　邓聪保　林颖启　吴梦良　陈锡三　江懋三　郑文郁　陈文庆
唐宸科　林国裕　卢华大　卢鸿杰

第三届

林履中　许济川　林森林　戴伯康　陈　英　蓝建枢　韦振声　史建中

第四届

许兆箕　杨则哲　黄裳治　陈伯涵　林占熊　唐　祐　邝　聪　丁兆中　林文彬
刘冠雄　李鼎新　陈兆艺　黄伦苏　曹廉正　关　景　丁沁波　陈善元　罗熙禄
何品璋　王培成　谢子勋　陈兆麟　梁祖勋　谢润德　何金胜　吴松森

第五届

林帮光　程璧光　梁鸿春　陈恩焘　王　涟　张　珍　石文铭　陈宗器　丁澄澜

第六届

翁祖年　刘　容　黄鸣球　叶大俊　郑文超　翁守瑜　张哲溁　刘联芳　沈叔龄
陈应谦

第七届

温桂汉　陈兆兰　罗忠尧　李国圻　陈常绥　叶　琅　陈大懿　翁守恭　陈福烘
邱志范　罗忠溶

第八届

陈钜庸　詹天佑　吴应科　欧阳庚　苏锐钊　陆永泉　杨兆楠　邓咏钟　徐振鹏
容尚谦　黄季良　薛有福　邓士聪　吴其藻　宋文翙　邓桂廷

第九届

贾凝禧　罗忠铭　周献琛　朱声冈　高承锡　郑文英　林葆怿　许赞虞　曾瑞琪
林韵珂　林敬熥　张秉奎　陈怀羔

第十届

林文光　沈正增　罗忠清　游于艺　林鉴殷　林敬章　关庆祥

第十一届

陈镜澜　黄以云　林靖澜　黄钟瑛　林秉诚　周敬熔　孙　筠　张海鳌　周兆瑞
卓大宾　蔡馨书

第十二届

吴光宗　陈傑年　魏祖培　王宗香　许继祥　江宝容　陈家濂　任帮鼎　曾庆沂
陈兆用　陈心蔚　陈文彬　陈大昭

第十三届

陈尚衍　黄　燮　林炳枢　陈旋枢　游福海　周思贤　林乔椿　郑孝增　郑大濂

第十四届

沈希南　黄树声　李景曦　陈家鋆　林颂庄　林振莹　张景南　余叔典　蓝希雍
叶心存　黄郁章　叶　琦

第十五届

陈玉璋　王　麒　刘鸣岐　张哲培　林　熔

第十六届

高幼钦　赖汝寿　常书诚　魏子荣　梁同怿　欧阳驹　许建廷　张增存　贾　勤
陈训泳　王葆谦　李国堂　林鸿滋

第十七届

李孟斌　李景澧　魏子浩　萨　夷　林　蟾　贾　理　陈尔燊

第十八届

林秉衡　林镜寰　林元铨　杨隽声　姚启飞　周国钧　刘熙德　陈毓澄　张哲训
苏学经　蔡传泰　廖德星　林传铭　张嘉麟　胡有年　黄年生

第十九届

汪肇元　陈祖祺　陈孔耀　林舜藩　孙维城　沈　燮　叶心传　叶宝琦　张同渠

福州马尾船政后学堂管轮班

第一届
何朝先　陆麟清　郭成志　卓关邦　梁逸卿　李阿富　黎阿本　陈景康　黎晋骆
李亚文　林鹤龄　杨进宝　彭就胜　张永清　冯瑞金　周荣贵　陆三兴　杨　光
余贞顺　洪得意　胡金元　郑官合

第二届
庞铭世　伍兆佳　刘荫霖　林　泉　区贤灿　载庆涛　罗荫皆　陈兆锵　陈如璧
郭文进　庞廷桢　曾光时　潘锡基　刘昭亮　郭乃安　陈治安　李福龄　梁祖全
郑守恒　黎弼良　马应波　刘冠南　王齐辰　刘义宽　何林英　张玉明　卢鸿彬
叶大银　梁祖群　梁福藻　黄显章

第三届
王　桐　张茂福　黄履川　胡尔楷　刘善述　陈鹤潭　陈如衡

第四届
王考鸣　吴保和　刘　康　陈伯祥　周敬让　卢毓英　张斌元　任邦珍　陈翼宸
林亨豫　梁季恺　葛希颜　沈念祖　陈宝璋　林朝鼎

第五届
潘琮璋　林傅善　郑华钟　曾光世　周文祺　梁志柱　洪光安　王兆陶　陈忠捷
陈开镰

第六届
梁　蓉　吴景泰　林以熔　江大荣　梁敬埏　陈　铨　黄本周　陈芳卿

第七届
潘兆清　刘贻远　唐德炘　陈承植　董朝镛　陈翊汾　黄天鳌　李伯壬　林云龙
陈大豫

第八届
常朝干　郑　玑　高近宸　魏　怀　沈秉楷　陈忠镒

第九届
周光祖　林锡康　梁敬搓　叶宜彬　陈声扬

第十届
韩玉衡　杨　逾　李孟衍　叶天庚　郑友益　陈培松

第十一届
吴明观　张嘉爔　王道斌　叶心衡　苏学雍　陈诗涛

第十二届
邱景垣　邱思聪　苏镜潮　萨本炘　林学濂　陈奇谋　周澜波　林惠平　张　岑
黄以燕　郑鼎铭　陈兆俊　马德建　吕文周　李孔荣　冯廷杰　魏子元　周　烜
姚法华　余　堃　方　伦　王振中　贾　劫　凌　荣　钟　衍　蔡学琴　卢行健
郑翔鸾　阮宣华　梁　煊　陈飞雄

第十三届
谢仲冰　唐擎霄　许孝焜　蒋松庄　黄贻庆　陈尔恭　林一梅　陈　瑜　唐兆淮
沈靓安　康　志　黄子坚　周谨崧　黄立莹　张用远　许桐蕃　傅春滨　林家晋
陈承志　方明淦　杨际舜　沈靓笏　曾　纪　欧阳崑

第十四届
江守贤　何家澍　蒋　铣　陈　鼎　刘　潜　孟孝钰　程　璟　曾贻谋　吴　锷
王贤鉴　鲍鸿逵　林缉诚　林仲逵　林鏞民　杨　健　陈耀屏　傅宗祺　林克立
唐岱荣　方新承　林善骝　郑英俊　梁永翔　张永绥　薛大丞　高宪参　郑友宽
林　凯　林谷士

253

天津水师学堂驾驶班

第一届
谢葆璋　郑汝成　沈寿堃　陈杜衡　郑　纶　温朝诒　伍光建　王劭廉　洪桐书
安骏元　蔡灏元　梁汝辉　王　平　王学曾　张　浩　王金声　陈京莹　吴怀仁
黄乃谟　薛振声　穆普书　周福臻　王兆汍　韩　锦　祁凤仪　赵文锦　倪居卿
伍璧瑛　崔峦峰　陈如升

第二届
曾兆麟　饶怀文　施作霖　郑祖彝　蒋　拯　许应岳　冯　琦　王庆禧　王朝恩
刘善选　郑得春　徐希颜　杨建洛　陈鸿恩　饶鸣衢　陈保泰　谭英傑　杨澄海
冯家泳　叶世璋

第三届
刘传绥　蓝道生　陈毓淳　王兼知　任鸿鼎　毛鸿图　杜彭年　柳保森　顾延寿
刘秉镛　陈作舟　林　琦　史寿箴　朱世桢　邓藻扬　叶宝纶　黄承勋　李梦松
王宗墀

第四届
曾宗巩　罗　璟　薛启华　李赓飏　谢克峻　于焌年　许绳祖　万德亮　王仁棠
庄仁松　陶鹤鸣　吴开祺　罗忠霖　陈来祥　郑志仁　蒋玉书　陈兆洛　赵立本
费善赞

第五届
薛昌南　庄允中　周克盛　陈　珣　王崇文　吕富永　江绍沅　杜宗凯　陈伯瓒
赵　炳　严培南　胡文梯　张寿春　常福元　沈秉焯　萨福楙　周宗濂　力　钟

第六届
林葆纶　罗则均　曾光亨　罗序和　郑贞来　林永谟　江忠清　张嘉栋　吴梦兰
温世珍　余占元　陈钦宾　周禹铭　孙文成

天津水师学堂管轮班

第一届
刘国桢　赵桂林　汤文城　周　谦　黎元洪　张光绅　陈德培　常培基　王如璋
胡　鋆　杨庆麟　宝振全　王　琦　郭恩德　张葆蓉　王举贤　徐溯源　杨恩鋐
郭文荣

第二届
严文炳　徐兴仓　刘云鹏　张　澍　谢国樑　何汝宾　李绰椿　林徽椿　郑听如
陈弗藩　吴良栋　田润生　薛贻禄

第三届
吴毓麟　林文彧　陈彦菜　何嘉兰　邓士韫　黄宝贤　钱家鹭　鲁秉纶　王燕宾
徐裕源　王廷樑　邵葆珍　贺文瀚　霍家桢　唐文盛　温联俊

第四届
谢天佑　朱正霖　陈源亭　李金声　毛耀南　张鼐勋　浦先民　段绩熙　徐怀清
高鹤龄　钱勤生

第五届
庞德辅　王开治　郑贞能　李克绪　李兆棠　冯鹤年　张　宏　张保泰　吴佩洸
陶云鹏　蔡成耀　崔鸿臣　沈作谋　郑瑞民

第六届
陈士廉　王拱辰　郑滋樨　张镆绪　沈　琨　窦鸿钧　邵鸣琴　周有善　邓元辉
董春泽　刘葆初　郑葆丞

广东黄埔水师学堂（水雷局鱼雷班）

第一届
孔　彦　郑仕沄

第二届
陈训谍　王福贵　林启华

第三届
陈就基　邝赉弼　林孝衍

第四届
廖焕枢　孙毓堃　吴保泰　吴铨仁

第五届
李玉光　石　伟　李锡镛　蔡　衡　孙锡璋　黄清芬　李新隆

广东黄埔水师学堂

第一届（驾驶）
曹汝英　彭灿昌　谭学衡　关燮湖　汤廷光　卫汝基　薛炳奎　廖坚华　龙廷颺
黄　权　姚玉瑶　何汝锦　廖灼华

第二届（驾驶）
吴保和　高传柏　张光熙　刘　康　郑勤成　王考鸣　陈心鹗　邹景虞　崔元韶
郑硕简　任书洛　高仲芷　林开卓　叶长庚　陈庆清　梁宝琳　张鹤年　林朝鼎
陈常缙

第三届（驾驶）
陈思成　潘健新　苏希坡　丁　潮　陈寿铭　张允栋　林孝彝　谭学慈

第四届（管轮、驾驶）

卢毓英　陈宝璋　沈正增　沈念祖

第五届（管轮、驾驶）

谭其荣　罗国瑞　邱世堃　戴国良

第六届（驾驶）

吴宗藩　林庆森　何焌祥　童永福　李葆生　周庆冕　梁藻森　黄文溥

第七届（管轮）

蒋瑞麟　江国樑　王其斌　黄秩位　黄以泾　潘俊华

第八届（驾驶）

林献炘　陈天经　赵士淦　吴廷光　王会同　杨树庄　高　华　王济业　吴炘仁
毛钟才　吴赛仁　毛仲芳　潘文治　林国赓

第九届（驾驶）

高宪辰　梁渭璜　彭　瀛　叶在馥　廖景方　高宪乾　黄公韬　吴敏仁　王　诜
孙承泗　萧广业　张豫春

第十届（驾驶）

陈宏泰　高宪申　邱世忠　陆　杰　张天辉　汤宝璜　魏子渊　蔡世溁　黎　识
李式同

第十一届（驾驶）

陈景芗　周　淦　何　哲　张国纪　苏有昌　柯在瀚　何　勋　郑勤瑞　郑金城
陈时珍　藩增祜　林振涛

第十二届（驾驶）

何瀚澜　何绰玻　岑寿樟　周天禄　陈宏毅　李孟亮　李继衍　王　永　杨　简

257

陆　涛　伍自立　冯立灿

第十三届（驾驶）

王铿成　陈宪武　刘世冠　白瑞鎏　冯履新　陈可钧　卢国牟　朱彦豪　严文浚
陈衍燊　麦三育　郑文超　周耀海　赵刚拍　黄养魄　林以颂　蔡世浚　梁蘧
梁波崙　叶在馥　钱雄　罗启东　刘春棠　梁柏淦　叶欣　陈履新　陈复
任国鉴　彭惇训　林威雄　黎巨鏐　梁商　李汉翘　林锐　余宗岳　曾纪棠
曹祖堃　李彭泽　梁商

第十三届（管轮）

王铿成　陈宪武　黎巨缪　卢国弇　曾纪棠　曹祖坤　李彭泽

第十四届（驾驶）

孔昭志　陈祖寿　李福游　黄维琛　胡轩　张恩观　周昌弼　谢松年　孙文沛
林若时　杨贵明　陈祖荫　陈鼎刚　黄涝芬　高鹏飞　梁景梧　李芳　招挂章
刘景篁　罗志达　刘树棠　黄达观　吴家驹　陈圣能　李孟元　李孟尚　黄熔健
萧衍成　卢适祥　陈兆铿　叶杰　钱昌　邓熙霖　梁黻麟　曾锡棠　沈仁涛
连茹　罗谭福　孔繁霖　王尚冕　张承恩　潘文谱　冯肇宪　丁培龙　罗日新
蔡善海　林毅　苏仰徵

第十四届（管轮）

招桂章　林若时　萧衍成　丁培龙　陈祖寿　李福游　孔昭志

京师昆明湖水师学堂

第一届驾驶班

荣志　凤瑞　喜昌　荣续　博顺　胜林　胜安　秀恩　景林
贝都里　全春　文衡　文通　吉连　荣厚　德印　胜俊　庆春
伊兴阿　郭什春　荣云　文俊　万庄　期颐　广顺　荣福　乌勒兴阿
广志　荣安　吉陞　全成　文连　增龄　恩陞　英荣　增林

南京江南水师学堂驾驶班

第一届
林建章　黄仲则　沈继芳　朱礼琦　姜廷材　周兆瑞　甘联璈　林继荫　盛文植
程树基　周帮正　乌承绪　汪元祐　艾曾恪　何忠贤　陈鑑泉　赵道行　陈汉章

第二届
於越贤　蒋元恭　唐文森　王良英　陈长祐　蒋元勋　赵士爕　余德能　孙文远
张金镛　彭凤藻　刘荣衮　朱家琳　张春江　周奉璋

第三届
沈　梁　吴振南　蔡朝栋　杜锡珪　甘联驹　唐伯勋　林宗庆　郑祖怡　汪克东
郁邦彦　查子茂　程思万　陈信才　杨绍晋　王得端

第四届
王传炯　饶涵昌　沙训麟　张兆宣　陈季良　朱孝先　朱天森　王光熊　方佑生
汤心豫　林瑞田

第五届
杨庆贞　吕德元　孟慕超　奚定谟　何兆湘　王开元　卢国济　刘长敏　沈　奎
吴志馨　陈士衍　魏春泉　林秉镛　张　鹏　徐世溥　张鹏飞　吴秉成

第六届
孙必振　陈绍宽　许凤藻　王寿廷　汪仲贤　阙凤彤　周麟瑞　王朝琛　丁祖庚
华贻谷　王树泰　唐玉鑑　刘学杰　王建勋

第七届
陈有根　傅祖肇　郑体慈　张承愈　杜翰章　周家驹　王崇毅　戴希彭　毛邦燕
缪庆福　沈自道　丁国忠　范学湘　汪于洋　史国贤　张日章　蒋元福

江南水师学堂管轮班

第一届

| 黄锦垣 | 黄辉如 | 吴佩璋 | 朱揆忠 | 石彬浩 | 林朝丰 | 郑泰升 | 黄廷黻 | 顾斐章 |
| 奚清如 | 黄国华 | 姚念先 | 伍云海 |

第二届

| 赵道新 | 林有志 | 陈永源 | 胡杰英 | 张应鸿 | 舒振声 | 秦东如 | 刘观文 | 饶秉钧 |
| 陈鸿藩 | 朱嘉猷 | 盛家谟 | 唐裕森 | 薛元燊 | 于基万 |

第三届

| 朱天奎 | 邵家鲲 | 许陛恩 | 封爕臣 | 程仁德 | 朱礼璇 | 黄家声 | 胡朝樑 | 何树荪 |
| 韦承陛 | 沈子香 | 吴德馨 | 陈文麟 | 朱听涛 | 翁曾固 | 唐堪举 |

第四届

| 王孝藩 | 李承曾 | 胡恩诰 | 萨君谦 | 余德先 | 阮文鼎 | 赵维藩 | 杜绍棠 | 翟宗藩 |
| 周文治 | 戈乃存 | 洪恩锡 | 陈居厘 | 高先澍 |

第五届

| 徐祖善 | 袁晋 | 马德骥 | 朱宝清 | 萨师同 | 王超 | 何樵 | 黄恭威 | 翁炳贞 |
| 谢浩恩 | 任治龙 | 吴谦 | 朱藩 | 刘武 | 沈辰熙 |

第六届

| 周文锐 | 卢文湘 | 江光瀛 | 姚介富 | 刘立成 | 张文注 | 蔡浩章 | 程鹏 | 刘蓉 |
| 陈先荃 | 何承惠 | 崇燮 | 曹康圻 | 刘纯经 | 傅德同 | 郎昌炽 | 郭朴 | 陈道 |

江南水师学堂鱼雷班

第一届

| 杜逢时 | 叶庆松 | 陶玉琨 | 王惠祖 | 王华鎏 | 吴广智 |

第二届

林朝曦　卓文蔚　吴奎麟

第三届

沙训鼎　顾　奎　郑钰如　周承恩

北洋旅顺口鱼雷学堂

第一届

屠用康　翁守谦　宫守谦　于化南　孙毓钧　蔡国章　姜桂全

第二届

任懋材　方道亨　金铭鼎　林福藩　宫守彝　张树烈　沈荣德　李于乐

第三届

宫守仁　宫守明　林作霖　左毓金　罗万年　于德源　邦家煌　张树勋

威海水师学堂驾驶班毕业生

吴纫礼　蓝　寅　郑汝翼　杨梦熊　陈鹏翯　葛保炎　杨敬修　邓家骅　陈鹏翔
李圣传　李圣铭　罗开榜　虞克昌　李　琦　汤聘珍　宋应垓　陈镇秋　程锡铨
冯家陶　谢用楫　崔富文　招镇国　何恩宠　招瑞声　李道智　陈于勤　邱豹鸣
黄履中　李沛然　李　绮

天津海军医学校

第一届

林联辉　金大廷　李如淦　何廷梁　曹茂祥　周传谔

第二届

徐清华　麦信坚　届永秋　黄宝森

第三届

郑文祺　赵显扬　何守仁　关景贤　尹端模　钟景儒　吴广辉　钟穆生　陈沛熊

第四届

章锡如　钟文邦　唐文源　经亨咸　唐乃安　姜文熙　柳资生　李延生　陈怀皋
虞顺德　王培元　倪文德　周维廉

第五届

谭其濂　吴其芬　萧杞楠　吴为雨　徐英扬　左汝谦　王文藻　关景星　黎树荣
温秉文　游敬森　汤辅民

第六届

何根源　梁景昌　陈世华　佘华光　司徒元宗　姚启元　黎树贵　周贵生　王恩绍
汤富礼　吴桂良

第七届

李应棠　施秉常　侯光迪　全绍清　黄　毅　谢应瑞　陆昌恩　谢康龙

第八届

冯志铭　许世芳　邓详光　张廷翰　黄敬业　邓松年　冯润发　严汝麟　林　基
届家瑁

第九届

施伯声　张承学　关衍辉　李锡康　刘光榆　孟广仁　张蕴忠　宋廷瑞　冯国宝
吴　解　刘湛科　孙葆璐　梁九居

第十届

敖恩溥　何宗光　陆存煊　黄维青　高长阁　陈基良　秦旭昌　吴乔森　力树萱
吴国卿　林圣级　林绵华　梁承藻　刘湛燊　唐棣春　何伯荣　罗汝藩　陈泰谦
朱毓芬　林炎武　陆镜辉　刘秦鳌　陈　灿　蔡华昌　程建章　刘承瑞

第十一届

徐齐嵩　王崇先　施纬常　林兰森　魁文山　沈鸿翔　陈敬安　池　博　邓贤祥
江汝楫　刘瑞华　张凤藻　胡世良　陈琰英

第十二届

吴慕先　王大澜　陈　静　刘占鳌　朱家楣　朱世英　许绍翰　翁文澜　徐维华
谭　鋆　孙绍裘

第十三届

张玉堂　陈　煦　黎宗尧　伍伯良　陈冠嶂　储义明　李　碧　霍启章　闻方志
沈祖垚　俞祖光　阎世华　池石青　方家则　林仁义

第十四届

尚文基　宋维藩　瞿俊升　蔡　鸿　陈崇德　潘树勋　王祖祥　王会杰　徐仲吉
罗华杰　王祖德　阎锡埒　田大文　林天心　马　粹　邓广熙　孙玉璸　魏毓麟
叶树棻　陈云韬　石蕴珍　余有庆　邓宇清　刘勋选

第十五届

熊科贤　任允中　陈绍贤　沈嘉善　张化民　凌世德　杨延龄　周柏龄　陈章宪
王德风　景恩械　葛南缪　李飏廷　潘为杜　徐长锐　戴芳渊　张江槎　从鸿藻
许启良　吴祥骥　高景勋

第十六届

叶宗亮　王鹏万　崔德富　吴伟权　王鸿勋　林柏章　蔡修敬　葛馥庭　张忠信
蔡方进　王嘉祥　贾富文　张艻槎　翁文渊　卢则民　梁树芳　冯英镇　王　楷

章名鸿　俞维新　康　德

烟台海军学校驾驶班

第一届
林希曾　陈石英　郑　衡　饶鸣銮　陈永钦　陈文会　戚本恕　林焕铭　郑畴纲
罗忠冕　刘永诰　佘振兴　郑耀庚　刘永谦　温树德　叶葆骏　叶芳哲　任光宇
李君武　杨树韩　龚庆霖　张建勋　张洪基　邬宝祥

第二届
许秉贤　陈子明　刘道源　黄忠瑄　金轶伦　戴钟麟　严寿华　林培熙　曾以鼎
叶鹏超　萨福畴　谢为仪　俞俊伟　俞俊杰　蒋　斌　欧阳勋　张秉兖　任积慎
路振坤

第三届
李申之　王大焜　田士捷　陈永昱　严以庄　朱天昌　翁　鑫　刘安国　孟琇椿
陈　拔　陈　龙　毛镇才　林榘藩　沈作人

第四届
陈　志　丁士彦　陈式藩　吴熹炤　袁方乔　黄忠璟　唐　筹　张衍学　于庆霭
吴绅礼　梁文松　罗志敏　萨福锵

第五届
李赓熙　褚凤章　蒋启麟　林其湘　张运陶　田炳章　田焕章　刘勋达　唐德煌
黄开烈　杨占鳌　程耀枢　黄硕藩　云惟祐　陈秉清　周文炳　王定中

第六届
冯　涛　邵　钟　杨廷纲　王世英　常光球　章焕文　张镜清　齐植规　郑贞櫆
齐兆霖　任光海　曾冠瀛　雷日楠　杨砥中　刘德浦　赵梯崐　丁士芬　戴熙经
杜功新　谢世恩　卢景贤　杨绍震　邵　新　林　郢　刘承谟　王世宇　林自新

邓则勋	马宾兴	王夏鼐	陆 拯	周希文	倪则烺	李宜和	冯昌模	许清渠
郑耀枢	叶鹏翔	许资时	陈君涛	沈彝懋	刘勋铭	阳 明	陈培坚	万绍先
谢为良	吴同章	林骏声	赵竞昌	陈 瑜	张其铣	齐粹英	林振华	林培塈
欧 济	刘 樾	郭治铿	钟星耀	郑世璋	陈先启	谢渭清	刘焕乾	蒋元基
何传滋	庄蔚菁	王 钧	曾 伟	陈汝昌	翁敬萱	尹祖荫	吴应辉	戴文骏
刘瑞祺	沈春祥	许世廉	蒋 英	詹寿光	黄 勋	胡文溶	郑 沅	郑耀恭
盛建绩	李世甲							

第七届

| 李宝瑛 | 林 均 | 李葆祁 | 潘福基 | 原 炳 | 王俊宗 | 陈与煊 | 赵 镇 | 潘文绚 |
| 冯彦图 | 沈敏清 | | | | | | | |

第八届

汪积慈	卢文祥	张锡杰	陈绍基	孙 新	熊 兆	陈承辉	李国圭	沈德燮
孟慕庄	丁延龄	陈泰植	胡宗渊	萧翙新	卢 淦	王北辰	郑畴芳	萨师俊
严 陵	陈作梅	张 佺	魏朱英	郭詠荣	沈麟金	潘士椿	黄 振	王兆麟
陈泰培	蒋 瑜	曹明志	蒋元俊	朱崇筠				

第九届（吴淞海军学校毕业）

张鸿逵	程嵋贤	陈泰炳	陈 勋	孙起潜	吴 寅	李思沆	伊里布	邹 毅
林赓藩	华国良	杨 昭	张仁民	吕 琳	叶可松	于寿彭	徐 沛	吴 鍏
杨光炘	唐 虞	朱树勋	黄道炳	曹 杰	叶进勤			

第十届（吴淞海军学校毕业）

陈嘉楯	周宪章	金 谷	陈立芬	欧阳格	刘世桢	欧阳璋	王伦钦	苏搏云
胡晓溪	何天宇	吴煦泉	王 载	蔡道铤	秦福钧	刘震海	林景濂	刘孝鋆
胡 凌	杨道钊	秦庆钧	傅亚魁	董沐曾	陈文裕	徐世端	孙道直	樊锡九
韦庭鲲	张知乐	江绍荣	王福曜	葛世平	顾维翰	李毓藩	张德亨	毕载时
陈天骏	陈甡欢	张寿堃	李申英	许演新	丛树梅	饶琪昌	江泽澍	林 浩
汪正第	盛延祺	徐秉钧	傅藜青					

第十一届（吴淞海军学校毕业）

梁同怡　谢镜波　王连俊　曾以衣　林叔同　叶裕和　陈长卿　陈耀宗　郑大澄
薛家声　王　杰　吴际贤　叶登瀛　罗嘉惠　赵启中　苏　民　钟滋沅　叶　时
陈长熇　蒋金钟　王孝铣　林植津

第十二届（吴淞海军学校毕业）

傅　成　甘礼经　王致光　翁寿椿　郭友亨　沈树铭　郑震谦　林良缪　曾万青
王希哲　林建生　赖汝梅　林恭蔚　梁熙斗　叶水源　吴　侃　何尔亮　贾　珂
林聪如　郭汉章　钟子舟　王　经　彭祖宣　严传经　杨峻天　高鹏举　王履中
翁　筹　颜锡仪　陈长栋　杜功迈　严　智　赵文溶　林康藩　张秉燊　蒋质庄
方济猛　彭景铿　郑翙汉　陈挺刚　张鹏霄　李廷琨　高　秸　陈懋贤　何传永
陈　锟　陈　迪　刘学枢　倪华銮　郑祖瑾　卢　诚　陈光缓　於鲁峰　林　峰
刘公彦　谷源达　陈兆璜　李维伦　杨希颜　饶毓昌

第十三届（吴淞海军学校毕业）

冯家琪　吴建彝　滕士标　聂锡禹　严以梅　冯　风　曾国奇　林　奇　承纪曾
林秉来　戚天禧　薛才燊　孙兆麟　黄　锈　周应璁　林溥良　沈有瑅　顾树荣
陈时晖　李光邺　许　沁　陈绍弓　潘子腾　王　健　梁聿麟　章仲樵　梁磐瑞
安其邦　高　澍　郑家玉　刘炳炎　倪奇才　韩国桢　李世锐　严又彬　叶永熊
方　均　王　挺　林　霞　程裕生　叶森章　蒋亨湜　朱邦本　许汝升　林际春
曾国晟　陈　桐　林崇鸿　欧瑞荣　常　旭　邱昌松　韩廷枫　钟树楠　梁毓骏

第十四届

吴　敏　邓兆祥　陈祖达　黄文田　许汉元　周济民　郑建邹　江国桢

第十五届

冉鸿翮　任　毅　姚汝钰　陈启鹏　林百昌　姜炎钟　方联奎　王之烈　曹树芝
李信侯　何典燧　宋乐韶　杨保康　陈香圃　郑体和　谢崇坚　金荫民　程景周
苏　武　邹振鸿　刘　赓　田乃宣　黄海琛　翁纪清　徐锡邑　邹镇澜　梁康年
张鹏霄　卫启贤　宋　锷　娄相卿　张介石　俞　健　马步祥　马云龙　孟宪愚

刘　栋　　赵宗汉　　吕桐阳

第十六届

王燕猛　刘　铠　　王　诜　　晏治平　高光佑　刘　璞　　陈兆庭　温焱森　李之龙
杨茂林　杨建辰　马崇贤　王立勋　吴支甫　郝培芸　周耀仁　郭寿生　严怀珍
杨熙焘　郑贻凫　时修文　陈嘉谟　陈体贞　曾国暹　韩延杰　赵秉献

第十七届

林宝哲　曾万里　梁序昭　吴徵椿　李向刚　刘大丞　林赓尧　欧阳宝　陈　澍
陈祖政　姚　玙　　陈大贤　郭鸿久　许仁镐　叶可钰　梁　忻　　林家炎　何希琨
谢宗元　张国威　郑国荣　何　惠

第十八届

陈赞汤　林祥光　林　溁　　林　夔　　林　遵　　程法侃　高如峰　孟汉鼎　廖德桵
王廷谟　魏应麟　张大澄　李世鲁　张天浤　陈训滢　李慧济　翁政衡　陈寿庄
林克中　江　涵　　杜功治　程豫贤　陈嘉栙　沈德镛　郎鑑澄　谢为森　薛　臻
吴芝钦　江家骥　刘崇平

日本东京商船学校驾驶班

留日第一届

刘华式　郑礼庆　谢刚哲　金溥芬　萧宝珩　陈　复　　李景渊　王　统　　凌　霄
哈汉仪　吴兆莲　卓金吾　宋式善　沈鸿烈　龙荣轩　童锡明　李右文　姚葵常
陈华森　尹祚乾　萧举规　黄显仁　杨征祥　方念祖　刘田甫　姜鸿澜　杨启祥
张楚材　黄健元　戴修鉴　齐　熙　　王　裘　　范腾霄　宋　振　　姜鸿滋

留日第二届

罗致通　夏昌炎　曾广伦　黄绪虞　杨宣诚　李　桢　　胡　晃　　欧阳琳　严昌泰
宋复九　王　楫　　吴鸿襄　李大倬　李北海　范熙申　曾广钦　张维新　吴　隅
刘　励　　任　重　　王时泽　冯鸿图　朱华经　王道埕　李文彬　李震华　李绍晟

267

李　静　关国华　杨昌侯　李毓麟　朱　伟　叶启菜　陈莘觉

日本东京商船学校管轮班

张万杰　高凤华　吴　建　吴　湘　谭　刚　何绍南　易定侯　陈泽宽　余际唐
何道沄　黄承羲　张汉杰　潘尚衡　沈一奇　张仲寅　何　豪　郑仲濂　陈　云
吴景英　黄锡典　马国威　张振曦

日本横须贺海军炮术学校航海科

留日第一期
刘华式　谢刚哲　陈　复　郑礼庆　萧宝珩　金溥芬　李景渊　王　统

留日第二期
姜鸿澜　周光祖　刘田甫　杨征祥　姚葵常　沈鸿烈　凌　霄　方念祖　哈汉仪
李右文　姜鸿滋　杨启祥　宋式善　吴兆莲　黄健元　张楚材　童锡明　尹祚乾
卓金梧　陈华森　龙荣轩　萧举规　黄显仁

留日第三期
范腾霄　王时泽　黄绪虞　朱　伟　严昌泰　李　静　任　重　罗致通　陈新觉
胡　晃　曾广钦　范熙中　戴修鉴　宋复九　吴鸿襄　斋　熙　曾广伦　冯鸿图
李北海　吴　嵋　杨宣诚　欧阳琳　李　刚　郭家伟　朱华经　张　冲　夏昌炎
李　桢　刘　谊　王　楫　黄　裘　宋　振　叶启菜

留日第四期
张万然　王道植　吴　建　李文彬　张振曦　吴　湘　李绍晟　高凤华　谭　刚
何超南　沈一奇　黄锡典　易定侯　何道沄　李振华　潘尚衡　张仲寅　何　豪
吴景英　余际唐　黄承羲　郑仲濂　陈　云　陈泽宽　张汉杰

湖北海军学校驾驶班

庄以临　洪尚愚　李载煦　彭化龙　李宗毅　王亚杰　刘寿山　张临泉　彭焕相
刘建标

湖北海军学校轮机班

钟百毅　萧士豪　吴　超　王铭忠　俞俊先　杜镇西　许百容　杨丞禧　刘先懋
王　弼　唐绍寅　成　麟　李枝高　李延庚　万应龙　卢炳华　李延钊　伍善烺
周之武　熊　绍　孙　斌　张国威　周　宽

吴淞商船学校航海班

徐　斌　方　莹　蒋志成　蒋　逵　周崇道　章臣桐　徐祖藩　钦　林　霍若霖
黄显淇　建　镰

南京海军雷电学校无线电班

第一届
潘序伦　高祖楠　方　谟　张　冰　伏孔夷　俞　谟　徐　钰　葛昌鼎　王祖龄
吴汝爰　梁继德　陈发乾　董长庆　陈　槃　潘炽昌　霍道威　杨育普　陈泰耀
黄　振　穆广发　刘道夷　吴国士　黄　复　范景星　林　植　朱长春　傅崧生
李　沅　李　洵　卢作枢　陈慎斋　葛源深　耿午楼　张哲玉　马学俊　何承恩
柯嵩林　李世溶

第二届
曹　肃　申大模　李振先　林元鋆　程祖骝　王　广　叶　鏸　胡光天　郑国桢
杨文龙　赵　灏　林益良　郑崇焜　石亚魂　邱赞尧　潘　鸿　葛　芳　许连生
郑传煌　陈森凯　冯忠恕　姚逸少　李景杭　陈应麟

第三届

林继蕴 刘则端 何希源 刘俊业 张启溶 林国琪 曾克湜 庄亮采 王景祥
任国泰 林致贤 潘汝鋈 吴新轫 李 复 曾葆濂 蓝道墀 林 衍 张在鋈
何 泯 蒋德孙 刘世忠 陈履中

第四届

丁 杰 陈守中 史立松 陈尔堃 李世亨 黄霁峰 林天霖 李建朴 林荫中
金 鑑 程步超 林 圻 曾慎菁 郭海清 江金林 何重柯 陈天策 彭 熙
梁芳纫 张正亮 黄玉藩 陈葆钊 梁佳年 邹长奇 陈澜田 陈 燊 杨瑞祺
刘敬业 苏奋扬 程国钧 江尚韬 何濬源 游允午 吴鼎芬 赵 璧 马世鋆

第五届

沈维炯 李秉正 陈 震 林伯逸 陈守农 郑文达 吴元钊 林俊翰 黄赞冕
黄景根 周 钧 郑长玄 杨永龄 陈祖炎 张声涛 许宏琛 许田钰 薛任贵
林焕庚 王治华 陈政廉 林鼎训 姚祥妫 张大沅 叶孟清 李必成 郑 琼
吴毓文 马长康 陈英坤 林翰年 陈钟英 任东璧

马尾海军学校航海班

第一届

陈瑞昌 陈书麟 蒋兆庄 黄剑藩 沈聿新 罗榕荫 官 箴 林家熹 李有鹏
陈慕周 陈 洪 林祖煊 徐奎昭 张振藩 蒋 瑨 廖能安 卢诗英 王大恭
李 干 梁振华 杨崇文 陈孝枢 马世炳

第二届

周伯焘 李寿镛 邵 仑 郭懋来 吕叔奋 林继柏 黄廷枢 赵梅卿 陈镜良
陈祖湘 郑克谦 周郁生 张鸿模 陈炳焜 倪锡龄 陈孔铠 陈正望 魏衍藩

第三届

龚栋礼 薛奎光 陈庆甲 刘永仁 郑天杰 高 举 陈祖珂 陈兆棻 李长霖

薛宝璋　　江　澜　　刘崇端　　孟绪顺　　韩兆霖　　林　溥

第四届
刘荣林　　林葆恪　　高声忠　　游伯宜　　周仲山　　陈　惠　　林学良　　林嘉甫　　张绍熙
邵正炎　　袁　涛　　郭国锥　　张则鎏　　阙　疑　　陈行源　　王文芝　　林斯昌　　林人骥
吴贻荣　　陈增麟　　朱秉照　　陈沪生　　蒋亨森　　潘成栋

第五届
郑　昂　　柳鹤图　　常香圻　　萨师洪　　高光暄　　魏行健　　魏济民　　陈家振　　陈曙明
刘耀璇　　林君颜　　张家宝　　高昌衢　　蔡诗文　　欧阳炎　　孟汉钟　　孔繁均　　陈夔益
庄怀远　　孟汉霖　　杨光耀　　刘　馥　　郭允中　　卢国民　　何博元　　葛世铭　　林乃钧
紫耀成　　杨　箓　　刘　祁

第六届
邱仲明　　林濂藩　　何树铎　　刘纯巽　　廖士斓　　欧阳晋　　黄发兰　　刘　震　　卢如平
蒋　菁　　王国贵　　李后贤　　陈智海　　林鸿炳　　池孟彬　　刘均培　　陈景文　　章国辅
曾耀华　　周福增　　张书城　　邓先涤　　牟秉钧　　康健乐　　吴健安　　饶　翟　　刘英伟

第七届
陈心华　　张敬荣　　张哲榕　　甘　敏　　陈国荣　　王大敏　　朱星庄　　陈念祖　　王道全
俞　信　　郑仪璋　　陈　简　　方子绳　　林文杰　　郑恒铮

第八届
陈在和　　葛敦华　　陈嘉镇　　李景森　　陈水章　　李护为　　宋季晃　　何宜庄　　李耀华
陈以谋　　王庭栋　　王海东　　江济生　　周瑾江　　郭成森　　谢曾铿　　刘　渊

第九届
卢振乾　　陈慕平　　何鹤年　　陈明文　　林荫屏　　张孟敫　　易　鹗　　庄家滨　　郑宏申
俞　平　　陈　克　　徐君爵　　方　振　　李作健　　周正先　　林　密　　马须俊　　何友恪
陈宗孟　　石美琰　　张宁荣　　钱　燧　　伍　岳

第十届

张振亚　雷树昌　曾幼铭　雷泰元　童才亨　林蛰生　戴熙愉　王良弼　黄肇汉
周　唯

第十一届

罗　绮　邱　奇　范家槐　秦和之　莫如光　宁家风　黄文枢　廖厚泽　查大根
朱成祥　刘用冲　区小骥　曾国骐　刘和谦　万鸿源　朱德稳　倪其祥　秦庆华
冯国辅　郑本基　胡继初　常继权

第十二届

王熙华　杜世泓　黄文干　张　浩　陈国平　陈骏根　高孔荣　黄锡骥　郭志海
杨树仁　虞泽淞　谢中望　陈　霁　陈万邦　郑国法　徐钟豪　吴伟荣　万从善
林大湘　吴树侃　陈其华　叶元达　江宗锵　宋开智　张俊民　潘绪韬　麦同丙
李赣骕

马尾海军学校轮机班

第一届

李贞可　陈保琦　黄　斑　黄道鎏　刘有信　陈日铭　陈正焘　黄　璐　董维鎏
林　璧　张大谋　王学益　俞人龙　何尔亨　杨树滋　郑诗中　施　衍　邓则鎏
杨　弼　陈家铺　李有蠡　林伯宏　陈文田

第二届

董锡朋　卓韵湘　林　瑨　陈聿夔　许贞谦　林　贾　程又新　陶　敬　许　琦
林韵莹　任守成

第三届

官　贤　郑海南　柯应挺　张雅藩　周发诚　魏兆雄　陈　昕　郑贞和　阙晓钟
林巽遒　陈荫耕　董颐元　萨本述　林　刚　赖祖汉　傅恭烈　高飞雄

第四届

夏　新　　吴宝锵　　云惟贤

第五届

王　麟　　张传钊　　黄　典　　陈允权　　李达生　　南登衡　　刘洛源　　许　鋈　　叶　漆
柳炳熔　　杨熙龄　　张　祁　　张奇骏　　徐登山　　宋绍龙　　郑民新　　陈鸣铮　　郑永相
赵以辉　　邓绳武　　沈克敫　　王民彝　　伍桂荣　　张　钰　　龙家美　　王寿生

第六届

姚家训　　刘骥骐　　杨才灏　　陈启明　　郑有年　　鲁天一　　莫余襟　　杨运时　　赵令熙
黄刚龄　　曾兆钰　　吴挺芳　　周百寅　　糜汉淇　　萧官韶　　潘启胜　　聂显尧　　李光昌
黄承宇　　王家骧

马尾海军学校造舰班

王衍球　　周家礼　　冯家溱　　朱于炳　　林金铨　　王绥琯　　郑振武　　吴本湘　　陈　琦
林　立

马尾海军学校附设军用化学班

李可同　　黄良观　　陈宗芳　　丁　群　　王衍绍　　王衍琰　　葛世柽　　陈振铧　　郑礼新
林逢荣

福州海军飞潜学校

第一届（制造飞机专业）

陈钟新　　沈德熊　　杨福鼎　　黄湄熊　　王重焌　　郑葆源　　王崇宏　　陈赓尧　　高清澍
刘桢业　　丁　挺　　施盛德　　马德树　　王宗珠　　陈长诚　　李　琛　　揭成栋

273

第二届（造舰专业）

郭子桢　周亨甫　李志翔　张宗光　杨元墀　王光先　郑则銮　徐振骐　卢挺英
冯　钰　施　僖　欧　德　柯　干　陈久寰　黄　履　吴恭铭　游超雄　李有庆
陈学琪

第三届（机器制造专业）

林　轰　王　卫　王荣瑸　陈　薰　林若愚　郑兆龄　吴贻经　林泽均　沈毓炳
龚镇礼　陈长钧　傅润霆　陈　畴　薛聿骢　刘逸予　沈　继　林伯福　陈锡龙
叶可箴　罗智莹

福州海军飞潜学校航空班

第一届

陈长诚　何　健　揭成栋　彭　熙

第二届

许成棨　李利峰　林荫梓　苏友濂　唐任伍　梁寿章　许葆光　陈启华　任友荣

第三届

傅恩义　庄永昌　黄炳文　陈亚维　傅兴华　何启人　李学慎　许声泉

海军水雷营附设无线电班

第一届

刘宜伦　赖汝钰　陈传陶　严　臻　郑肇骥　张嵩龄　许建炎　黄建乾　陈育贤
罗孝珪　林则良　周宗祺　周天孟　彭常晖　杨铣元　王克椒　杨　起　吴贻谋
赖祖仁　杨鸿朴　杨钦官　魏志鹏　陈鸿铿　王　衢　贾承尧　王　迪　赖硕甫
贾少寅　张瑞弧

第二届

王静修　陈传溓　陈道清　杨人恺　侯岳生　高寿臻　林世连　林其溶　薛潮平
林道釪　魏念椿　林世华　张学铨　林柯亮　吴明庆　林祥庆　陈敬年　黄自齐
叶芳诚　叶昌骏　潘庆云　陈成荣　吴炳萱　陈赞元　赵长诚　林家棻　曾珍昌
应　时

广东黄埔海军学校（接黄埔水师学堂）

第十五届（驾驶班）

陈　策　冯肇铭　舒宗銮　李庆文　黄振兴　陈锡乾　陈　皓　高鸿藩　傅汝霖
任耀奎　江国勋　胡应球　张德恩　熊　耿　郑星槎　招钰祺　陈天德　俞　谦
岑仕琯　郑　炯　李泽昆　林春炘　蔡观涛　陈尚尧　陈玉书　蒋仲元　蒋继权
黄重民　李英杰　王会杰　陈启耀　朱文韶　袁以宏　岑泽之　何子全　邓宗茂
符宁悦　卢善矩　周超俊　郑升平　梁　喧　张友汉　袁良骅

第十六届（驾驶班）

邓兆祥　黄文田　吴　越　吴　萧　许汉元　黄文澄　张大猷　徐钦裴　杨耀枢
陈　杰　邱秉椿　范应庸　许元轩　陈祖达　骆寿松　余华沐　陈勉芹　李卓元
关炳杏　江国桢　蔡宋海　许崇实　莫耀明　萧邦耀　周济民　容　达　何　纯
张瑞同　徐国杰　张祖昌　马廷佑　马　骥　吴　敏　叶　航　陆受萃　郑廷镕
杨益智　梁梦洲　梁梦藩

第十七届（轮机班）

邓　锷　陈　迪　黄　雄　刘开坤　黎尚武　陈谓祺　陈长文　文华阶　邓象贤
邓瑞功　邵秩猷　童永标　刘崇恢　张　棠　梁耀宗　彭济义　马　骥　刘　恒
陈　涤

第十八届（航海班）

马廷伟　吴柏森　梁显邦　容应楠　覃　忠　廖崇国　麦士尧　林昌鹏　梁灼铨
符　俊　冯汝珍　黄吉祥　邝民光　高为铁　黎郁达　徐　亨　邓瑞功　黄鼎芬

文瑞庭　黄邦献　黄　星　李蓝田　刘毓熙　林炳尧　许耀震　詹忠浩　陈军田
黄汝康

第十九届（航海班）
招德培　谢祝年　胡奕澄　冯启聪　黎启旦　张荣绶　孔宪强　黎永年　陈善嘉
周昭杰　黄景文　黄锡麟　姚君武　杨超祟　卢宜江　魏源榕　吴超万　陈守仁
邓运秋

第二十届（航海班）
凌云骧　刘达生　朱祝尧　唐廷襄　叶育生　黎昌期　魏震民　余君锷　区兆初
卢淑涛　周　沧　符家骧　周　渊　陈肇明　吴泰初　伍耀沛　邓光华　江肇熙
萧维廉　李定强　刘权球　丁锦祺　温可华　杜英才　张国材　招德垓　龙启洪
邓开诚　余炳乾　徐富嘉　吴桂文　黎昌明

第二十一届（轮机班）
胡汉昌　张新民　卢广云　钟俊民　梁祖文　姜维邦　何绍志　梁锡琼　张文安
方天骥　谢法扬　林明哲　庞文亮　江肇棠　吴振群　刘业祟　谢赢浒　胡宜民
李大同　刘义锐　李定国　江　裔　邓汝辉　李富元　魏予昂　凌　奎　冯国彦
梁永炎　阎承烈　黎树芬　林鸿容　梁茂萱　梁仲文　林永裕

第二十二届（航海班）
钟汉波　黄恩研　李镇靖　赵慕西　李北洲　利锦忠　谭祖德　蔡惠强　刘定邦
方富捌　潘植梓　黎宗源　阮绍霖　刘次乾　林乃荣　陈庆堃　林永裕　谢炳烈
朱文清　卢珠光　冯翊志　容国材

第二十三届（航海班）
黎国炘　郭李殷　梁树猷　史宪济　黄益铿　骆耀棠　刘龙庆　桂宗炎　高二赐
李长浩　莫　强　王景洲　邝劲亚　刘立根　蒋豪达　林　杰　叶盛田　游寿苏
李荣安　梁芬荫　黄绍榕　梁德义　卢汉聏　黄纪恩　梁永植　朱人彰　余　衡
梁汉超　郭作珠　邓浩灵　李华干　胡楚瑜　周宏烈　关　仪　张仕锋　姚耀书

第二十四届（轮机班）

王延彤	彭大雄	李学灵	叶锦杰	刘鉴淙	冯国楷	韩鹤光	曾妙锦	张国源
陆兆熙	陈元佐	谭静萍	张镜海	林名谦	蔡颖生	麦炳坤	陈念愚	江 祥
邓善培	刘铁桑	简国治	黄贤明	老洪章	梁国錩	覃 豪	温可人	陈景荣
温煦棠	许江卿	傅瑞初	蔡可协	林仕撰	冯迪佳	吴文彬	林树球	黄应楠
黎兆荣	徐万泉							

葫芦岛航警学校（葫芦岛海军学校）

第一届（航海班）

丁其璋	王世愚	朱 莆	李和春	李宝琳	宋世英	俞锡洲	高富年	马瑞图
唐静海	殷耀宇	陆欣农	陶中相	许世钧	张 森	张 崐	张英奇	张峙华
张振育	张春国	张连瑞	张义忠	张凤仁	康肇祥	黄玉珍	黄戴康	傅作人
冯志中	溥 洽	杨光武	杨超伦	叶幽民	赵希培	刘 威	刘睿儒	蒋祖耀
鲍长义	穆鸿猷	萧宝森	魏振刚	关宝森	关 镛			

第二届（轮机班）

王文奎	池步洲	李 浩	李一匡	李宗瑶	李质捷	李兴豪	吴云鹏	沈瑞麟
江显世	金在华	邱崇明	英占敖	常翔波	胡 霖	高 嵩	徐利溥	徐肇文
陆德霖	陈精文	陈璧华	冯永治	黄崇德	曾昭琼	孙辅元	满连芳	赫道逵
刘金亨	郑广秀	阎金銮	萧绍何	聂鸿洞	苏永信			

第三届（航海甲班）

王正经	王丕绩	牛世禄	尼庆鲁	田樾曾	江金铭	江淦三	池敬璋	李凤台
周季奎	周厚恒	范辛望	郁宝杜	高道先	陈连珂	陈继统	曹仲周	曹毓健
崔重华	杨元忠	杨之光	董鸣岐	赵志麟	蒋 谦	刘宜敏	聂长孚	哈鸿文
李若林								

第三届（航海乙班）

石 顽	李春馥	李斌元	李寅尧	李连墀	宋庆贺	周凤祥	俞柏生	马纪壮

陈文惠　张恒谦　张舒特　张殿华　陆维源　杨汝霖　温进化　刘茂秋　刘广超
刘广凯　卢东阁　罗世厚　关世杰　谭以清

电雷学校航海专业

第一届
王恩华　王　策　毛泳翔　汪　济　李敦谦　李崇志　李国华　李　涵　林光炯
吴士荣　吴东权　胡希涛　胡敬端　段一鸣　姜　瑜　姜翔翱　范仁勇　唐保黄
孙　甦　马焱衡　崔之道　曹开谏　陈远润　陈溥星　陈祖镇　陈　镕　陈毓秀
郭发鳌　张天礼　傅洪让　黄震白　黄承鼎　粟季龙　杨维智　叶君略　万永年
齐鸿章　赵汉良　赵正昌　廖振谟　黎玉玺　刘功棣　刘毅卿　邓文渊　谌志立
谢宴池

第二届
王方兰　朱德邻　安国祥　李定一　李福安　李大公　李秉惕　李文瑚　杜澄深
林肇英　吴志鸿　吴家荀　吴文德　周　非　祝科伦　郭勋景　徐国馨　徐显菜
徐继明　段允麟　唐涌根　章绳武　袁　铭　黄克荣　黄崇仁　张仁耀　张伟业
杨鸿麻　杨德全　杨清才　商　辰　叶蔚然　叶春华　叶定午　褚廉方　刘　征
刘　杰　刘　杕　刘德浩　刘湘钟　邓光祖　邓天健　楼定淼　钱恩沛　谢克武
薛仲伦　萧长睿　韩国华　谭守杰　黄云波

电雷学校轮机专业

第一届
王先登　尹焘富　江萍光　李良骥　沙大鹏　金龙灵　袁铁忱　晏海波　高世达
张天钧　杨　珍　潘泽金

青岛海军学校（接葫芦岛海军学校）

第四届

于海峰	王成林	王惠恩	王楚生	石维尧	白树绵	李之杰	李永冶	牟秉钊
李树春	宋长志	沈祖荫	宋继宏	沈德祥	佟恭厚	祁国志	林春光	周家聪
吴鼎和	胡葆谦	孙文全	孙章渊	徐升平	徐鸿进	徐时辅	姚道义	马尊援
高人俊	高崇志	陈文豫	敖维驹	雍成学	葛瑞琪	赵庆吉	刘德凯	钱怀源
顾绍宗	夏志禧							

第五届甲班（原电雷学校第三届并入）

丁福谦	王安人	王宗燧	王庭簏	王清溪	王学文	王继麒	王显琼	毛却非
平家骏	伍开发	伍时炯	朱辅年	谷怡	何世恩	李长源	金春衢	胡飞
胡硕臣	胡德华	柯振中	姚珍温	孙逢滨	孙镜蓉	黄大川	黄志洁	黄揭掀
黄荫勋	张世奇	张汉昌	张苗禾	许承功	毕祥铭	陆锦韬	陈光汉	陈振夫
顾铮	陈振民	陈绍平	陈国钧	冯汉华	景立承	郭昌义	郭秉衡	郭愈钦
曾达聪	程福培	彭德志	杨沧活	裴毓菜	郑达	黎士荣	刘昌华	刘殿华
钱永增	钱诗骐	赖成杰	卢汝淳	薛育民				

第五届乙班（原电雷学校第四届并入）

丁广椿	王寿昌	王必泉	王乾元	王椿庭	王肇彬	王昌锐	王雨山	朱人彰
伍国华	吴美华	吕蔚华	李秉成	李正燊	宋鸿儒	金焕章	金骅	花友筠
林植基	易元方	周孟义	周宏烈	涂纯安	柳家森	胡楚衡	胡霁光	胡祥獬
李良煦	郭天祥	郭万铣	孙思聪	孙谋	孙铎	梁芬荫	梁树猷	马忠汉
邹坚	桂宗炎	凌尚义	高二炀	陈务笃	陈桂山	陈清生	陈念群	莫子纯
陆锦明	陆亚杰	常毓桂	殷国屏	汤世融	张汝橺	彭叔俊	杨广英	杨松泉
杨月生	楚虞璋	熊德树	黎国炘	廖振威	刘作炳	刘麟堂	刘俊泉	刘承基
刘上根	欧阳建业	谭俊吾	瞿延祁	罗柳溪	苏绍业	王述谩	王振涛	王河肃
朱叔屏	朱光培	李锐	林焕章	侯尚文	徐集霖	唐毓仁	奚君明	马俊儒
陈燊	陈东海	郭金贵	张君然	张仲同	彭运生	黄廷鑫	彭应甫	贺大杰
郑家模	赵成拱	赵德基	赵鸿莱	赵德成	齐民	谢立和	聂齐桐	陶澜涛

青岛海军学校轮机班

第五届甲班（原电雷学校第三届并入）

王其燊	王祖庆	毛遇贤	左景礼	艾少海	伍康民	朱秉钦	江伟衡	汪登鳌
吴希贤	周振昌	林晨辉	杭继寿	胡陶滨	胡传宪	范乃成	徐 谋	徐家骥
徐海澜	徐基铨	侯秉忠	柴敬业	倪道卫	黄益民	黄万嵩	黄震亚	黄德辉
陶世琳	张企良	张家瑾	曹远泽	曹鸿儒	陈利华	陈振翼	陈鸿祺	陈继平
冯 纲	傅尚渊	陈 昌	汤祯祥	焦德孝	杨 良	杨文治	杨仁荣	杨昌义
杨崇津	赵绍礼	赵敦华	赵绵龙	廖鼎凯	郑自林	刘光平	戴坤楹	谢崇基
谭如芬	罗昭汶	罗俊柏	罗德涛	萧逢年	严务本			

第五届乙班

王儒通	左确扶	田敬一	朱邦仪	朱崇信	艾传治	李学灵	吴方瑞	吴永杰
吴 璜	王延彤	周家正	周福源	周铁林	祝萱生	胡长发	涂石麟	翁家騄
孙直夫	秦士舍	梁伟鸿	梁国錩	徐苏伟	陈作纪	陈念愚	陶文彬	郭增辉
盛绍春	张山海	张敦仁	张道明	曾泽涵	程达龙	冯师尚	冯国楷	黄贤明
黄宗汉	彭大雄	邬益昆	杨师宗	叶锦杰	赵金九	郑兆澧	廖奕祥	刘理光
刘明未	刘铁燊	刘鉴淙	邓善培	蒋圣怜	钱 潮	应光彩	谢契元	简国治
韩鹤光	萧广荪	吴声淑	蒋宏孝					

附录三：国民政府时期海军主要部门编制表

国民政府海军部编制表

职官			军衔及职数
部长			上将1人
政务次长			中将1人
常务次长			中将1人
参事			少将2人、上校2人、技监或少将1人
秘书			上校1人、中校2人、少校2人、校正或上校2人、中校2人、技士或少校2人、上尉2人
副官			上校2人中校1人少校2人上尉2人
总务司	司长		
	文书科	科长	上校1人
		科员	中校2人、少校2人、上尉2人
		译电员	上尉2人、中尉4人、少尉4人
		书记	中尉1人、少尉2人
		司书	准尉4人
	管理科	科长	上校1人
		科员	中校2人、少校2人、上尉2人
		司书	准尉3人
	统计科	科长	上校1人
		科员	中校1人、少校1人、上尉2人
		司书	准尉2人
	交际科	科长	上校1人
		科员	中校1人、少校1人、上尉2人
		司书	准尉1人

军衡司	司长		少将1人
	司副官		少校1人
	书记		上尉1人、中尉2人、少尉2人
	司书		准尉1人
	铨叙科	科长	上校1人
		科员	中校2人、少校2人、上尉2人
		司书	准尉3人
	典制科	科长	上校1人
		科员	中校1人、少校1人、上尉2人
		司书	准尉1人
	恤赏科	科长	上校1人
		科员	中校1人、少校1人、上尉2人
	军法科	科长	上校1人
		科员	中校1人、少校1人、上尉1人
		司书	准尉1人
军务司	司长		少将1人
	司副官		少校1人
	书记		上尉1人、中尉2人、少尉3人
	司书		准尉1人
	军事科	科长	上校1人
		科员	中校2人、少校2人、上尉2人
		司书	准尉3人
	医务科	科长	上校1人
		科员	中校1人、少校2人、上尉1人
		司书	准尉1人
	军港科	科长	上校1人
		科员	中校1人、少校2人、上尉1人
		司书	准尉1人
	运输科	科长	上校1人
		科员	中校1人、少校1人、上尉2人
		司书	准尉1人

舰政司	司长		少将1人
	司副官		少校1人
	书记		上尉1人、中尉2人、少尉3人
	司书		准尉1人
	机务科	科长	上校1人
		科员	中校2人、少校2人、上尉2人
		司书	准尉1人
	材料科	科长	上校1人
		科员	中校1人、少校2人、上尉2人
		司书	准尉1人
	修造科	科长	上校1人
		科员	中校2人、少校2人、上尉2人
		司书	准尉1人
	电务科	科长	上校1人
		科员	中校1人、少校2人、上尉2人
		司书	准尉1人
军学司	司长		少将1人
	司副官		少校1人
	书记		上尉1人、中尉2人
	司书		少尉3人、准尉1人
	航海科	科长	上校1人
		科员	中校2人、少校2人、上尉2人
		司书	准尉1人
	轮机科	科长	上校1人
		科员	中校1人、少校1人、上尉2人
		司书	准尉1人
	制造科	科长	上校1人
		科员	中校1人、少校1人、上尉2人
		司书	准尉1人
	士兵科	科长	上校1人
		科员	中校1人、少校1人、上尉2人
		司书	准尉1人

军械司	司长		少将1人
	司副官		少校1人
	书记		上尉1人、中尉1人、少尉3人
	司书		准尉1人
	兵器科	科长	上校1人
		科员	中校1人、少校2人、上尉2人
		司书	准尉1人
	设备科	科长	上校1人
		科员	中校1人、少校2人、上尉2人
		司书	准尉1人
	保管科	科长	上校1人
		科员	中校1人、少校2人、上尉2人
		司书	准尉1人
	检验科	科长	上校1人
		科员	中校1人、少校2人、上尉2人
		司书	准尉1人
海政司	司长		少将1人
	司副官		少校1人
	书记		上尉1人、中尉1人、少尉3人
	司书		准尉1人
	设计科	科长	上校1人
		科员	中校1人、少校2人、上尉2人
		司书	准尉1人
	测绘科	科长	上校1人
		科员	中校1人、少校2人、上尉2人
		司书	准尉1人
	警备科	科长	上校1人
		科员	中校1人、少校2人、上尉2人
		司书	准尉1人
	海事科	科长	上校1人
		科员	中校1人、少校2人、上尉2人
		司书	准尉1人

军需司	司长		少将 1 人			
	司副官		少校 1 人			
	书记		上尉 1 人、中尉 1 人、少尉 3 人			
	司书		准尉 1 人			
	会计科	科长	上校 1 人			
		科员	中校 2 人、少校 3 人、上尉 4 人			
		书记	中尉 3 人、少尉 1 人			
		司书	准尉 6 人			
	储备科	科长	上校 1 人			
		科员	中校 1 人、少校 2 人、上尉 2 人			
		书记	中尉 2 人、少尉 1 人			
		司书	准尉 3 人			
	营缮科	科长	上校 1 人			
		科员	中校 1 人、少校 1 人、上尉 1 人			
		书记	中尉 1 人、少尉 1 人			
		司书	准尉 3 人			
	审核科	科长	上校 1 人			
		科员	中校 1 人、少校 2 人、上尉 2 人			
		书记	中尉 1 人、少尉 1 人			
		司书	准尉 4 人			

海军总司令部编制表

部门＼项别	职别	阶级	任别	人数	职别	阶级	任别	人数
	总司令	一级上将	特任	1				
	参谋长	中将	简任	1	秘书	上校	简任	1
	秘书	中校	荐任	1	秘书	少校	荐任	2
	副官	中校	荐任	1	副官	少校	荐任	2

	处长		少将	简任	1				
参谋处	军务科	科长	上校	简任	1	训练科	科长	上校	简任	1
		科员	中校	荐任	3		科员	中校	荐任	3
		科员	少校	荐任	3		科员	少校	荐任	3
		科员	上尉	委任	2		科员	上尉	委任	1
		科员	中尉	委任	1		科员	中尉	委任	1
		科员	少尉	委任	1		科员	少尉	委任	1
		司书	准尉	委任	1		司书	准尉	委任	1
	文书科	科长	上校	简任	1					
		科员	中校	荐任	1					
		科员	少校	荐任	3					
		科员	上尉	委任	3					
		科员	中尉	委任	2					
		科员	少尉	委任	2					
		司书	准尉	委任	1					
军衡处		处长		少将	简任	1				
	铨叙科	科长	上校	简任	1	恤赏科	科长	上校	简任	1
		科员	中校	荐任	1		科员	中校	荐任	1
		科员	少校	荐任	3		科员	少校	荐任	1
		科员	上尉	委任	3		科员	上尉	委任	1
		科员	中尉	委任	2		科员	中尉	委任	1
		科员	少尉	委任	1		科员	少尉	委任	1
		司书	准尉	委任	1		司书	准尉	委任	1
舰械处		处长		少将	简任	1				
	轮电科	科长	上校	简任	1	兵器科	科长	上校	简任	1
		科员	中校	荐任	2		科员	中校	荐任	1
		科员	少校	荐任	2		科员	少校	荐任	2
		科员	上尉	委任	1		科员	上尉	委任	1
		科员	中尉	委任	1		科员	中尉	委任	1
		科员	少尉	委任	1		科员	少尉	委任	1
		司书	准尉	委任	1		司书	准尉	委任	1
	雷务科	科长	上校	简任	1					
		科员	中校	荐任	3					
		科员	少校	荐任	4					
		科员	上尉	委任	1					
		科员	中尉	委任	1					
		科员	少尉	委任	1					
		司书	准尉	委任	1					

军需处		处长	少将	简任	1					
	会计科	科长	上校	简任	1	储备科	科长	上校	简任	1
		科员	中校	荐任	2		科员	中校	荐任	2
		科员	少校	荐任	3		科员	少校	荐任	3
		科员	上尉	委任	3		科员	上尉	委任	2
		科员	中尉	委任	2		科员	中尉	委任	2
		科员	少尉	委任	1		科员	少尉	委任	2
		司书	准尉	委任	1		司书	准尉	委任	1
合计					123 人					
附记		①海总司令部设置顾问并附员。 ②海军总司令部特务连、军乐队、无线电台编制另定之。 ③海军总司令部设置卫士、兵役若干人、另行列表。								

海军第一舰队司令部编制表

职别	阶级	任别	人数	备考
司令	少将	简任	1	
参谋	二等中校	荐任	1	
轮机长	一等轮机中校	荐任	1	
书记官	一等少校同等	荐任	1	
正副官	一等上尉	委任	1	
副副官	二等上尉	委任	1	
书记员	二等上尉同等	委任	2	
军需员	一等军需佐	委任	1	二等上尉同等
司书	二等准尉同等	委任	2	
信号上士			1	
信号中士			1	
一等信号兵			3	
卫士下士			1	
传达下士			1	
传达兵			3	兼服勤务
公役			3	
炊事员			2	
合计			26	

287

海军陆战队独立旅编制表

职别	阶级	任别	人数	备考
旅长	少将	简任	1	
参谋长	上校	简任	1	
参谋	中校	荐任	1	
参谋	少校	荐任	1	
参谋	上尉	委任	2	
副官	少校	荐任	1	
副官	上尉	委任	2	上尉一员兼管军械
副官	中尉	委任	3	中尉一员兼管军械
军需	三（二）等军需正	荐任	1	
军需	一等军需佐	委任	3	
军需	二等军需佐	委任	1	
军医	三等军医正	荐任	1	
军医	一等军医佐	委任	1	
军医	二等军医佐	委任	1	兼管兽医
司药	二等司药佐	委任	1	
电务员	中尉同等	委任	1	
电务员	少尉同等	委任	1	
书记	上尉同等	委任	1	
书记	中尉同等	委任	2	
司书	准尉同等	委任	1	
司号长	准尉	委任	1	
军士	上士		2	军需一、看护一
军士	中士		3	军需一、军械一、传达一
军士	下士		3	看护一、传达一、卫士一
传达兵	上等兵		2	
传达兵	一等兵		3	
传达兵	二等兵		3	
看护兵	一（上）等兵		2	
管库兵	上等兵		2	
管库兵	一等兵		2	军需、军械各一

炊事兵	上等兵		1	军需、军械各一
炊事兵	二（一）等兵		5	
饲养兵	上等兵		1	
饲养兵	二（一）等兵		2	
乘马			10	
挽马			3	
合计	官佐		33	
	士兵夫		31	
	马匹		13	
附记	一、于必要时得添设为官服务员二、三员。 二、勤务由列兵轮流充任。			

海军学校编制表

职别	阶级	任别	人数	备考
校长	少将	简任	1	
训育主任	中校	荐任	1	
学监	少校	荐任	2	
舰海正教官	中校	荐任	2	
轮机正教官	轮机中校	荐任	1	
舰海副教官	少校	荐任	4	
轮机副教官	轮机少校	荐任	2	
舰海协校官	上尉	委任	4	
轮机协校官	轮机上尉	委任	2	
正操练官	上尉	委任	1	
副操练官	中尉	委任	2	
国文教官	少校同等	荐任	1	
国文教官	上尉同等	委任	1	
国文教官	中尉同等	委任	1	
厂课教官	轮机中尉	委任	1	
军医官	三等军医正	荐任	1	西医
军医员	一等军医佐	委任	1	中医
军需员	二等军需佐	委任	1	

书记员	上尉同等	委任	1	
庶务员	少尉同等	委任	1	
国术教员	少尉同等	委任	1	
司书	准尉同等	委任	3	
司药			1	
一等号兵			1	
二等号兵			1	
卫士下士			1	
公役			9	
炊事兵			3	
合计			51	
附记	该校额设兵官 51 名,应设公役 7 名,办理总务,庶务公役 2 名,共 9 名。炊事兵 3 名。学生应配之公役、炊事兵未计在内。			

附录四：国民政府时期海军官制等级表

海军官制表（1934 年 7 月颁布）

等级	官佐区别 军官	军佐						
上等	上将							
上等	中将	轮机中将	造械总监	造舰总监	军需总监	军医总监		
上等	少将	轮机少将	造械监	造舰监	军需监	军医监	测量监	
中等	上校	轮机上校	一械等造正	一舰等造正	一需等军正	一医等军正	一量等测正	一务等航正	一信等电正
中等	中校	轮机中校	二械等造正	二舰等造正	二需等军正	二医等军正	二量等测正	二务等航正	二信等电正
中等	少校	轮机少校	三械等造正	三舰等造正	三需等军正	三医等军正	三量等测正	三务等航正	三信等电正
初等	上尉	轮机上尉	一械等造佐	一舰等造佐	一需等军佐	一医等军佐	一量等测佐	一务等航佐	一信等电佐
初等	中尉	轮机中尉	二械等造佐	二舰等造佐	二需等军佐	二医等军佐	二量等测佐	二务等航佐	二信等电佐
初等	少尉	轮机少尉	三械等造佐	三舰等造佐	三需等军佐	三医等军佐	三量等测佐	三务等航佐	三信等电佐

附记

一、海军少将之下，有代将一职；但不任官。

二、海军官佐均于本表名称之上冠以海军字样。例如海军上将、海军轮机中将、海军一等军需正。

三、海军航空军官依空军官制表任官。

四、军法官及军用文官之阶级比照军佐。

五、军官少尉之下设准尉一级，军佐三等佐之下设准佐一级；但不列入官等。

六、军用技术人员不列科，其待遇另定之。

海军军官表（1947 年 3 月颁布）

官佐区别 等级	军官		军佐				
上等	上将						
	中将	轮机中将	制造总监	军需总监	军医总监		
	少将	轮机少将	制造监	军需监	军医监	电工监	
中等	上校	轮机上校	一制造等正	一军需等正	一军医等正	一电工等正	一测量等正
	中校	轮机中校	二制造等正	二军需等正	二军医等正	二电工等正	二测量等正
	少校	轮机少校	三制造等正	三军需等正	三军医等正	三电工等正	三测量等正
初等	上尉	轮机上尉	一制造等佐	一军需等佐	一军医等佐	一电工等佐	一测量等佐
	中尉	轮机中尉	二制造等佐	二军需等佐	二军医等佐	二电工等佐	二测量等佐
	少尉	轮机少尉	三制造等佐	三军需等佐	三军医等佐	三电工等佐	三测量等佐
附记	一、海军少将之下，有代将一职；但不任官。 二、海军官佐均于本表名称之上冠以海军字样。例如海军上将、海军轮机中将、海军一等军需正。 三、海军陆战队军官之官制另定之。 四、海军潜艇及海军航空军官之官制与海军军官相同，其待遇另定之。 五、军法官、监狱官及军用文官之阶级比照另定之。 六、少尉之下设准尉一级，三等佐之下设准佐一级，但不列入官等。 七、军用技术人员不列科，其待遇另定之。 八、海军军官学校出身之军官转任军佐职时，仍保留其军官资格。						

附录五：国民政府时期海军官佐任免条例

海军军官佐任官暂行条例

（1934 年 6 月 15 日）

第一条　海军军官佐均依本条例按照海军官制任官；其任职依另条例之所定。

第二条　任官分为初任、叙任、晋任、转任四项。

第三条　初任自少尉始，其规定如下：

　　<一>初任军官必须海军学校<或国外同等学校>毕业，见习期满；

　　<二>初任军佐必须造械、造舰，军医、军需，航务，电信等专门学校或国外同等学校毕业，见习期满；

　　<三>准尉确有经验、著有劳绩得任为少尉<但晋至中尉为止>。

第四条　叙任依现在职务，并具有下列规定之一，核其出身、经历、年资任以相当之官。

　　<一>出身有第三条各款之一者；

　　<二>大学及专门学校之造兵、造船，医药、经济、航务、电信等科系出身而任现在之职务满二年以上者。

第五条　晋任之规定如下 t

　　<一>晋任必须按级递进，不得超越.

　　<二>晋任必须经过规定之实职年资（但上尉以上除第六条所规定者外）、非有上级缺额时不得晋任。

　　<三>前款所称晋任必须经过之实职年资，称为停年。

　　各级军官之停年如下：

　　少将　三年；

　　上校　四年六个月；

　　中校　三年；

　　少校　三年；

　　上尉　四年六个月

　　中尉　二年；

　　少尉　二年。

<四>前款年资以海上勤务计算；如系陆上勤务，得以一年三个月抵算海上勤务一年。

<五>少将及同级军佐须实职年资已满、并有特别劳绩始得晋任。

<六>中将晋上将，以资深而于国家建有殊勋者为限。

第六条　上尉以上之佐官，在任职期内官职相等，如满下列实职年资，成绩卓著而无上级缺额时，得晋任一级。

<一>上尉八年六个月；

<二>少校六年；

<三>中校六年；

<四>上校八年六个月；

<五>前款年资以海上勤务计算，依照第五条第四项办理。

第七条　转任之规定如下：

<一>自上校以下各科军官佐奉命受他科教育考验及格者，准转任以该科相当军官佐；

<二>陆军、空军官佐受过海军教育经考验及格，核其经历，准转任以相当阶级之海军军官佐；

<三>转任后即消失其原有之官，非经核准回复，不得任原官职务。

第八条　各级官佐之任官，由军事委员会决定，交海军部呈行政院转请国民政府任命之。

第九条　本条例施行日期另以命令定之。

海军官佐晋级考试办法

（1947 年 3 月 20 日）

第一条　海军官佐晋级考试，为促进海军官佐自动研究与进修风气，以提高官佐学术水准为宗旨。

第二条　凡年资届满，服务成绩优良，经保请由上尉升少校及中尉升上尉官佐，应施以考试。

第三条　本办法所称官佐，暂指航海、轮机及电信官而言。

第四条　本办法之组织为考试委员会，以当地最高海军主官为当然主任委员，另由主任委员酌聘考试委员若干人组织之；并应一面报备一面执行。

第五条　本办法实施如下：

<一>试题由海军总司令部拟定，密封寄交各单位主官。

<二>如某单位驻在地有其他高级或资深主官之单位，则报请合并举行，试题原封不动退回海军总司令部第五署练处收。

<三>各主任委员<当地最高资深主官>于考试时，将试题当场启封，分发应试人写作解答.

<四>各应试人当场交卷，由主任委员盖章后，随即密封寄呈海军总司令部评阅。

第六条　本办法之组织与实施，以慎重公允为原则。

第七条　本办法以海军官佐晋级考试章程拟订呈准预行前，为有效期间。

第八条　本办法自颁布之日起施行。

海军官佐任职

（1947 年 3 月）

第一条　新任

<一>海军军官必须由海军学校<或国外之同等学校>毕业见习期满，始任以少尉相当之职务。

<二>海军上士曾在海上服务三年，或相当陆上之服务年限，经考试及格，由其所属主官保荐，可候选升为准尉<准佐>副军士长。

<三>准尉之年资届满，得参加少尉考试，及格后可候选升任少尉；少尉年资届满，亦可经考试及格候选升任中尉；如未完成军官养成教育，仅能升任至中尉为止。

<四>海军军佐<包括电信、造械、造舰、军医、军需、测量>须由海军学校<或国外之同等学校>毕业实习期满，始任以三等佐相当之职务。如系大学或专科毕业者，则按军用文官之任用办法，视其经历，任以相当之级职。若志愿转科者，必须完成海军之专门训练，始能取得军佐之资格。

<五>凡海军出身之军官回军报到，依其所任军职年资核定阶级。

第二条　升任

<一>升任必须按级递升，不得超级。

<二>升任时,必须全年资及本阶年资均已届满,编制有缺,考绩优良;但中尉晋上尉、上尉晋少校须经考试及格始可晋升。

<三>-上阶有缺,而次阶同级中遇有二人,或二人以上均已年资届满,择其资深绩优者升任之。

<四>如在战时,遇有上列情形,即以战功卓著或服务成绩优良者先予升任。

<五>战时对作战建立殊勋,平时在军事上具有特别发明有助海军之建设者,得转呈破格晋升<依国防部特擢办法——正修订中——办理之>。

第三条 停年之规定及各级停年期内应服海勤之期限:

阶级	停年	海勤期限
少尉	二年	完全海勤<至少一年半>
中尉	二年	一年半<至少一年>
上尉	四年半	二年
少校	三年	一年
中校	三年	一年
上校	四年半	一年
少将	三年	不限
中将	五年	不限

在海军任官条例未修订以前,仍适用代将一级,凡任上校军职满二分之一以上、成绩优良而上阶有缺必须补充时,得升任代将。

各级停年期内,除特殊情形外,未服满海勤年限者,不得晋升。

第四条 调任

<一>各级军官佐任本职未满半年者,非因特殊原因,不准调职。

<二>为求增进各级军官服务经验,培养健全其学术机能,对任某种职务非因特别需要以不得超过三年为限<军佐与技术人员不受此限制>。

<三>军官佐在全部服海勤期间,于可能范围内,对各种不同舰艇应予以普遍服务之机会,在全部服陆勤期间,于可能范围内,对瓢僚、队<厂>职及教育训练等业务,亦应予普遍经历之机会。

第五条 军官佐任<调、升>职时,应有下列之回避:

<一>人员回避 凡有上下直接隶属关系之两官佐,应于五年以内不予例置;

<二>籍贯回避 凡同一籍贯＜以同县为范围＞出生之军官佐，不得任同一单位内之正副主官，或请求调任为该单位内所属之官佐；

<三>学资回避 凡同校同期同班出身之军官佐，不得任同一单位之正副主官，或请求调任为该单位内所属之官佐；

<四>职务回避 凡在一单位内所属之官佐，不得升任原单位主官之职务，但已离开原单位一年以后调升原单位主官者，不在此限，

凡有亲属关系者，按上列各项应行回避。

第六条 军官佐之免职、停职、撤职规定如下.

甲 免职

<一>改任免职 军官佐升任或调任他职时，免其本职改任他职。

<二>待命免职 因组织写编制之变更而职务裁撤时，令其免职待命。

<三>退除免职 现役军官佐在任职期中，依照规定应退为备役或除役者，免其现职；军官佐因疾病、事故自请辞职经核准者，应按其情形免职待命，未届退役以前，如遇需要得令复职。

乙 停职

<一>事病停职 因疾病、事故连续请假达三个月以上者，命其停职，

<二>处分停职 犯过尚不须撤职而非他种惩罚所可满足者，命其停职，

<三>待讯停职 因罪犯嫌疑或被劾而须查办或受审理未决者，先命其停职，查办、审理结束判定为罪犯者，应予撤职；

<四>失迹停职 非因犯罪而失迹在三个月以内尚不能判明者，命其停职，停职后三个月内其停职之原因终止者，得核令回职；届限而不得回职，或虽未届限而职务重要不便久停者，得核令免职。

凡停职期间停止支薪。

丙 撤职

<一>过犯撤职 过犯较重者，视情形予以撤职；

<二>免官撤职 在任职中免官者，同时予以撤职；撤职经一年以后其原因终止者，在未届退役以前得核予复职。

第七条 兼任及代理

甲 兼任 以非海上之主要职务＜如舰艇长或副长＞而不妨碍本职之事务，具下列情形之一者为限：

<一>法定兼职 编制内规定兼任；

<二>应事务之需要必须兼任。

乙 代理 遇有缺员而无相当人员可以补充，或补充之人员尚未就职时，或职员因故辞职而未开缺时，由直属长官命其次阶之资深者，或同阶之附员代理其职务。代理之员仍理其本职事务者为兼代。

兼任、兼代支其本职薪；代理支其所代之职薪。

第八条 任<升、调>职之实施，由人事主管部门将应行升调之人员按期<暂定为每年之二、八两月之中旬>造册，签拟意见，提请本部之人事铨衡会议先予审定，呈由海军总司令部核转国防部核定之。国防部人事权责划分后，照划分之职权办理之。

海军服装规则

1918 年 10 月 21 日

第一条 海军服装分为下列四种：

<一>大礼服；

<二>礼服

<三>公服

<四>常服

第二条 应穿大礼服之时如下：

<一>国庆日、一月一日及大总统寿辰等日晋府庆贺时；

<二>国庆日、一月一日、大总统寿辰等日随从大总统宴会时；

<三>受领勋章、勋位或参列其礼式时；

<四>随从大总统参列观舰式及观兵式时；

<五>随从大总统莅国会时

<六>遇国家祭典为主祭官时

<七>其他遇有国家大典时。

第三条 应穿礼服之时如下：

<一>随大总统晚间宴会时，但须用大礼服裤及大礼服刀带；

<二>受任官之命令谒见大总统时；

<三>送迎大总统时；

<四>随从大总统莅临海军各官厅时；

<五>公式之晚间宴会时；

<六>访候或答访外国军舰及其他重要文武官时。

第四条　应穿公服之时如下：

<一>国庆日，一月一日，大总统寿辰在舰、营、公署、学校时；

<二>随大总统日间宴会时；

<三>休息日舰、营、学校举行检点时；

<四>就职、卸职时；

<五>谒见长官时；

<六>受领长官奖励物品时；

<七>参列军舰进水式及海军学校证书授与式时；

<八>参列军法会审时；

<九>公式之日间宴会时；

<十>除前条第六项外，访候或答访内外文武官时；

<十一>参与海军葬仪时；

<十二>舰艇造成之后初悬海军旗时，及舰艇除籍后卸下海军旗时；

<十三>遇国家祭典为陪祀官时。

第五条　凡遇外国大总统、君主或外国皇族时应穿之服装，与遇本国大总统同。

第六条　凡准尉官以上官佐穿大礼服、礼服时，军士以下均应穿礼服。

第七条　除穿大礼服、礼服及公服外，通常均穿常服。

第八条　凡战时或事变之际，依第二条至第五条所规定应穿大礼服、礼服及公服时，均以常服代之。

第九条　常服分为黑色常服及白色常服二种。

第十条　黑色常服为夏季以外所寻常用之常服。

第十一条　白色常服为夏季所用之常服，通常自六月一日起至八月底止穿用；但因地方气候寒热之不齐，得由所在资深军官临时指定之。

第十二条　当炎暑时，依第二条至第五条所规定应穿大礼服、礼服及公服时，均以夏服代之，惟须穿黑靴。

第十三条　在夏季，虽穿礼服、公服或黑色常服时，应着夏服裤。

第十四条　穿公服或黑色常服而用夏服裤时，应戴夏服帽。

第十五条　在海军制造厂、修理工厂、采煤所及炼煤制造所勤务之海军官佐，其服务中得穿茶褐色之夏服。

第十六条　凡穿用海军服装时，均须佩带军刀；但在舰、营、公署及学校穿常服时，不在此限。

第十七条　准尉官以上各官员穿大礼服、礼服及公服时，其刀带束于裤之内；穿常服时，刀带束于上褂之内。

第十八条　凡海军上等军官、海军参谋官、大总统府海军侍从武官、卫侍武官及驻外海军武官，均须挂参谋带于右肩上，副官则挂饰带于左肩上，但海军上等军官，其职务非参谋官者，只于穿大礼服时挂参谋带。

第十九条　凡入长官室内，不得穿外套及雨衣。

第二十条　中士以下当操练或就各种事业时，须穿操作服。

第二十一条　准尉官以上穿大礼服、礼服及公服时，须用黑皮靴，穿常服时，得用黑皮浅靴；当雨雪时，并得用黑皮长靴。

第二十二条　准尉官以上穿大礼服、礼服及公服时，须用白色手套。

第二十三条　裹腿分为青、黄二种准尉官以上及海军学生用青色裹腿，上士以下用黄色裹腿。

第二十四条　凡受有勋位、勋章、奖章、纪念章者，于穿大礼服、礼服、公服及依第十二条之规定代穿夏服时，均应如式佩带；但勋章大绶惟于穿大礼服、礼服时，或穿夏服代大礼服时佩之。

第二十五条　在航海中穿夏服时，得不挂夏服肩章。

第二十六条　凡在严寒地方服务者，其外套之里面得用兽皮，惟不得使兽毛露出外面。

第二十七条　本规则所规定如与外国交际上有不适用之时，得由所在资深军官临时指定之。

第二十八条　本规则自公布日施行，其从前海军服制图说内之海军服装规则即废止之。

主要参考资料

档案汇编类

海军部职员录，海军部总务厅编纂科编，1920 年 1 月

海军部职员录，海军部总务厅编纂科编，1922 年 3 月

海军部职员录，海军部总务厅编纂科编，1924 年 1 月

海军部职员录，海军部总务厅编纂科编，1925 年

海军部暨所属各机关舰艇职员录，海军部总务厅编，1929 年

东北海军江防舰队同江拒俄战事纪要，东北海军司令部编，1929 年 10 月

海军部成立一周年纪念特刊，海军部编，1930 年

海军部成立二周年纪念特刊，海军部编，1931 年

海军部成立三周年纪念特刊，海军部编，1932 年

海军全军职员录，海军部编，1933 年

海军部成立四周年纪念特刊，海军部编，1933 年

国民政府军事委员会北平分会所属上校以上现职军官佐同名录，1933 年 12 月

海军部成立五周年纪念特刊，海军部编，1934 年

海军部成立六周年纪念特刊，海军部编，1935 年

海军部职员表，海军部编，1936 年

海军部成立七周年纪念（海军年报），海军部编，1936 年

陆海空军军官佐任官名簿，军事委员会铨叙厅，1936 年 12 月

海军部职员录，海军部编，1937 年

海军总司令部职员录，海军总司令部编，1943 年

将官（监）退（除）役名簿，国防部服役业务处，1946 年 10 月

国防部及各总司令部科长以上主官简历册，国防部编，1946 年 12 月

海军总司令部军官佐属现职录，海军总司令部编，1947 年

现役军官资绩簿，国防部第 1 厅，1947 年 2 月

海军之编制与职掌，海军总司令部第五署编，1947 年 10 月

清末海军史料，张侠、杨志本等合编，海洋出版社，1982 年 5 月第一版

中华民国海军史料，杨志本主编，海洋出版社，1987 年 5 月第一版

中华民国史档案资料汇编第一、二辑，中国第二历史档案馆编，江苏古籍出版社，1991 年 6 月第 1 版

中华民国史档案资料汇编第三辑——军事卷，中国第二历史档案馆编，江苏古籍出版社，1991 年 7 月第 1 版

中华民国史档案资料汇编第四辑，中国第二历史档案馆编，江苏古籍出版社，1991 年 6 月第 2 版

北洋海军资料汇编，谢忠岳编著，中华全国图书馆文献缩微复制中心，1994 年 9 月第一版

中国近代舰艇工业史料集，《中国近代舰艇工业史料集》编纂组，上海人民出版社，1994 年 10 月第 1 版

中华民国史档案资料汇编第五辑——军事卷，中国第二历史档案馆编，江苏古籍出版社，1999 年 9 月第 1 版

护法运动史料汇编——海军护法篇，汤锐祥编著，花城出版社，2003 年 3 月第一版

中国近代海军职官表，刘传标编纂，福建人民出版社，2004 年 2 月第一版

抗日战争正面战场（上、中、下），中国第二历史档案馆编，凤凰出版社，2005 年 8 月第 1 版

临时政府公报

（北洋）政府公报

军政府公报

陆海军大元帅大本营公报

国民政府公报

国民政府军事委员会公报

国民革命军总司令部公报

国防部一般命令

国防部人事命令

（伪冀东）治安部公报

（汪伪）国民政府公报

（伪满）政府公报

总统府公报

海军公报

海军月刊

中国海军

军政公报

东三省保安总司令部命令

东北边防军司令长官公署命令

第一集团军总司令部人事命令（陈济棠时期）

中国第二历史档案馆全宗 772、783、787 相关海军档案

台湾国史馆相关海军档案

日本亚洲历史资料中心中国留学生相关档案

美国勋章参考：美国国防部公开的第二次世界大战期间 CBI 战区授勋申请及许可档案

英国勋章参考：英国勋赏局 1900—1990 授勋档案

法国（含维西法国）勋章参考：法兰西军团荣誉勋章获得者委员会自印之获得者通讯总揽和国防部公开法案授权下公布的档案

意大利勋章参考：骑士十字勋章研究会自印会刊 1998.05 号"亚洲获得者全解析"

苏联勋章参考（含白俄政权）：俄罗斯国防部军事档案局档案

日本勋章参考：日本勋赏研究会自印之"日本勋章研究 1—200 册之"

伪满洲国勋章参考：日本兰星会自印之"满洲帝国勋绩全揽"

研究著作类

抗战中的海军问题，翁仁元著，黎民书局，1938 年 5 月第一版

海军大事记，海军总司令部，1943 年

海军赴日视察团笔记，姜西园著，1943 年

中国海军与国民革命（台），桂永清著，海军出版社，1950 年 11 月第一版

中国海军史略，许秉贤著，手稿，1957 年 7 月

民国海军的兴衰（江苏文史资料第 32 辑），高晓星、时平合著，中国文史出版社，1989 年 10 月第一版

陈绍宽与中国近代海军，陈书麟著，海洋出版社，1989 年 10 月第一版

孙中山与护法海军论集，汤瑞祥著，广东高等教育出版社，1993年12月第一版

海军抗日战史（台），台湾"海军总司令部"编，1994年1月

近代中国海军，海军司令部《近代中国海军》编辑部编著，海潮出版社，1994年8月第一版

中国海军百科全书，《中国海军百科全书》编审委员会编，海潮出版社，1998年12月第一版

近代中国海军大事编年，刘传标编纂，海风出版社，2008年5月第一版

中国人民解放军海军60年，房功利、杨学军、相伟合著，青岛出版社，2009年4月第一版

中国海军的长江抗战，马骏杰著，山东画报出版社，2013年6月第一版

民国时期中国海军论集，翁军、马骏杰编，山东画报出版社，2014年4月第一版

传记回忆类

全国及各省、市、县文史资料选辑海军相关回忆

现代中华民国满洲帝国人名鉴（日），外务省情报部编纂，1937年10月

海军抗战事迹，海军总司令部编译处编，1941年

海军史料专辑（福建文史资料第8辑），福建人民出版社，1984年10月第一版

萨镇冰传，萨本仁著，海潮出版社，1994年1月第一版

陈绍宽文集，高晓星编，海潮出版社，1994年7月第一版

解放战争时期国民党军起义投诚——海军，中国人民解放军历史资料丛书编审委员会编，解放军出版社，1995年6月第一版

海军人物访问纪录（第1辑）（台），中央研究员近代史研究所，1998年9月第一版

海军人物访问纪录（第2辑）（台），中央研究员近代史研究所，2002年10月第一版

福州海军世家，刘琳、史玄之合著，海风出版社，2003年12月第一版

旧中国海军秘档，文闻编，中国文史出版社，2006年1月第一版

中国长乐海军世家，刘琳著，海潮摄影艺术出版社，2009 年 5 月第一版

栎下忆踪——吴子漪将军回忆录（台），吴靖年总纂，博览图书出版社，2009 年 12 月第一版

海校学生口述历史，张力、吴守成、曾金兰访问，九州出版社，2013 年 3 月第一版

黎玉玺先生口述历史，张力访问，九州出版社，2013 年 4 月第一版

后 记

　　如果要给这本书定个年龄，想来也该十几岁了。2004年应某出版社之邀，我正式开始了编写民国军事将领履历的工作，不料该项目在一年后因故夭折。项目没了，但我的编写工作却没有停止，因为这是我的爱好。没有了时间的限制，我可以自由安排，按照自己的作息去精心编写。

　　就这样，《国民革命军将官总揽》显出了雏形。遗憾的是，这部书稿因为规模过巨，始终无缘面世。但幸运的是，正因为当时没能出版，使我在接下来的十几年中，靠着不断发掘出来的史料，对书稿进行修订，使其内容的准确性得以不断提高。严格来说，这本书就是将《总揽》中海军相关的人物条目抽取出来单独成册。

　　虽然在这十几年中我不断对书稿进行修订，但我清楚，以一人之力断难保证书稿内容百分百的准确。在此，笔者希望对此领域有研究的专家、学者、爱好者或其他相关知情人士能在得阅此书后不吝赐教，以补不足之处，对于书中存在的错误，也望能够给予包容。

　　在本书的编写和出版过程中，承蒙石智文提供大量资料，并代为翻译英文档案，在此特致以谢意。此外还有不少朋友给予了帮助和支持，他们是（排名不分先后，按姓氏笔画为序）：马雷、马民康、于岳、于浩洋、王戡、王睿、王一炯、王仕豪、王祖诚、白冰、冯杰、叶泉宏、纪鹏、刘致、刘小诣、刘渝家、孙仲卿、孙潇潇、朱晓明、朱颖玥、陆强、吴勇、吴京昂、何国治、张树峰、杨保森、杨家宏、杨晓鹏、杨镇毓、余戈、苏海、邹德怀、胡文鑫、胡卓然、林唯圣、周渝、赵良宇、高明辉、郭东风、唐毅、秦超、黄勇、黄麒冰、戚厚杰、第五奇、章骞、蔡朋岑、谭飞程、霍安治、薛斌、戴峰、瞿元超。

胡　博

2016年12月写于上海求己斋